U0945937

中国古代生活丛书

中国古代的士人生活

孙立群 著

图书在版编目（CIP）数据

中国古代的士人生活 / 孙立群著. — 北京：商务印书馆，2014（2022.6重印）
（中国古代生活丛书）
ISBN 978-7-100-09520-4

Ⅰ. ①中…　Ⅱ. ①孙…　Ⅲ. ①知识分子—研究—中国—古代　Ⅳ. ①D691.71

中国版本图书馆CIP数据核字（2014）第112603号

中国古代的士人生活
孙立群　著

商　务　印　书　馆　出　版
（北京王府井大街36号　邮政编码 100710）
商　务　印　书　馆　发　行
北京虎彩文化传播有限公司印刷
ISBN 978 - 7 - 100 - 09520 - 4

2014年6月第1版　　开本 880×1230　1/32
2022年6月第5次印刷　　印张 12 7/8

定价：48.00元

目录

插图目录

第一章　中国古代士人概说

一、士的构成及其分化

“士人”是中国古代对知识分子的一种称呼。士人也称“儒生”、“文人”。在先秦，士的含义十分广泛，主要有以下几种：

1. 指青年男子。《诗经·卫风·氓》：“于嗟女兮，无与士耽！”《郑风·女曰鸡鸣》：“女曰鸡鸣，士曰昧旦。”孔颖达疏：“士者，男子之大号。”故士女可以并称。《诗经》中不少爱情诗所提到的就是青年男子。

2. 军士，多指甲士。商周时期，士从事的职业主要为武士及各类职事官。春秋以前的战争以车战为主，战车一乘有甲士居车上，《司马法》曰：“长毂一乘，甲士三人。”中间为驭手，左右各一人分别执弓矢或长矛，甲士即武士。每辆战车后面跟随若干徒兵，所以武士也是冲锋陷阵的基层军官。

3. 各级贵族的通称。《尚书·多士》：“用告商王士。”又“尔殷遗多士”。不过，“士”更多的是指宗法分封制下的一个等级。按照分封制度，天子、诸侯、卿大夫都要把自己的庶子或宗族兄弟以另立小宗支庶的办法逐层分封出去，士便处于这一宗法贵族等级系列的最末一等。汉人贾谊说：“古者圣王制为列等，内有公、卿、大夫、士，外有公、侯、伯、子、男。……

等级分明而天子加焉。"(《新书·阶级》)士又分为上士、中士、下士三等。许多士在王室和基层行政机构中担任各类职事官。据《周礼》记载，直接为王室服务的职事官达几十种之多，在诸侯公室中服务的士也为数不少。还有许多士在卿大夫的采邑内担任各种官职，其中地位较高者为邑宰、家臣，职责是管理采邑内的各种事务。所以顾炎武在《日知录》卷七"士何事"条中总结说:春秋以前的士,"大抵皆有职之人"。

在这些职事官中，我们可以发现后世文人的原始形态。当时，在政府中有一批掌管祭祀、礼仪、占卜、记事等活动的文职官员，称"作册"、"巫"、"卜"、"祝"、"史"等。他们掌握文化知识，具有文人的特征。不过，他们与春秋战国活跃的士人阶层相比尚有很大区别，他们不是独立的知识群体，其知识还没有形成理论学说，没有达到以知识为资本与社会进行交换的程度。从总的方面看，商、西周时期，宗法分封制保证了士等级的稳定和不断扩充，严格的等级制度又使士纵然有知识和技能也无法充分施展，从这方面看，商周的士缺乏知识主体的自主性,其身份是不自由的。在春秋战国激烈的社会变革中，士摆脱了宗法等级的束缚，获得了较多的人身自由。非宗法性的士崛起，成为政治上、思想上、文化上非常活跃的阶层。

造成士等级分化的原因，从根本上讲是宗法分封制和等级制松动的结果，具体原因有以下几点：

第一，社会发展与变革对智能、知识的需求急剧增长。为了富国强兵，各国都程度不同地进行改革，削弱世卿世禄制，提倡"选练举贤，任官使能"的用人方针，形成了"礼士"、"贵士"、"重士"的社会风尚，这就为士冲破等级制的束缚、施展才干创造了良好的环境。

第二，私学兴起，打破了传统官学的教育模式，使新型文士脱颖而出。周代的教育制度是“学在官府”，只有士及贵族子弟享有受教育的权利，学校的培养目标是巩固贵族宗法等级制，在春秋社会大变革中，“学在官府”的局面也发生了变化，私人可以讲学办教育。在孔子以前已有私人讲学的现象，孔子则把私人讲学推向新阶段。《史记·孔子世家》载：“孔子以诗、书、礼、乐教弟子，盖三千焉，身通六艺者七十有二人。”在孔子弟子中有各类人才，有的入仕做官；有的经商致富；也有的从事教育学术活动，在社会上产生了广泛的影响。孔子兴办私学，明确提出了“有教无类”的办学原则，把原来由贵族垄断的文化知识传到了民间，促进了独立知识分子的形成。

在社会变革浪潮的冲击下，士人队伍得到了迅速发展和壮大，他们摆脱了宗法等级制的束缚，形成相对独立的知识群体。在政治形势错综复杂、战争频仍的战国时代，许多士人的理

孔子讲学图

想是“士不可以不弘毅，任重而道远”(《论语·泰伯》)。为了宣传自己的政治主张，他们朝秦暮楚，四处奔走，“合则留，不合则去”；他们坚守道义，个性鲜明，傲视国君，不屈从权势，所谓“士志于道”,“从道不从君”。他们追求的是“富贵不能淫，贫贱不能移，威武不能屈”(《孟子·滕文公下》)的大丈夫精神。这些都构成了战国士人特有的精神风貌和道德情操，对后世文人产生了积极的影响。

战国时期，士人在获得较多的人身自由的同时，思想也得到了解放，他们打破了思想禁区，竞相宣传自己的思想见解和政治主张，出现了儒、墨、道、法、阴阳、名、兵等众多的思想流派，并互相驳难，各立新说，形成了百家争鸣的局面，将我国思想文化的发展推向了高峰。战国特定的历史环境，为士人提供了施展才华的大舞台。战国士人中涌现出一批杰出的政治家、思想家、军事家、文学家，他们为我国的思想、文化、科技的发展做出了不可磨灭的贡献。

秦统一中国后，士人的情况发生了很大变化。此时，皇权凌驾于整个社会之上，并支配整个社会。专制的皇权与思想文化多样的发展不可避免地要发生冲突。为解决这一矛盾，历代封建统治者采用各种手段规范、束缚文人的思想和行动。秦始皇的“焚书坑儒”和汉武帝的“罢黜百家，独尊儒术”以及隋唐以后的科举取士制度，都是用不同形式对士人进行控制。历代统治者还采取许多措施对士人进行防范，如汉初禁止游士活动，明清大兴文字狱等。与战国相比，秦汉以后文人的自由大大缩小了。

构成中国古代士人的主体是在各类学校就读的学生和参加科举考试的各类举子，如生监、秀才、举人等；还有从事各种文化活动的人，如教师、作家等。由于中国古代许多官员是儒生出身，有一定的文化素养，他们在社会上扮演着双重角色，一方面，他们是国家官员的一部分；另一方面，他们又是社会文化的继承者，他们既能研读经史，又能参与国家管理，还能有出色的诗赋文章传世。一般认为，儒者、文官、诗人三位一体，构成了中国古代士人的典型品格。

中国古代士人的构成是复杂的。士人不是独立的阶级，而是处于官与民之间，他们可上可下，其活动促使文化传播和社会关系活化。士人内部构成的复杂性和士人社会职业的多样化，不仅使他们的生活水平和生活方式各异，其品德、性格也各不相同。士人中有热爱国家、正气凛然、襟怀坦荡的君子；有思想深邃、博学多才的智者，也有风流倜傥、多愁善感的才子。当然，士人中也有出卖灵魂、丧失人格的败类。对中国古代士人及其社会生活进行研究，将有助于对中国社会和中国文化的深入了解。

二、中国古代士人的品格

（一）强烈的历史使命感和忧患意识

在论述中国古代士人的生活之前，有必要对士人的品格做

孔子周游列国图

一介绍。因为士人的理想追求、价值观念、生活情趣、社会品位，无不受到自身品格的支配。品格与“人品”、“人格”相通，是指在特定的历史环境中由其行为所反映的精神面貌。在中国古代士人的品格建构中，最突出的特点是强烈的历史使命感和忧患意识。

历史使命感即积极的入仕精神。古代士人把参与国家政治视为自己的“天职”，把“治国平天下”当作崇高的理想追求，他们关心社会现实，“风声、雨声、读书声，声声入耳；家事、国事、天下事，事事关心”。不少士人入仕后直接参加国家管理，清正廉洁，执法严明，成为贤相、清官，至今为人称颂。有的人虽遭贬谪，仍怀忠君报国之志，在国家、民族危难之时，挺身而出，从容赴国难，视死忽如归，“无求生以害仁，有杀身以成仁”（《论语·卫灵公》）。充分体现了士人中优秀分子的高度社会责任感和英勇献身精神。

所谓忧患意识，即对民族、国家乃至人类所处困境的认

范仲淹像

识以及由此而产生的种种忧虑。它较多地体现了人们对现状与前途之阴暗面的认识，反映了现实生活中潜伏着的危机。忧患意识来源于知识分子特有的强烈的历史使命感，来源于他们对社会、民族、国家前途深切的关怀。正如范仲淹在《岳阳楼记》中所说："居庙堂之高，则忧其民，处江湖之远，则忧其君，是进亦忧，退亦忧。""先天下之忧而忧，后天下之乐而乐"。

古代士人的忧患意识常常表现在对事物的发展具有预见性。比如在王朝和平稳定时期，他们见微知著，察觉到潜伏的危机和面临的困境，预感到即将出现的社会问题，表现出"超前意识”或“危机感”。汉文帝时，贾谊上疏，针对匈奴强大、诸侯势力膨胀等问题，认为汉王朝像病足一样，“一胫之大几如要（腰），一指之大几如股，平居不可屈信（伸），一二指搐，身虑亡聊”（《汉书·贾谊传》）。当时，社会处在平稳发展阶段，贾谊之“危机感”似乎是危言耸听，但后来的事实证明，他的预感是对的。汉景帝时，晁错针对诸侯坐大，力主“削藩”而引发“吴楚七国之乱”，他预感到“今削之亦反，不削之亦反。削之，其反亟，祸小；不削，反迟，祸大”（《史记·吴王濞列传》）。晁错虽然被景帝错杀，但他以自己正确的判断，巩固了汉王朝。明初，地方教官叶伯巨上书朝廷，认为朱元璋分封诸子为王将来会造成“尾大不掉之势”，难免骨肉相残。果然，朱元璋死后，发生了争夺皇位的战争。事实证明叶伯巨的预见是正确的。但在当时，朱元璋却认为他的话有蓄意挑拨离间之嫌，不少大臣也认为他无中生有，叶伯巨被抓，死于狱中。（《明史·叶伯巨传》）晁错、叶伯巨之死皆因为他们具有知识阶层所特有的对问题观察的敏感性，能比较清楚地发现某种趋势的发展前景。然而，在现实中，超前的危机感往往不为当政者认同，甚至被怀疑别有用心，这就酿成了许多个人的悲剧。

为什么中国古代士人有如此强烈的历史使命感和忧患意识呢？

第一，与士人产生的社会背景有关。前面说过，士在西周是宗法分封等级序列中最末一位，他们从事的职业主要为武士及各类职事官，还有的在卿大夫的采邑内担任各种职务。士与上级贵族之间有严格的等级隶属关系，政治上有稳固的地位，经济上亦有保障，这就是他们将维护现有制度当作自己的主要使命，而在文化上缺少创造性和进取性。然而，春秋以后，在社会动荡，礼崩乐坏，宗法等级制度瓦解的过程中，许多士人失去了原来的地位和职守，流亡各地，甚至生活也遇到了问题。不过，战国多元化的政治格局和各诸侯国之间激烈的竞争为士人提供了施展才华的机遇。各国为增强实力，亟须政治、军事、外交等各种人才，也为士人参政提供了有利条件。这时不仅公室养士，私门也养士。从士人角度讲，他们为了实现政治理想，也为了解决个人生活问题而乐于参政入仕，一方需要士为自己服务；一方则希望效力以实现个人价值，于是争士养士成为风气，人才竞争十分激烈。这种情况正如顾炎武在《日知录》卷 7“士何事”中所说：

> 春秋以后，游士日多。《齐语》言桓公为游士八十人，奉以车马衣裘，多其资币，使周游四方，以号召天下之贤士，而战国之君遂以士为轻重，文者为儒，武者为侠。呜呼！游士兴而先王之法坏矣！

无论从客观环境的需要还是主观需要看，战国士人的参政热情都得到了强化，他们纷纷投入到政治旋涡之中，有的替君主出谋划策充当谋士；有的著书立说，创立学派，宣传政治主张；有的作为外交使节游说各国，合纵连横。战国士人中涌现出一批杰出的政治家、思想家、军事家、文学家。

正是由于士阶层形成于社会动荡、政治斗争尖锐复杂的战国时期，士人所思所想所作所为多针对天下如何统一、国家如何富强、人民如何治理等问题。孟子曰："如欲平治天下，当今之世，舍我其谁也？"(《孟子·公孙丑下》)此言代表了广大士人的心愿和呼声。

第二，以儒家为主体的传统文化的影响。儒学是战国诸子百家的一大流派。儒与道、法三家是战国最有影响的思想流派。到汉武帝时期，儒学被抬高，"罢黜百家，独尊儒术"，儒学成为经学、官方哲学，逐渐在中国文化中占据了主导地位。儒学是一种主张积极入仕的学说，其代表人物孔孟都极力主张士应入仕从政。孔子说："劳心者治人，劳力者治于人。"他认为"治人"是上乘的大道，是士应该从事的事业。所谓"学而优则仕"。而"治物"是下乘的小术，是劳力者所为。孟子则说："士之仕也，犹农夫之耕也。""士之失位也，犹诸侯之失国家也"(《孟子·滕文公下》)。在孟子看来，由士而仕，是天经地义的事。士就应该辅佐帝王，为君主制定治国方略，代圣人立言，作帝王师。儒家关于士人从政的思想对历代文人学子产生了深远的影响，无数人怀着"治国平天下"的理想，为参政入仕而刻苦攻读，四处奔波。

第三，古代士人强烈的参政意识还与封建统治者的官爵禄的吸引有关。在中国封建社会，社会地位的高低，财物分配的多寡与官爵紧密相连。官爵越高其社会地位和所获财物越多。《管子·明法解》说："其所任官者大，则爵高禄厚；其任官者小，则爵卑而禄薄。"商鞅变法有一项就是按照等级分配财产："明尊卑爵秩等级，各以差次名田宅、臣妾、衣服以家次。有功者显荣，无功者虽富无所芬华。"(《史记·商君列传》)管子

将“禄赏”之权视为君主治国的三大宝物之一。这三大宝物为：“号令也，斧钺也，禄赏也。”(《管子·重令》)

自春秋战国以来，历朝当政者均以官爵禄吸引士人参政。汉武帝时设太学，提倡读经入仕；隋唐以后，逐渐完善科举取士制度，一批又一批士人进入官场，使庞大的国家机器保存活力，也使官僚队伍得到更新。同时，入仕也可以改变士人的社会地位和生活状况。战国士人姚贾出身低微，为秦出谋有功，秦王大悦，封姚贾千户，以为上卿。苏秦未入仕之前，穷困潦倒，父母兄弟都不理睬，待游说成功，衣锦还乡，父母张乐设饮，远迎三十里。在古代，文人登科入仕是最荣耀的事。一旦中了举人或进士，便轰动乡里，不仅光宗耀祖，也使四邻生辉。周密《齐东野语》卷16说，宋代进士及第回故里时，“旗者、鼓者、馈者、迓者，往来而观者，阗路骈陌如堵墙。既而闺门贺焉，宗族贺焉，姻者、友者、客者交贺焉”。甚至连“仇者亦茹耻羞愧而贺且谢焉”。这样的社会氛围，使士人的使命感和参政意识大为强化。

综上所述，我们对古代士人的强烈的历史使命感和积极的入仕精神可以作如下评价：

首先，应该肯定这种精神是古代士人的优秀品格。正是由于有这样的品格，我国知识分子才有自强不息的精神，为社会的发展和进步努力贡献自己的才智。然而，从另一个角度看，这种强烈的历史使命感和积极入仕的精神又是构成古代士人悲剧的原因之一。这种悲剧不仅表现在士人投身于国家政治生活所造成的种种不幸和悲哀，还突出表现在以下几点。

第一，强化了做官意识。古代士人欲实现自己的人生理想，唯一的通道就是做官，平民百姓是没有参与国家政治的权利的。只有做官才能参与国家管理，所谓“不在其位，不谋其政”。入仕即做官，而官员的名额有限，于是，无数儒生士子拥挤在“学而优则仕”的狭窄通道上，为入仕，他们刻苦攻读，皓首穷经；为保住官位，他们争宠献媚；甚至互相倾轧，最终成为封建统治者的驯服工具和掌中玩物。

第二，由于古代士人迷恋仕途，热衷参政，加之历代封建统治者轻视自然科学，崇尚“义理”，在这种“重道轻艺”的观念支配下，人们普遍认为科学技术不过是“器”、是“艺”，是等而下之的东西，而所谓“治国平天下”的大道理才是最有价值的学问。因此，中国古代无官职的自然科学家、发明家的社会地位不高，他们至多在正史的“方伎传”中留几笔，而不能与政治家相提并论。这种对科技轻视的态度，造成了中国古代士人知识结构不合理，更造成了中国古代社会发展缓慢。

第三，由于特殊的历史背景，古代士人自形成时起，就没有独立的经济地位。他们只能作为统治阶级的依附体而存在，如果不去依附统治者，他们不仅没有社会地位，甚至连生计都成问题。人们熟知的孔子一生坎坷，他热衷入仕，但几次从政并不如意，他最得意的时光不过是在鲁国担任过三四年的中都宰、司空、大司寇。由于他所思所求不合时宜，无法在鲁国待下去，55岁时，只好带着弟子周游列国，以求依附有权势者，然而他不受欢迎，处处碰壁，以至沦落到有如“丧家之犬”的可悲境地。可见，士人如不依附权势者，其命运何等可怜！

孔子像

从人格上看，战国士人与后世文人相比，人格是相对独立的。他们在社会上有流动的自由，有选择职业的自由，有独立思考的自由，这是由于战国政治多元、诸侯争雄，各国大量需求人才的特殊环境决定的。但是，这三项自由并未获得政治上的承认和保护，到秦汉封建大一统王朝建立后，君主专制进一步强化，士人的相对独立人格几乎丧失殆尽。

（二）儒家的理想人格

由强烈的历史使命感所驱动，中国古代士人对理想人格特别关注。他们不仅设计规范了理想人格的范式，而且孜孜不倦地追求理想人格，以使自己达到更高的人生境界。何谓理想人格？台湾学者蔡明田解释为："所谓理想人格，乃指能表现文化精神或价值，而为人们崇奉、取法的人格。"(《理想与现实》，三联书店 1991 年版)在中国古代士人心目中，理想人格有不同层次。孔子在回答子路何为士时说："切切偲偲，怡怡如也，可谓士矣。朋友切切偲偲，兄弟怡怡。"(《论语·子路》)"偲偲"是互相勉励的意思，这是说士人在朋友之间要互相切磋勉励；兄弟之间要和睦相处。这是对士人人格的最低要求。孔子在回答子贡同样的问题时说："行己有耻，使于四方不辱君命，可谓士矣。"这里所指的士既有个人的道德修养，又能胜任政事，自然是更高一层的人格标准。士人如能使自己的道德修养进一步完善，并能推行自己的价值观，可称为君子。君子的更高层次，即能使自己的价值观在社会上得到实现，做到"博施于民而能济众"，就达到了士人理想人格的最高层次——圣人境界。孔子说，圣人是高不可攀，可言而不可即的。"圣人，吾不得而见之矣；得见君子者，斯可矣"。当他的学生奉他为圣人时，他不敢当，说："若圣与仁，则吾岂敢？抑为之不厌，诲人不倦，则可谓云尔已矣。"(《论语·述而》)孔子死后，被其弟子和后儒奉为圣人。孟子说："圣人之于民也，亦类也，出乎其类，拔乎其萃。"(《孟子·公孙丑上》)儒家在神化圣人，赋予圣人以超人的品格的同时，也竭力缩短圣人与常人的距离，鼓吹常人可以学圣人，做圣人，人人皆可为尧舜。如孟子说："舜，人也，我亦人也。"(《孟子·告

孟子像

子上》)朱熹则更明确地指出:“圣贤禀性与常人一同，既与常人一同，又安得不以圣贤为己任?”(《朱子语类》卷8)尽管如此，古往今来被称为圣人的还是屈指可数，因为圣人的条件太高了，常人可以向往，可以仰慕，但很难企及。与圣人相比，君子品格则更具实际意义。儒家文化关于君子的论述内容极为丰富，其要点有以下几方面:

第一，君子是诸多道德的负载者和体现者，是理想道德的化身。在君子道德体系中，最重要、最具权威的人格标准是“仁”。仁是区别君子小人的分界线和构造君子人格的道德砥柱。孔子说:“君子去仁，恶乎成名?”(《论语·里仁》)又说:“君子而不仁者有矣夫，未有小人而仁者也。”(《论语·宪问》)仁是君子人格最本质的道德定位和人格确认。

第二，君子要着眼于正己和道德实践，要严于律己，将礼义道德融贯于日常生活中。子贡曾问老师如何做君子，子曰："先行其言而后从之。"(《论语·为政》)

第三，君子人格具有道德恒定性，无论在何等环境和条件下，均能表现出最佳的道德风貌，"居上位而不骄，在下位而不忧"(《易·乾卦·文言》)。荀子也说：君子"贫穷而不约，富贵而不骄。"(《荀子·君道》)"君子贫穷而志广，富贵而体恭，安燕而血气不惰，劳倦而容貌不枯，怒不过夺，喜不过予"(《荀子·修身》)。不仅如此，君子还应始终保持豁达的胸怀和乐观的人生态度。荀子说："君子，其未得也则乐其意，既已得之，又乐其治。是以有终身之乐，无一日之忧。"(《荀子·子道》)

从政治文化角度看，儒家文化所设计的君子人格实质上是一种政治人格，君子的道德表现越完美，其政治表现就越完善，依君子人格所塑造的人均为典型的忠臣顺民。不过，君子人格在古代士人的日常生活中具有重要的导向作用，一代又一代的士人以君子品格为楷模，虔诚、刻苦地"修身、齐家"，以实现"治国、平天下"的人生理想。对君子品格的追求已渗透到士人日常生活的各个方面。君子品格已成为中华民族传统文化的组成部分，对于今日精神文明建设亦有一定的借鉴作用。

(三)道家的理想人格

道家在中国传统思想文化中占有重要地位，在古代士人品格建构中，道家思想是不可或缺的一环，儒道互补，是古代士人生活中的重要特征。在理想人格的塑造上，道家与儒家明显不同，道家主张的是自然主义的理想人格。

道家对儒家设计的圣人、君子的种种美德持断然否定的态度。认为世道混乱的根源就在于儒家的圣人崇尚仁义，因为它违背“自然”,“非道德之正也”(《庄子·骈拇》)，是社会机体上的“附赘悬疣”。道家心中的理想人格是摒弃儒家道德的人。老子说:“圣人不仁”,应“绝仁弃义”(《老子·五章》)。庄子说:“退仁义，摈礼乐，圣人之心有所定矣。”(《庄子·天道》)在儒家看来，这种“圣人”是无德之人，但老庄却认为，这样的人不仅不是无德之人，而且是至德之人。因为合乎自然而行就是德，

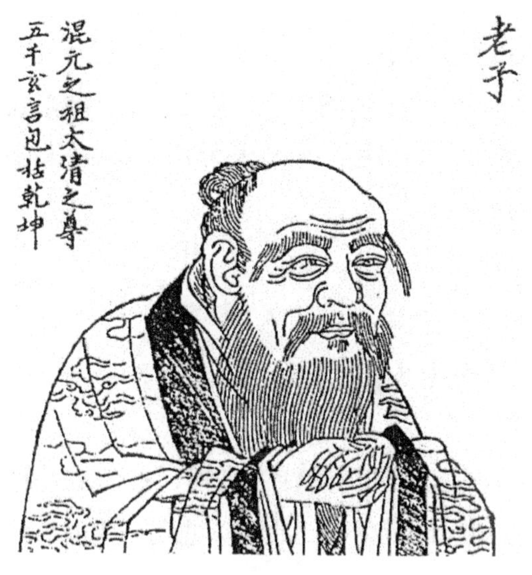

老子像

背离自然就是丧德。老子说:“上德不德,是以有德;下德不失德,是以无德。”上德指依自然而行,不刻意追求道德,也就不陷于虚伪,因而是有德,下德是刻意追求道德,行为也许不失德,但不免于虚伪,因而是无德。圣人是“无德至德”之人。

可见,道家的理想人格是自然主义的,即主张按照自然界的本来面目来说明自然,说明人。其所追求的是顺应自然的自由,反对儒家的伦理道德说教,主张无建树、无追求,甚至“堕肢体,黜聪明,离形去知,同于大通,此为坐忘”。“坐忘”可以消除人与自然界的隔膜,达到与天地万物浑然一体的神秘精神境界。

在中国古代,道家的理想人格和儒家的理想人格是士人人格建构的重要组成部分,士人的人生追求、价值取向、行为举止、生活方式,都在不同程度上受到了这两种人格的支配和影响。儒道两种不同的理想人格并行不悖、相互补充,有助于士人内心世界的平衡,所谓“达则兼济天下,穷则独善其身”。儒道不同的理想人格也使士人的生活更具多样性和个性化,生活内容更加丰富。

三、中国古代士人的生活

考察中国古代士人的生活会发现,古代士人的生活方式既受到社会制度和社会环境的制约,也与士人的品格和处境有直接的关系。

中国古代士人以天下为己任，具有强烈的参与意识和社会责任感，为实现理想和抱负，必须不断提高自己的知识水平，因此，古代士人几乎都有刻苦读书的经历。读书在士人生活中占有重要位置。当然，大多数士人是为入仕而读书，具有强烈的功利性。但是，他们刻苦学习、锲而不舍的精神一直鼓舞后人努力奋进，不断攀登。

在生活观念上，中国古代许多士人奉行“贵适意”的生活观。“贵适意”，即考虑问题、决定事情从是否符合自己的心愿出发，一旦不合己意，便毫不迟疑地另做打算。“贵适意”的生活观流行于魏晋时期。此时，社会动荡，政治斗争尖锐，社会现实的变化，促使士人个体意识觉醒，他们对儒家名教思想的认同感减弱，而信奉老庄自然无为思想，以“崇无”为特色的玄学风行一时，在生活上的表现便是“贵适意”。《世说新语·识鉴》载：

> 张季鹰辟齐王东曹掾，在洛，见秋风起，因思吴中菰菜羹鲈鱼脍，曰：“人生贵得适意尔，何能羁宦千里以要名爵！”遂命驾便归。

“贵适意”生活观的特征是，儒家传统外在事功的追求让位于个体内在欲求的自足，生命价值取向偏向了自我。魏晋士人喜欢任心适志的个性化的生活方式，如和峤有“钱癖”，王济有“马癖”，杜预有“《左传》癖”，桓冲有“旧衣癖”等。此外，王羲之爱养鹅；张湛喜在房前种松柏、养鸲鹆。这种种癖好，实际上都体现了我行我素的人生原则。魏晋士人有些举动在常人看来不那么近情理，可他们却习以为常，就是因为适意。如孙统喜欢游山玩水，每到一地，非玩痛快不可，有时在回来的路上突然感到游兴未尽，便折返回去再欣赏一番。他们交友也是如此，“嵇康与吕安善，每一相思，千里命驾”(《世说新语·简傲》)。《世说新语·任诞》记载了王子猷雪夜访友的故事：

> 王子猷居山阴，夜，大雪，眠觉，开室命酌酒。四望皎然，因起彷徨，咏左思《招隐诗》。忽忆戴安道，时戴在郯，即便夜乘小船就之。经宿方至，造门不前而返。人问其故，王曰：“吾本乘兴而行，兴尽而返，何必见戴！”

玉川品茶

王子猷顶风冒雪，行程一夜去看朋友，至门前不入而返，名曰“兴尽”，真是适意无比。王子猷的举动虽有些不合乎常理，但却自然直率，无造作之感，生动地表现了魏晋士人注重内在的精神寄托，豪放不加掩饰的为人品格和生活态度。

“贵适意”的生活观对古代士人的生活方式影响很大，许多士人注重生活情趣，讲究生活品位，使生活个性化、多样化。

比如，古代士人喜欢饮酒，酒使士人的生活增添乐趣，可以调节情绪，畅快地宣泄情感，酒还可以消愁解忧；在特定条件下，酒还能使人躲避祸灾。酒有时还能激发创作灵感，酒后赋诗、写字、作画是士人生活的一大雅兴。“贵适意”的生活观在士人饮酒中得到了生动的体现。游历山川也是古代士人生活中最惬意的事。士人通过观赏祖国秀丽的自然风光，调适身心，陶冶情操。他们写下了大量的游记和山水诗，至今为人们吟咏。琴棋书画是古代士人生活中的四件雅事。悠闲的抚琴，紧张的对弈，闲适潇洒的写字、作画，是士人高雅的精神享受，士人在琴棋书画中尽展自己的才华和智慧，士人与琴棋书画的逸闻趣事，至今为人们津津乐道。

观古代士人生活，不能不提他们与青楼女子的交往。青楼女即妓女，古代士人狎妓并非全是金钱与肉体的色情交易。古代的部分妓女不仅有姿色而且有才艺，她们绰约的风姿，俊爽的谈吐，超人的才艺对士人有很强的吸引力，甚至与士人浪漫理想中的异性伴侣暗合。古代士人中，越是有较高文化教养而感情丰富的男子，与女子交往就越少肉欲成分，他们喜欢的是友谊、知心、调情，他们与妓女之间的关系是一种感情的共鸣和互悦，文人与妓女交往常常会表现出一种超越理性的自由，绝非仅床笫之事。

中国古代士人在生活中比较注重精神自由和文化品位的追求，所以他们的生活情趣多样、高雅、充实而且有意义。不过，也应看到，古代士人生活并非全是无忧无虑的“闲适之乐”。不少士人生活并不如意，他们或因仕途不畅；或因在政治上遭受排挤;或因对社会现实不满，在这样的处境下，他们既不能实现政治抱负又不甘心就此沉沦，自暴自弃，于是只好寻找生活中的乐趣。在士人潇洒、旷达、高雅生活的背后,往往是失意、愤懑和无奈。看看阮籍之饮，谢灵运之游，柳永之词，八大山人之画，会深刻地感受到古代士人内心世界的复杂。对于失意的文人而言，所谓“闲适之乐”不过是“带泪的微笑”。

第二章　士人的读书生活

书籍是知识分子创造的精神财富，是社会文明的记录，是人类进步的阶梯。古往今来，文人与书结下了不解之缘。在中国古代，许多士人终生以书为伴，视书为自己生命的一部分，他们刻苦读书、勤奋著书、精心护书，以自己的心血和汗水推动了文化事业的发展和进步。

一、读书的甘苦

说起古人读书，便不由得想起许多家喻户晓的故事，如匡衡“凿壁借光”、“孙康映雪”、“车胤囊萤”，还有苏秦“锥刺骨”、孙敬“头悬梁”等。这些故事都生动地反映了古人以顽强的毅力战胜困难，刻苦学习的精神，对今人也有一定的教育意义。

其实，古人读书，目的并不相同，就相当多的人而言，具有强烈的功利性色彩。在儒家文化的影响下，“修身、齐家、治国平天下”是古代士人最理想的人生追求，欲实现这一理想，必须走读书入仕之路，即“学而优则仕”。正如一首古诗所说：“少年须勤学，文章可立身。满朝朱紫贵，尽是读书人。”历代统治者采取各种措施吸引士人参政。如汉武帝时，设太学，实行读经入仕，将读书与仕途结合起来，故汉代便流传“遗子黄金百籯，不如教子一经”(《汉书·韦贤传》)。隋唐以后实行科举制，无论何等出身，均可经过考试授官。科举制扩大了官吏来源的渠道，极大地刺激了人们的读书热情，尤其那些家境贫寒者，更是夜以继日地刻苦攻读，争取入仕，改变自身的社会地位，以实现人生价值。

古人对读书可以改变命运，并带来丰厚的利益直言不讳。据传宋真宗赵恒曾写过一篇《劝学文》，形象地描述了读书的功利性：

> 富家不用买良田，书中自有千钟粟。安居不用架高堂，书中自有黄金屋。娶妻莫恨无良媒，书中有女颜如玉。出门莫恨无人随，书中车马多如簇。男儿欲遂平生志，五经勤向窗前读。

元人孔齐在《至正直记》中也讲到了读书的功利作用：

> 谚云：“日进千文，不如一艺防身。”盖言习艺之人可终身得托也。艺之大者，莫如读书而成才广识，达则敬君泽民，流芳百世；穷则隐学授徒，亦能流芳百世。其次农桑最好，无荣无辱，惟尚勤力耳。其次工，次商，皆可托以养身。为子孙计，舍此之外，惟务假势力以取富，虽日进千文之钱，亦不免于衰败零落者，此理之必然也。故曰：

“读书万倍利”，此之谓也。

在强烈的功利目的驱动下，古代许多士人克服各种困难，坚持苦读。西汉人倪宽入太学读书，因家贫，资用有困难，便为同学烧饭以自给。还替别人干农活，“带经而锄，休息则读诵”（《汉书·倪宽传》）。后被汉武帝启用，任御史大夫。匡衡好学，家贫，为读书，他不仅“凿壁借光”，还“庸作以供资用”（《汉书·匡衡传》）。汉元帝时为博士，后任丞相。

为实现人生理想，古代许多读书人都经历了艰苦的磨难。《后汉书·承宫传》记载：承宫自幼父母早丧，八岁时替人放猪，当赶着猪群路过学塾时，便放弃猪偷偷地听课。主人得知后非常生气，用鞭子抽他。学塾的老师徐子盛出来讲情，才使承宫解脱。承宫向老师提出给学塾拾柴，劳动之余和学生一起听课，老师答应了。从此，承宫“执苦数年，勤学不倦”，

负薪读书

后来成为远近闻名的学者，汉明帝时征为博士。

南朝人顾欢因家贫无法入学读书，便站在学舍的墙壁后听讲。他白天劳动，夜晚燃糠照明诵读，坚持不懈，终于成为知名学者。(《南齐书·顾欢传》)江泌家中贫穷，白天干活，夜里读书。为省钱，遇到有月亮的日子，便“随月光握卷升屋”(《南齐书·江泌传》)，爬到屋顶，在月光下读书。

古人读书除了克服客观条件的困难，还要不断战胜自我，甚至忍受皮肉之苦，以磨炼意志。明朝人张溥博闻强记，每读一部书都抄写一遍，再诵读一遍，然后烧掉；接着再读再抄再烧，如此反复七次，书便背熟了。张溥日夜抄书，手指磨出了茧子，冬天手冻裂了，鲜血直流，就在热水里泡一会儿，继续抄写。他有这样的学习经历，便称自己的书房为“七录斋”，其作品取名《七录斋集》。(《明史·张溥传》)

古代书籍数量少，贫寒之家很少有书，爱读书之人便不辞劳苦，四处借书读。东汉著名思想家王充游学洛阳时，因家贫买不起书，便到书肆去读。他读书认真，看一遍就能背诵，“遂博通众流百家之言”(《后汉书·王充传》)。东汉史学家荀悦也因“家贫无书，每之人间，所见篇牍，一览多能诵记”。西晋人皇甫谧酷爱读书，常常废寝忘食，人称“书淫”。他曾向晋武帝借书看，晋武帝派人给他送来一车。(《晋书·皇甫谧传》)清朝人阎正衡酷爱读书，但家乡偏僻贫穷，找不到书看。一次，他偶从友人处借到《文选》，如获至宝，昼夜研读，几个月后就全部背熟了。他得知一同乡家中有《史记》，便去借阅，同乡不肯，他提出在同乡家中阅读，还不同意。后来，阎正衡发现同乡家缺少柴草，便提出每天背去一捆柴，换读一天《史记》，同乡才答应。从此阎正衡每天早上打一捆柴，并带着笔墨到同乡家去，边读边抄，几个月后将《史记》全部抄完了。(《清朝野史大观》卷10)

古代许多人在青少年时代都有刻苦读书的经历，这为他们后来成才立业奠定了坚实的基础。汉代大儒董仲舒读书曾“十年不窥园”。唐代著名诗人元稹在《诲侄等书》中回忆说，自己15岁以后，潜心读书，几乎到了不看外面花园和井台的程度，这样过了十年，才获得了一个能文的名声。唐代大文学家韩愈博学多才，终生手不释卷。韩愈三岁丧父，由兄嫂抚养，七岁开始读书，非常刻苦，实在困倦了，就把书当枕头睡一会儿，吃饭没有菜，就边看书边下饭。他每天背诵几百字到几千字的文章，除了精通五经外，对各家杂著，只要能借到的，都广泛阅读。韩愈从政后，仍保持着爱读书的习惯。“焚膏油以继晷，恒兀兀以穷年”。他一生笃志好学，并以此勉励后生晚辈，他说“业精于勤荒于嬉，行成于思毁于随”(《进学解》)，是劝学名言。北宋政治家范仲淹，幼年丧父，家境贫困，后来到南郡求学，生活十分艰苦，他在这里苦读了五年，没有脱衣服睡过一个安稳觉，夜晚读书疲劳时就用凉水洗脸，每天靠稀粥充饥，后来终于成为一代名臣。

古人读书，除了功利性的目的外，还有闲适性读书。闲适性读书全凭兴趣引路，所注重的不是读书的目的，而是读书的过程。士人在生活中，功利性读书和闲适性读书往往兼而有之。青年时期以功利性读书为主，为的是立足于社会，施展抱负；成年以后，或功成名就，仕宦顺利，或功名无望，隐退乡间，于是，读书便成为一种陶冶情操、增加知识、丰富精神生活的重要手段。古代许多士人不仅青少年时刻苦好学，至老年依然手不释卷。三国人向朗，“潜心典籍，孜孜不倦，年逾八十，犹手自校书，刊定谬误，积聚篇卷，于时最多”(《三国志·蜀书·向朗传》)。南齐人沈麟士，幼时家贫，酷爱读书，常常边干活边读书。他学识渊博，但不愿出仕，生活的最大乐趣就是安静地读书。80多岁时，不幸家中失火，他精心保存的数千卷书被烧光。沈麟士非常伤心，决心自己抄书，弥补损失。经过几年不懈的努力，居然抄了几千卷，“满数十箧”(《南史·沈麟士传》)。梁朝著名学者王筠，自幼聪明，16岁时便写出优美诱人的《芍药赋》，受到著名文学家沈约的赞赏。王筠酷爱读书，他说：“余少好书，老而弥笃……幼年读《五经》，皆七八十遍。爱《左氏春秋》，吟讽常为口实，广略去取，凡三过五抄。余经及《周官》、《仪礼》、《国语》、《尔雅》、《山海经》、《本草》并再抄。子史诸集皆一遍。未尝倩人假手，并躬自抄录，大小百余卷。”王筠还说，他这样做并非为传扬出去，是因为自己喜欢书，“盖以备遗忘而已”(《梁书·王筠传》)。

明清之际的著名思想家顾炎武生活中手不释卷，暮年出门旅行，也不忘用骡马驮书伴行。行至边塞关隘就招呼守关老兵到路边酒店，对坐痛饮，咨询当地风土，考察地理形势。

顾炎武像

顾炎武骑在马上，还全神贯注地背书，由于思想专一，途遇老友打招呼，他竟忘记姓名，甚至信马由缰，跌进崖谷。

二、读书的乐趣

古代士人读书虽然遇到许多困难，经受许多磨难，但依然孜孜不倦，这是为什么呢？强烈的功名事业心的驱动固然是一个重要原因，还有一个重要原因是读书给他们生活带来了无尽的乐趣，他们感到读书是做人的需要，是生存的需要，北宋著名诗人黄庭坚说："士大夫三日不读书，则义理不交于胸中，对镜觉面目可憎，

黄庭坚像

向人亦语言无味。”北宋书画家米芾也说：“一日不读书，便觉思涩。”思涩，即思路不畅。说到读书的好处，古人有许多切身感受。孔子认为乐在其中，传说孔子读《易》，“发愤忘食，乐以忘忧，不知老之将至”。陶渊明认为，读书可以开阔眼界，“得知千载外，正赖古人书”。读书还可以摆脱烦恼，净化心灵，是充满乐趣的精神享受。陶渊明在《读山海经》诗中道出了读书的乐趣：

孟夏草木长，绕屋树扶疏。
众鸟欣有托，吾亦爱吾庐。

陶渊明像

既耕亦已种，时还读我书。

…………

泛览周王传，流观山海图。

俯仰终宇宙，不乐复何如？

陶渊明读了《穆天子传》和《山海经》，仿佛神游于几千年的历史长河和广袤无垠的宇宙空间，俯仰之间即可探求宇宙的奥秘，真是欢快之极。南宋著名女词人李清照和赵明诚是一对恩爱夫妻，酷喜读书。他们常常以猜书中的事情比输赢。李清照回忆说：“每饭罢，坐归来堂烹茶，指堆积书史，言某事在某书某卷第几页第几行，以中否决胜负，为饮茶先后。中，即举杯大笑，至茶倾覆怀中，反不得饮而起。……乐在声色犬马之上。”(《漱玉集·金石录后序》)这真是一种沉浸在书中的雅趣。北宋人钱惟演生长在富贵之家，却没有染上贵介公子游手好闲的习气，生活中以读书为乐趣。他曾说“我平生没有什么嗜好，只喜欢读书。坐着的时候就读经书和史书，躺在床上的时候就看各种野史笔记和小说，上厕所时，就阅读流行的词曲，总之，无论什么时候都离不开书本”(《归田录》卷2)。

书，不仅给士人带来了精神上的满足，也给士人生活带来了无比的愉悦。在士人耳朵里，最动听的声音是读书声。宋人倪思说：“松声、涧声、山禽声、野虫声、鹤声、琴声、棋子落声、雨滴阶声、雪洒窗声、皆声之至清者也，而读书声为最。”(《经钼堂杂志》)在士人心目中，拥书千卷才是真正的富有。南宋末年，浙江寒士许棐，虽家境贫穷，却以读书爱书为生活乐趣。他在住屋四周种植梅花，自号梅屋。在《梅屋书目》自序中，他写道：

> 余贫喜书，旧积千余卷，今倍之，未足也。肆有新刊，知无不市；人有奇编，见无不录。故环室皆书也。或曰：“嗜书、好货均为一贪。贪书而饥，不若贪货而饱；贪书而劳，不若贪货而逸。人生不百年，何自苦如此？”答曰：“今人予不知之，自古不义而富贵者，书中略可考也，竟何如哉？予少安于贫，壮乐于贫，老忘于贫，人不鄙夷予

之贫，鬼不揶揄予之贫，书之赐也。如彼百年，何乐之有哉！”

这里，许棐对“贪”书与贪钱、精神生活的贫乏与物质生活的贫乏做了比较，他的态度是，宁可弃钱而择书；宁可选择物质生活的贫乏，也要追求精神生活的富有，即“环室皆书也”。许棐的选择，反映了士人在生活中的价值取向，颇具典型意义。南宋著名诗人陆游将自己的居室称为“书巢”，也是追求精神的富有。他作《书巢记》以记其事。(《渭南文集》卷 18)文中说：陆游年老，疾病缠身，仍读书不辍，给自己的书房取名“书巢”。客人问：“您有房子居住，为何称之为巢？”陆游回答说：“您的话很有道理，但您没有到我的书房来看看。我的书房里、木柜中、桌椅上、床枕边，举目四顾，全是书。我平时的饮食起居、疾病呻吟、悲忧愤叹，都与书在一起。宾客不到书房来，妻子也不相见。窗外的风雨雷雹之变，有时也不知道。有时想出门，因被如枯枝堆积的乱书包围，竟无法脱身，这样的书房难道不可以称为巢吗？”陆游将自己的书房称为“书巢”，颇具调侃意味，但这正表明文人将书视为自己的财富和精神寄托，不可须臾离开。古往今来，无数文人都是以拥有书籍为生活中的精神寄托和乐趣所在。唐代诗人杜荀鹤《书斋即事》诗曰：“卖却屋边三亩地，添成窗下一床书。”只要有书，宁可卖掉维持生计的土地，可见书对于士人的重要。陆游也说：“人生百病有已时，独有书癖不可医。”(《示儿》)还有人将拥书比作当官称王。北朝人李谧常说：“丈夫拥书万卷，何假南面百城？”

(《北史·李谧传》)南面百城，谓管辖许多地方，即做大官。明人李鼎也说："竹几当窗，拥万卷，列百城，南面王不与易此。"(《偶谈》)

古代文人如此爱书，是因为他们深知读书可以除却烦恼，使生活更加充实。明人屠本畯平生好读书，至老尚手不释卷，有人问他："老矣，何必自讨苦吃？"他回答："我于书，饥以为食，渴以为饮，欠伸以当枕席，愁寂以当鼓吹，未尝苦也。"陈继儒在《小窗幽记》中说："千载奇逢，无如好书良友；一生清福，只在茗碗炉烟。"于谦在《观书》诗中，把读书的乐趣写得真切感人：

书卷多情似故人，晨昏忧乐每相亲。
眼前直下三千字，胸次全无一点尘。
活水源流随处满，东风花柳逐时新。
金鞍玉勒寻芳客，未信我庐别有春。

文人一生与书为伴，读书成了文人陶冶情操、净化心灵、寄托感情的最好的精神享受。在文人的读书生活中，许多人还感受到在不同环境下读书的乐趣。明人陈继儒说："笑指吾庐何处是，一池荷叶小桥横，灯火纸窗修竹里，读书声。"池塘荷叶，横斜小桥、纸窗、修竹和读书声构成别有意境的文人居住环境，在这里读书会感到无比惬意。明人吴从先在《小窗自纪》中谈到在漪霞阁、在楼上读书的不同感受。

陈洪绶《松亭读书图》

读书漪霞阁上，月之清享有六：溪云初起，山雨欲来，鸦影带帆，渔灯照岸，江飞匹练，村结千茅。远景不可象描，适意常如披画。

读书宜楼，其快有五：无剥啄（叩门声）之惊，一快也；可远眺，二快也；无湿气浸床，三快也；木末竹颠与鸟交语，四快也；云霞宿高檐，五快也。

不同季节读不同的书感受亦不同。清人张潮说："读经宜冬，其神专也；读史宜夏，其时久也；读诸子宜秋，其致别也；读诸集宜春，其机畅也。"（《幽梦影》）陈继儒则认为："秋风闭户，夜雨挑灯，卧读《离骚》泪下；霁日寻芳，春宵载酒，闲歌《乐府》神怡。”(《小窗幽记·集峭》)吴从先认为在不同的情境之中读书，能加深对书的内容的领悟，获取无比的乐趣。他说：

> 读史宜映雪，以莹玄鉴。读子宜伴月，以寄远神。读佛书宜对美人，以免堕空。读《山海经》、《水经》、丛书小史宜倚疏花瘦竹、冷石寒苔，以收无垠之游而约缥缈之论。读忠烈传宜吹笙鼓琴以扬芳，读奸佞论宜击剑提酒以销愤，读骚宜空山悲号可以惊壑，读赋宜纵水狂呼可以旋风，读诗词宜歌童按拍，读鬼神杂录宜烧烛破幽，他则遇境既殊，标韵不一。(《赏心乐事》)

红袖添香夜读书

在各种读书环境中，文人最喜欢的是夜读。“雪夜闭门读禁书”，常常被古代文人引为乐事。明人谢肇淛说：“凄风苦雨之夜，拥寒灯读书，时闻纸窗外，芭蕉淅沥作声，亦殊有致。此处理会得过，更无不堪情景。”(《五杂俎》)于慎行也说：“人生最乐事，无如寒夜读书。拥炉秉烛，兀然孤寂，清思彻人肌骨。坐久，佐一瓯茗，神气益佳。”(《笔麈》)

中国古代士人的读书生活既艰辛又充满乐趣，士人通过读书，获取了知识，开启了心智，驱散了忧愁和孤寂，使生活充实而有意义。

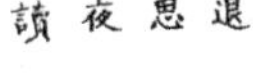

退思夜读

三、辛勤的藏书人

中国古代士人爱书，书在士人生活中占有重要位置。士人不仅喜欢读书，不少人还广泛藏书，使祖国的文化典籍得以保存。藏书同样也给文人生活增添了乐趣。明人吴从先在《小窗自纪》中说："生平愿无恙者四：一曰青山，二曰故人，三曰藏书，四曰名卉。"

喜爱藏书的士人历代皆有。春秋末年，礼崩乐坏，贵族等级制瓦解，在教育上，"学在官府"的局面被打破，图书也由贵族垄断传到民间。战国时出现了最早的藏书家。据说惠施有书五车，苏秦的藏书有数十箱。

秦统一中国以后，实行文化专制主义，禁止民间藏书，并下令民间所藏的《诗》、《书》、百家语一律交出焚毁，如隐匿不交将受到严厉处罚。然而，那些嗜书如命的士人并没有被秦始皇的暴政吓倒，他们冒着生命危险，采用各种方法保存图书。如孔子的九世孙孔鲋偷偷将一批书籍藏于屋壁之中，汉武帝时，鲁恭王刘余坏孔子旧宅扩建房屋，发现了这批藏书。后来，孔鲋的后人孔安国将书献给了朝廷。秦代博士伏生也将《尚书》藏于墙壁之中，汉初在民间传授。颜芝将《孝经》藏匿，后由其子献出。在文人冒着生命危险的保护下，使一大批文化典籍免遭秦火。司马迁在《史记·六国年表》中说："秦既得意，烧天下诗书……诗书所以复见者，多藏人家。"清人陈恭尹在《读秦纪》一诗中写道：

谤声易弥怨难除，秦法虽严亦堪疏。
夜半桥边呼孺子，人间犹有未烧书。

张良圯上受书

西汉时，政府对其所藏之书控制很严，未经皇帝许可，不得私借，不得录制副本，否则将受到严厉处罚。这样，喜爱书籍的文人只好自己藏书了。西汉的仓公、刘德、刘向、班斿、杜邺、卜圭等人都有相当数量的藏书。

东汉以后，纸写书开始流行，书籍便于抄录、携带和保存，喜欢藏书的士人增多。据《后汉书》记载，杜林、班固、刘梁、王和平、蔡邕、华佗等人，家皆富有藏书，蔡邕藏书最多，将近万卷。三国时期，藏书名家有建安七子之一王粲，他曾得到蔡邕赠书数千卷。王粲死后，其子收藏，后来又传到孙子王业手中。(《太平御览》卷619)三国人王修家里很穷，粮不满斗斛，却有书数百卷，曹操赞叹说："士不妄有名。"(《三国志·魏书·王修传》)西晋著名文学家张华学识渊博，"雅好书籍，身死之日，家无余财，惟有文史溢于几箧"。据说他搬家时，书籍"载车三十乘"(《晋书·张华传》)。

唐代经济繁荣，文化发达，特别是纸张的普遍使用和雕版印刷的出现，为士人读书带来极大的便利，士人藏书十分盛行，藏书超过万卷者就有十五六人。唐初著名学者颜师古，"多藏古图画、器物、书帖"。《贞观政要》的作者吴兢，"其家藏书凡一万三千四百余卷"，并自编《吴氏西斋书目》。(《郡斋读书志》卷9)史学家韦述藏书二万卷，均由自己校定。(《旧唐书·韦述传》)唐代藏书超过万卷的还有苏弁、田弘正、韦处厚、柳仲郢等人。唐代藏书最多的是李泌，唐德宗时，曾任宰相，封邺县侯。李泌藏书达三万余卷，他所藏经、史、子、集各类书籍，分别用红、绿、白等颜色的牙签区别。韩愈在《送诸葛觉往随州读书》一诗中说："邺侯家书多，插架三万轴。一一皆牙签，新若手未触。"可见其藏书之精美。

宋代因雕版、活字印刷的兴盛，图书数量大增，出现了许多著名的藏书家。如宋绶、宋敏求父子藏书达三万卷，王钦臣藏书四万三千卷，宋英宗的兄弟荣王宗绰，藏书多达七万余卷。南宋时，著名藏书家有叶梦得，他“平生好收书，逾十万卷”，“建书楼以储之，极为华焕”(《挥麈录》)。《郡斋读书志》的作者晁公武藏书二万四千五百卷。宋代还有世代藏书之家，如汝阴(今安徽阜阳)人王莘，莘子王铚、铚子王廉清、王明清兄弟三代人共同藏书万卷。后来王明清利用其父留下的资料写成笔记《挥麈录》。

明清时期，学术文化繁荣，印刷业发达，士大夫藏书之风更为普遍，私人藏书的总数已大大超过宫廷所藏。明清两代出现了许多著名的藏书家和藏书楼。如江苏昆山人叶盛，官至吏部左侍郎，一生爱书，手不释卷。他的官邸十分简单，但经常雇人长年为他抄书。每有迁徙，行李不多，只有为他载书的马车和抄书人。叶盛晚年，拥有图书四千六百多册，两万两千七百多卷。

明代藏书最有名的是范钦。范钦字光卿，号东明，浙江鄞县（今浙江宁波)人。嘉靖十一年（公元1532年)中进士，官至兵部右侍郎。范钦一生嗜好藏图书。为了搜求图书，他遍访浙江藏书家与书坊，收购异本。他的藏书达七万多卷，并在家乡鄞县月湖之西创建“天一阁”藏书楼。阁系木构六开间二层楼房，为了防火，阁前凿有水池。“天一阁”之名取自汉代经学家郑玄注《易经》“天一生水，地六成之”之语，即希望得到辟火的吉利而有利于图书的保存。

浙江兰溪人胡应麟把一生的精力放在藏书、校书和写作上。他年轻时随父亲在北京居住，遍访京城书肆，购得不少好书。后回到故乡，经常变卖家产以购图书，在父亲留下的家产也被卖光后，他甚至脱下衣服典钱来买他喜欢的书。有一次，他在杭州一户人家看到宋代张耒《柯山集》抄本，印记奇古，装帧雅致，他如获至宝，便把随身所带的两匹锦缎以及身上穿的黑丝直裰都给了书主人，相约第二天来取书。这一夜，他兴奋得难以入睡，转天清早就兴冲冲地赶去取书，谁知这户人家夜里发生了火灾，将要到手的好书化为灰烬，胡应麟痛心疾首，好长时间闷闷不乐。明末史学家王世贞，为购得宋版《汉书》、《后汉书》，竟将一座庄园出卖。为珍藏九种版本的《汉书》，他特建“九友斋”，在士林中声望甚高。

祁承煠也是明代著名的藏书家。祁承煠，字尔光，浙江山阴（今浙江绍兴）人，自幼喜爱图书，每次去杭州或京城，总是遍访书肆。明万历三十二年（公元 1604 年）进士，官至江西右参政。起初，他藏书万余卷，后遭火灾，焚毁殆尽。他不气馁，又重新收集，藏书达到十万余卷，并在故乡绍兴梅里建了旷园，在园中建“澹生堂”作为藏书楼。祁承煠对收藏图书很有讲究，认为藏书要有鉴别的眼光。他说：“大约觅书如觅古董，必须先具赏鉴，乃可称收藏家。若只云漫尔收藏，则箧中十九皆赝物矣，虽多奚为？”他著有《澹生堂藏书约》，分为《聚书训》、《藏书策略》和《读书训》三篇，分别对图书采访、编目、典藏和阅读进行了论述。

明朝后期著名的私人藏书家还有陈第、赵琦美、徐㶿等。

陈第字季立，福建连江人，酷爱书籍，“惟书是癖”，“遇书辄买”，“不择善本，亦不争价值”。经过三四十年的积累，藏书达万余卷。（王重民《中国目录学史料》四，载《吉林省图书馆学会会刊》1981 年第 5 期）赵琦美，字玄爱，是明末常熟著名藏书家。明清之际著名学者钱谦益称他“好之之笃挚，与读之之专勤，近古所未有”（《初学集》卷 66《刑部郎中赵君墓表》）。藏书颇多，卒后其书尽归钱谦益。徐㶿字惟起，福建闽县人，著名诗人。酷爱读书，他不吝金钱，大量购书，藏书达五万三千余卷。

明清时期，有的士人不仅藏书，还刻印图书，使典籍广为流传，促进文化发展。明末清初人毛晋便以收藏、刻印图书在文坛享有盛名。毛晋，江苏常熟人，自幼酷爱书籍，不惜高价收购图书。他在家门口贴一告示：“有以宋椠本至者，门内主人计叶酬钱，每叶出二百；有以旧抄本至者，每叶出四十；有以时下善本至者，别家出一千，主人出一千二百。”于是远近书商纷纷上门，他家附近的湖州书舶云集。经多年搜求，藏书达八万四千余册。他特建“汲古阁”与“目耕楼”收藏。他还以“汲古阁”为刻书坊的名称，其刻印的经、史图书，多为宋元善本，书版几经校正，没有确凿证据者，从不轻易改动。加之所用纸墨精良，装潢考究，使汲古阁所刻书籍闻名遐迩，运销全国各地，甚至“滇南官长万里遣币以购毛氏书”。当时有“毛氏之书走天下”之誉。（《牧斋有学集》卷 31《隐湖毛君墓志铭》）

清代，文人藏书空前兴盛。据叶昌炽《藏书纪事诗》统计，历代藏书家共 1175 人，而清代有 497 人，几占一半。在众多的藏书家中，许多人是著名的文学家、史学家、目录版本学家。如黄宗羲、钱谦益、全祖望、杭世骏、朱彝尊等，他们藏书都在万卷以上，并修建了藏书楼专门藏书。如黄宗羲的“续抄堂”、钱谦益的“绛云楼”、全祖望的“双韭山房”、杭世骏的“道古堂”、朱彝尊的“曝书亭”。

古代许多藏书家不仅广泛收书，还在版本、目录、校勘、辨伪、辑佚、考据等方面有专深而渊博的学识。如宋代藏书家

嫏嬛藏書

藏书图

宋敏求的藏书都经过数遍校订、整理。他说:“校书如扫尘，随扫随有。”南宋人楼钥一生藏书万余卷，所藏之书均为其亲手校订，世人视为善本。宋代著名女词人李清照和丈夫赵明诚酷爱书籍，赵明诚做过两任知州，将其俸入都用来买书。每获一书，二人即共同勘校、整集、签题。清代藏书家黄丕烈，专嗜收藏宋代刻本，其藏书楼亦随之名曰“百宋一廛”。他不仅收藏宋刻本，还对版本源流、篇目多少、音训异同直到行幅疏密、版式用纸、收藏印鉴等潜心研究。黄丕烈因收罗到北宋和南宋两部《陶渊明集》，大喜过望，乘兴把一间藏书室命名为“陶陶居”。

古代士人对其藏书有两种态度。一是将书束之高阁，秘不示人。唐代杜暹对藏书十分珍惜，他在每书之上自题:“清俸买来手自校,子孙读之知圣道,鬻及借人为不孝。”这种“家训”未免过于自私。建立“天一阁”收藏图书的范钦,立下家规:“代不分书，书不出阁。”书橱的钥匙分房管理，各房子孙不聚齐不得开锁。范家子孙若有违犯家规，无故开门之阁，领亲友入阁和擅开书橱，将书外借者，要给以不予祭祖三次至三年的处罚，至于将书偷出典卖者，则永远逐出家门，不认其为范家子孙。祁承烨也与子孙约定:“亲友借观者，有副本则以应，无副本则以辞，正本不得出家园外。”(《澹生堂藏书约》)严格的家规固然使一些珍贵的典籍得以保存，但也限制了书籍的流通，使外人甚至自家人不能得益于书籍，实为一件憾事。

士人对藏书的另一种态度是乐于他人借阅，十分通达。西晋人范蔚藏书七千卷，别人慕名到他家看书，他热情招待，还为他们准备衣食,“远近来读者,恒有百余人”(《晋书·范蔚传》)。南朝人陆澄、崔慰祖都有书万卷,对别人前来看书从不推辞,张率与陆澄子少玄是好朋友,就经常去陆家,“尽读其书”(《南史·张率传》)。崔慰祖对到他家看书的邻里少年非常热情,“亲自取与,未尝为辞”(《南史·崔慰祖传》)。宋代著名藏书家宋敏求有许多珍本,闻名遐迩。朱弁《曲洧旧闻》载,宋敏求“居春明坊,昭陵时士大夫喜读书者多居其侧,以便于借置故也”。以至那一带的房租都比别的地方高。大文学家欧阳修曾向宋敏求借《九国史》,宋敏求很痛快地借给他,欧阳修非常高兴。刘恕为编撰《资治通鉴》,也专门去宋敏求家读书,并且抄录,宋敏求也热情接待。

清代著名诗人袁枚藏书甚多,但他不将书据为私有,而是慷慨借书、散书,被传为佳话。乾隆三十八年(公元1773年),清政府开四库馆,访求天下异书,袁枚献出了不少珍本秘籍。平日朋友相借,他都欣然应允。他曾作《散书记》,记述其散书的感受和态度。他认为,“天下宁有不散之物乎?要使散得其所”。当书归己所有时,往往弃之一旁,不认真研读。当他人欲求,自己将与书分手之时,便觉得这本书还是很有价值,值得一读的。所以每散一册书,都会有依依不舍之情。于是,便先日夜攻读,将其精彩的内容记在心中,这样,书虽转于他人,但自己则是真正拥有了它。

清代著名藏书家马曰琯、马曰璐兄弟,藏书十万余卷,乾隆年间编《四库全书》时,马氏兄弟献书七百七十六种,占《四库全书》所收书的五分之一强。马氏兄弟还常邀前来求阅书者共同在书房内论学考订，吟咏酬唱，当时的学界名流如厉鹗、杭世骏、全祖望、戴震等，都曾去过马家书房。

古代士人乐于出借自己的藏书，有利于书籍的流通和文化的传播，也显示了士人的美德。收藏图书使古代士人的生活更加充实而有意义。他们的物质生活宁肯贫乏，但只要有书，便是生活的最大满足。明人陈继儒在《岩栖幽事》谈到自己的生活追求说："余每欲藏万卷异书，袭以异锦，薰以异香，茅屋芦帘，纸窗土壁，而终身布衣，啸咏其中。客笑曰：此亦天壤一异人。"

四、精心抄书、护书

古代许多士人喜欢藏书，还以顽强的毅力勤奋抄书，精心护书，使读书生活更加丰富，并为保存文化典籍做出了贡献。

在印刷术发明以前，图书流通的方式主要靠抄写，为了读书和获得书籍，许多士人都有抄书的经历。南朝人袁峻早失父母，他"笃志好学，家贫无书，每从人假借，必皆抄写，自课日五十纸，纸数不登则不休息"(《梁书·袁峻传》)。北朝因为战乱，得到图书非常不易，只好抄书。司马子瑞"求天下书，逢即抄录，成多书之家"(《北史·司马子瑞传》)。裴汉"借人异书，必躬自录本，至于疹疾弥年，亦未尝释卷"(《周书·裴汉传》)。

古人渴求读书，勤奋抄书的事例不胜枚举。再看几例：唐代藏书家中抄书最勤奋的是柳仲郢。《旧唐书·柳公绰传》附传载：

仲郢以礼法自持，私居未尝不拱手，内斋未尝不束带。三为大镇，厩无名马，衣不熏香。退公布卷，不舍昼夜。《九经》、《三史》一钞，魏晋已来南北史再钞，手钞分门三十卷，号《柳氏自备》，又精释典，《瑜伽》、《智度》大论皆再钞，自余佛书，多手记要义。小楷精谨，无一字肆笔。

宋人徐度在《却扫篇》中记载了赵畯抄书的故事，文曰：

赵畯字德进，宋城人，少治《易》。时龚深甫《易解》新出，世未多见。闻考城一士人家有之，则徒步往见。独携饼十数枚以行。既至其门，求见主人，问以借书之事，意颇以为难，而命之饭。畯辞曰："所为来者，欲见《易解》耳，非乞食也。"主人嘉其意。……阖户昼夜写录，饥则啖所携之饼。数日而毕，归书主人，长揖而别。

明末清初著名思想家黄宗羲博览群书，他读完了家中的藏书，就借书抄书读，还经常到各处寻书买书，书僮几乎每天都要背一袋书回家，他连夜誊录，第二天再出去买。黄宗羲到了晚年依然藏书、抄书不止。他常对学生说："应当以书明心，不能玩物丧志！"（《清稗类钞·鉴赏类》）

清代藏书名家曹溶有感于借书、抄书、收书之难，提出了各藏书之家相互抄书的办法。他在《流通古书约》中说，这个抄书的办法是，凡藏书之人，均编好藏书目录，标出所缺乏书，按门类排列，互相约定，互通有无，各自请人“精工缮写，校对无误”，然后互相交换。这样做有不少好处：“好书不出户庭也，有功于古人也，己所藏日以富也，楚南燕北皆可行也。”曹溶的设想对保存和流传图书有一定的积极意义。

古代图书得之不易，故士人对书非常爱护。对书是否爱护，往往看出士人品德的高低，北朝人颜之推在《颜氏家训·治家》中说：“借人典籍，皆须爱护，先有缺坏，就为补治，此亦士大夫百行之一也。”唐朝李泌的父亲收藏书籍二万余卷，他生怕书被弄坏，朋友来借阅只许在专设的阅览室中看，宁愿招待茶饭也不许客人携书回家。宋代著名史学家司马光很珍惜书籍，他读书时怕手的汗渍到书上，从不用手托书。读书时如有桌，则先揩净桌面，铺好布垫，再将书放在上面；无桌，则用专用的方板托书。翻阅的时候很轻，惟恐损坏。每年还定期晒书，以防潮防虫。明代著名藏书家叶盛非常珍惜图书，他说：“夫天地间物，以余观之，难聚而易散者，莫书若也。如余昔日之所遇，皆是也。”（《菉竹堂书目序》）基于这种认识，他要求子孙对图书“读必谨，锁必牢，收必审，阁必高。子孙子，惟学敩，借非其人，亦不孝”。

明朝学者胡应麟在《少室山房笔丛》卷 4 记载了赵子昂护书法，文曰：

> 聚书藏书，良匪易事。善观书者，澄神端虑，净几焚香，勿卷脑，勿折角，勿以爪侵字，勿以唾揭幅，勿以作

枕，勿以夹刺，随损随修，随开随掩。

造成书籍损害的主要是虫蠹和灾害，对此古人早就有所注意。北魏贾思勰所著《齐民要术》就记载了书籍防虫蠹的方法。该书卷3曰：

> 书柜中要放些麝香、木瓜，可使书不生虫蠹。五月时天气又热又潮，容易生蠹虫，如果整个夏天没把书打开晾一晾，就肯定会生虫。在五月十五日到七月二十日这段时间，必须把书卷打开晾三次。晾书必须在晴天，要晾在大房子下通风凉爽而又晒不到太阳的地方。若晒书，会使书褪色。书还热时就卷起来，生虫会更快。尤其注意不要在阴雨潮湿天气晾书。如果这样谨慎地保护，书籍能保存几百年。

明代藏书家总结了前人护书的经验，采用了一些新方法。据谢坤《春草堂集》记载："范氏天一阁藏书甚富，内多世所罕见者，兼藏芸草一本，色淡绿而不甚枯，三百年来书不生蠹，草之功也。"芸草即芸香草，又名"七里香"，它能分泌抗虫杀菌物质。福建藏书家谢肇淛认为护书要勤翻阅，多通风。他说："书中蠹蛀，无物可辟，惟逐日翻阅而已。置顿之处，要通风日，而装潢最忌糊浆厚裱之物。宋书多不蛀者，以水裱也。日晒火焙固佳，然必须阴冷而后可入，若热而藏之，反滋蠹矣。"(《五杂俎》卷9)

为防止书籍遭受灾害的破坏，古人在建筑藏书楼时特别予以注意。明代藏书家胡应麟的藏书楼,“屋凡二楹，上固而下隆其趾，使避湿，而四敞之可就日”。这种设计有助于防潮、防霉和防蠹。祁承烨于天启三年（公元1623年）给其子的家信中曾讲到藏书楼的建筑应是“既欲其坚固，又欲其透风”。

著名的藏书楼“天一阁”在设计上也特别注意了对灾害的防范。它墙圃周围，远离灶火，阁前又有池蓄水备用。书楼坐北朝南，前后开窗，楼内书柜也都前后设门，以利通风；楼顶起脊，有利于防止漏雨和隔热；楼前楼后有廊，对于防光、隔热和防尘都有好处。可见“天一阁”的设计对于防范各种灾害的考虑十分周到细致。

中国古代文人为保存、传播书籍，勤奋抄书，精心护书，倾注了很多心血，书已成为他们生命中不可缺少的一部分，正是由于他们的努力，中国古代许多优秀文化典籍得以保存，流传至今。

五、不倦的笔耕者

在古代士人生活中，写作与读书是同等重要的事，许多文人终生笔耕不辍，为后人留下了大量的传世之作，丰富了中华文化宝库，他们的顽强精神激励着一代又一代的人奋发向上。

中国古代士人具有强烈的忧患意识和社会责任感。他们感情丰富，热爱生活，喜欢通过写作表达政治见解，抒发个人情怀，弘扬正义，鞭挞丑恶。生活在顺境下的士人固然能写出好作品，许多身处逆境的士人也不甘沉沦，坚持写作，许多伟大的作品就出自他们之手。司马迁在《报任安书》中道出了其中的原委：

> 西伯（周文王）拘而演《周易》；仲尼厄而作《春秋》；屈原放逐，乃赋《离骚》；左丘失明，厥有《国语》；孙子膑脚，《兵法》修列；不韦迁蜀，世传《吕览》；韩非囚秦，《说难》、《孤愤》；《诗》三百篇，大氐贤圣发愤之所为作也。此人皆意有所郁结，不得通其道，故述往事，思来者。

正是古代士人生活中有许多不幸，才使他们更深刻地领悟了人生，激发了创作灵感，写下了不朽之作。许多士人将写作、吟咏作为一种表达情性，表达生命感受的方式，在写作过程中，所表现出来的不仅是文人高超的写作技巧，还表现出他们的文化思想和文化品格。写作是一项艰苦的创造性的劳动，不仅需要饱满的热情，充沛的精力，还要全身心地投入，甚至在死亡面前也在所不计。宋人葛立方说："自古文人，虽在艰危困踣之中，亦不忘于制述，盖性之所嗜，虽鼎镬在前不恤也，况下于此者乎？"（《韵语阳秋》）

西汉时，司马迁因替投降匈奴的汉将李陵辩护，惹怒了汉武帝，被处以腐刑，从肉体到心灵受到了极大的摧残，司马迁几乎痛不欲生。但是古代先贤在逆境中顽强著述的精神鼓舞了他，司马迁决心继承父业，继续编修史书，他忍受着奇耻大辱，以超人的毅力写作，终于完成了不朽的历史著作《史记》。司马迁在写作《史记》过程中所表现出的顽强毅力和高洁品格，令人钦佩，司马迁是中国知识分子的光辉榜样。司马迁的品格是民族文化延续和壮大的根本保证。

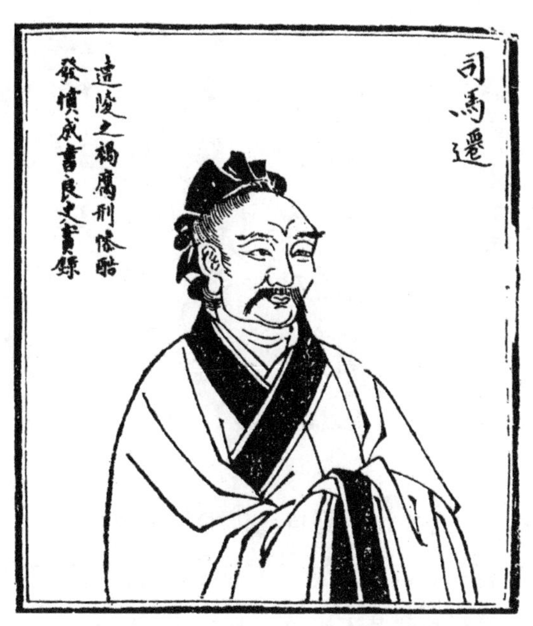

司马迁像

古代许多士人为了写作，惜时如金，冥思苦想，优秀作品无不凝结着他们的心血。晋代文学家左思撰写《三都赋》时，广泛搜集资料，他在居室、庭院、厕所各处都放置纸笔，每想到一个好句子，就立刻写下来，经过十年的努力，终于写成了脍炙人口的《三都赋》。作品问世后，立刻引起轰动，人们竞相抄写，所用纸很多，一时洛阳纸贵。唐代文学家韩愈在《进学解》中说：他平时“口不绝吟于六艺之文，手不停披于百家

左思招隐诗

之编”。诗人白居易也谈到自己读书写作的艰辛：“二十以来，昼课赋，夜课书，间又课诗，不遑寝息矣。以至于口舌成疮，手肘成胝，既壮而肤革不丰盈，未老而齿发早衰白。”(《白居易集笺校》卷45)

写作虽然艰苦，但写作的成功又可以使人获得无穷的乐趣。一代文豪苏东坡说：“某平生无快意事，惟作文章，意之所到，则笔力曲折，无不尽意，自谓世间乐事无逾此者。”(《春渚纪闻》)元人周砥在《读书舍赋君子之所乐》诗中写道：“君子之所乐，其乐且何如？结庐在丘壑，委怀在诗书。”为了写出名篇佳作，许多人迎难而上，倾注了大量的心血和汗水。在文学史上，中唐以后，在韩愈周围聚集了一群诗人，他们整日为吟诗写作冥思苦想，被称为“苦吟派”。他们感叹咏诗之难：如贾岛“两句三年得，一吟双泪流”，郑谷“夜夜冥搜苦，哪能鬓不衰？”方干“吟成五字句，用破一生心”。一般文人把作诗仅仅当成生活的消遣或点缀，而他们却视作诗为生活的全部。贾岛在《戏赠友人》诗中说：

一日不作诗，心源如废井。
笔砚为辘轳，吟咏作縻绠。
朝来重汲引，依旧得清冷。
书赠同怀人，词中多苦辛。

賈浪仙像

贾岛像

作诗简直成了贾岛的第二生命，他为吟出佳句几乎到了如痴如醉的程度。有一次，他骑着毛驴经过长安朱雀大街，当时正值深秋，飒飒秋风从渭河边上吹来，卷起片片梧桐和秋槐的落叶。他灵感一动，吟出了一句“落叶满长安”，可想不起上句，苦思半天，终于想出“秋风吹渭水”。贾岛非常高兴，却没注意撞上了京兆尹刘栖楚的仪仗，被抓起来关了一夜。还有一次，他骑着驴想出两句诗：“鸟宿池边树，僧敲月下门。”起初想用“推”字，琢磨了好久又想改用“敲”字，想来想去，还是确定不下来，就在驴背上反复吟哦，不时伸出手比画着推敲的姿势，竟忘了拉紧缰绳，一下子闯进了京兆尹韩愈的仪仗队中，被侍卫抓住，推到韩愈面前。韩愈问明情况，对这句诗也很感兴趣，沉吟良久对贾岛说：“作‘敲’字佳矣。”贾岛非常高兴，于是二人并辔而行，从此成为好朋友。(《唐才子传》卷4)

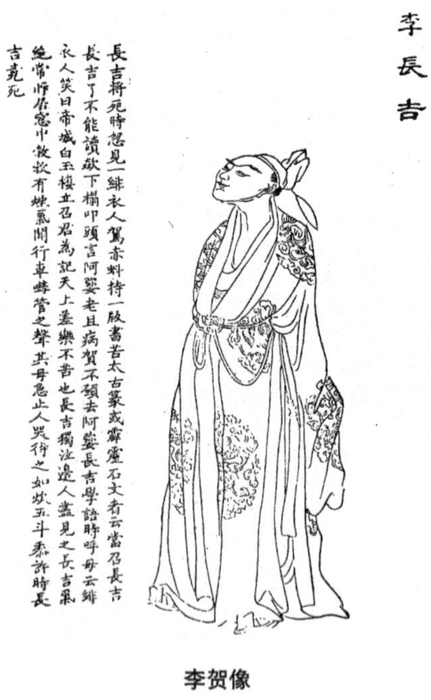

李長吉

長吉將死時忽見一緋衣人駕赤虯持一版書若太古篆或霹靂石文者云當召長吉長吉了不能讀欻下榻叩頭言阿㜷老且病賀不願去阿㜷長吉學語時呼母云緋衣人笑曰帝城白玉樓立召君為記天上差樂不苦也長吉獨泣邊人盡見之長吉氣絕常所居窗中勃勃有煙氣聞行車嘒管之聲其母急止人哭待之如炊五斗黍許時長吉竟死

李贺像

著名诗人李贺十几岁就以作诗闻名。他生活中最大的乐趣就是写诗。他“手笔敏捷”，“其文思体势，如崇岩峭壁，万仞崛起”(《旧唐书·李贺传》)。他常常骑驴出行，身背一个破旧的“锦囊”，一面观赏山川景致，一面寻思新的诗句，每想好一句，便赶忙记在纸上，塞进锦囊中。回到家后，将零散的纸条取出，编成完整的诗。李贺苦吟不止，他的诗水平很高，独具特色，“当时文士从而效之，无能仿佛者”。

宋代文学家欧阳修说自己写文章有“三上”，即“马上、枕上、厕上”，可见用功之勤。司马光为编修《资治通鉴》，前后用了 19 年，除参考正史外，所参阅的杂史诸书，多达两百多种，初稿放满了两间屋子。为完成这部卷帙浩大的著作，司马光不分寒暑，几乎耗尽了全部精力。他在《进书表》中说自己“骸骨癯瘁，目视昏近，齿牙无几，神识衰耗”。司马光潜心写作，生活简朴，所住的房间除了几个书柜外，只有一些简单的日用品，还有一块光滑的圆木头，这是司马光在写作困倦时枕着睡觉用的，只要一翻身，圆木就会滚到地上发出声响，他就会被惊醒，爬起身继续写作。他称圆枕木为“警枕”。

挂角攻书

司马光像

明末清初史学家谈迁，自幼勤奋好学，立志编一部真实可靠的史书。他从 29 岁开始，用了 27 年时间写了一部明朝编年体史书《国榷》，但这部 500 多万字的书稿竟在一天夜里被盗。这时谈迁已年近花甲，大半生的心血付诸东流。他很伤心，发愤重写，又用六年的时间写出了第二稿。完稿之后，他发现崇祯一朝的史事还欠丰富和准确，于是又到京师做实地调查，经过充实，《国榷》才正式定稿。谈迁写书前后用了 30 多年，耗费了一生的心血。

清代学者阎若璩博学多识，研究学问锲而不舍，他读《古文尚书》时，怀疑此书可能是晋代梅赜的伪造，决心彻底弄清。于是不分昼夜，数十年如一日潜心研究，经过 30 年的不懈努力，以充足的证据断定梅赜的《古文尚书》为伪书。阎若璩的研究成果得到了学术界的认可。

读书、藏书、抄书、写作，构成了古代士人生活的重要内容。文人和书的关系，如同人与空气、阳光一样，一旦分离，将无法生存。纵览古代士人的读书生活，我们能领略到中华文化生生不息，不断发展壮大，离不开古代士人的辛勤耕耘和不断开拓。

第三章　士人与仕途

中国古代士人是一个特殊的社会群体，它处于官和民之间，并不具有独立的阶级意识，它只能依附于王权，参与对国家的管理，所谓“学成文武事，售于帝王家”，即是士人自我价值最完美的体现。而实现这一理想的唯一途径就是科举入仕。可以说，在中国古代，绝大多数士人读书、求学的主要目的是为了入仕，即“学而优则仕”。入仕不仅能够实现“治国平天下”的人生理想，还可以改变个人的社会地位和生活状况。入仕，成为萦绕在士人心头的头等大事。宋人洪迈在《容斋随笔》中记述了当时流传的《得意诗》和《失意诗》。《得意诗》云：

久旱逢甘雨，他乡遇故知。
洞房花烛夜，金榜题名时。

《失意诗》云：

寡妇携儿泣，将军被敌擒。
失恩宫女面，下第举子心。

这两首诗反映了古代对人生世俗的看法。人生最得意的是中举入仕，最失意的是科举下第，可见科举在士人生活中的重要位置。因此，了解中国古代士人的生活，不能不注意他们与仕途的关系和科举给他们生活带来的种种悲喜剧。

一、入仕与士人生活

中国古代士人入仕是与春秋战国的社会变革相关联的。殷周时期，任官的基本制度是世卿世禄制。王室、贵族凭借宗法关系和血统关系世代承袭高爵显职。虽然古代文献有关于周代通过考试选拔人才和地方向朝廷推荐人才的记载，但仅限于低级官职，这些低级官职后世称为“吏”。官与吏的区别是，官比吏尊贵而有法定权力，吏受官的驱使，只能办理具体事务而没有决策权。西周的许多士担任的便是吏的职务。春秋战国时期，随着社会变革，维持贵族统治的宗法血缘制度受到了冲击，各国通过变法和改革，废除世卿世禄制，采用新的选官办法，奖励军功，任贤使能，使士人的才干得以施展，成为社会上最活跃的阶层。这时，能体现士人自身价值的最佳途径莫过于入仕了。士与仕合二为一，故孟子说：“士之仕也，犹农夫之耕也。”“士之失位也，犹诸侯之失国家也”（《孟子·滕文公下》）。入仕对多数士人而言，可以在很大程度上改变其社会地位和经济生活。孔子未入仕时，尽管到处奔波，生活却没有保障，而官拜鲁国司寇后，不仅每年食俸禄六万斛粟，而且生活讲究，

“食不厌精，脍不厌细”，孟子就毫不掩饰地说：“仕非为贫也，而有时乎为贫。”(《孟子·万章下》)

战国时期，官僚制度在各国普遍推行，为士人入仕开辟了道路。从官僚制度的基本特征看，世卿世禄制被废除，有利于士人的流动与升迁；而实行爵禄制，则使入仕者获得了有别于常人的社会地位和经济利益。墨子提出，治国“必为置三本”，所谓“三本”，即“爵位不高，则民不敬也；蓄禄不厚，则民不信也；政令不断，则民不畏也”(《墨子·尚贤中》)。战国时各国君主普遍把高爵厚禄作为招贤纳士的基本手段。秦孝公求贤，提出“有能出奇计强秦者，吾且尊官，与之分土”(《史记·秦本纪》)。燕昭王甚至在国境筑黄金台以招徕人才。

显赫的地位和优厚的待遇使许多士人因仕一夜之间而成为巨富。苏秦热衷游说，却穷困潦倒，连父母兄嫂都不理睬他。后周游列国，受到重用，衣锦还乡，全家欣喜万分，父母张乐设饮，远迎三十里，嫂子匍伏在地。苏秦问其嫂曰：“嫂，何前倨而后卑也？”嫂子说：“以季子位尊而金多也。”苏秦感叹道：“嗟乎！贫穷则父母不子，富贵则亲戚畏惧。人生世上，势位富贵，何可忽乎哉！”(《战国策·秦策一》)

入仕求富贵以其巨大的魅力吸引了大批士人为之奋斗。秦汉以后，士人入仕之途被封建统治者进一步规范并强化，成为衡量人生贵贱荣辱的唯一标准。清代著名小说《儒林外史》中有许多这样的言论。如，施御史说：“有操守的，到底要从甲科出身。”鲁编修说：“如果有学问，为什么不中了去？”马纯上则说：“人生世上，除了这件事，就没有第二件可以出头。”“只是有本事进了学，中了举人、进士，即刻荣宗耀祖。”

为吸引士人入仕，汉武帝设太学，实行读经入仕制度，将士人入仕规范化。太学是在京城设立的官学，太学中设五经博士，对经过严格挑选的太学生传授儒家经典，太学生经过一年学习后进行考试，精通一经者可以入仕。为鼓励学生读书，规定太学生“复其身”，即免除徭役。汉宣帝时，博士夏侯胜对学生说：“士病不明经术，经术苟明，其取青紫如俯拾地芥耳。”(《汉书·夏侯胜传》)汉代太学生人数不断增多，汉武帝时仅 50 人，东汉以后，太学的规模越来越大，汉顺帝时，太学生达到三万余人。设太学，实行读经入仕，大大强化了士人读书做官的思想，许多人皓首穷经，刻苦攻读，使经学大盛。《汉书·儒林传》说：

> 自武帝立《五经》博士，开弟子员，设科射策，劝以官禄，讫于元始，百有余年，传业者寖盛，支叶蕃滋，一经说至百余万言，大师众至千余人，盖禄利之路然也。

魏晋南北朝时期，九品中正制成为主要的选官制度。九品中正制设立于曹魏时期，由中央在地方设中正官，负责品评当地人士，分为九等，报到吏部，作为选官的依据。九品中正制设立之初尚有任人唯贤的用意，但后来中正官成为门阀大族把持政权的工具，造成了“上品无寒门，下品无势族”(《晋书·刘毅传》)的局面，使许多寒庶之人与仕途无缘。这时，官学时兴时废，很不正规，能从学校经考试入仕的人不多。尽管如此，文人也没有放弃读书做官的念头。北朝人颜之推在《颜氏家训·勉学》有一段勉励子女学习的话，文曰：

> 自荒乱已来，诸见俘虏。虽百世小人，知读《论语》、《孝经》者，尚为人师；虽千载冠冕，不晓书记者，莫不耕田养马。以此观之，安可不自勉耶？若能常保数百卷书，千载终不为小人也。

隋统一中国以后，为加强中央集权，需要补充大量官吏，在这种情况下，科举制应运而生。科举制即是用公开考试的办法选拔人才，在一定程度上具有平等竞争，择优入仕的意义。社会各阶层的人都可以参加考试，扩大了封建统治的社会基础。从隋唐到明清，科举制不断发展和完善。士人通过一级一级严格的考试，只有科举及第者，才能进入官场，实现人生理想。层层考试为士人编织了一个又一个美好的理想之梦，激励着他们奋力攀登，士人的社会地位和经济生活也随着理想的实现而发生变化。明清时期，科举考试分为四个步骤。

第一步为童试，即预备性考试。考生无论年龄大小皆称“儒生”或“童生”，先参加州、县级考试，通过以后称“生员”，又名“庠生”，俗称“秀才”。获秀才资格之后方能参加高一级的考试。生员作为科举士人必经的功名阶段，一旦获此身份，便高人一头，脱离了平民阶层，社会地位高于普通人，见了知县可以不下跪，官府也不能随便对其动用刑法。《儒林外史》第三回写到范进中了秀才之后，他的丈人胡屠户说：“你如今既中了相公（秀才），凡事要立个体统来……若是家门口这些做田的、扒粪的，不过是些平头百姓，你若同他拱手作揖，平起平坐，这就是坏了学校的规矩，连我脸上都无光了。”宋元以来，封建政府为使士人专心致志于科场考试，均免除了生员以上者的徭役负担。宋朝规定：“州县学生曾经公私试者，复其身。”（《宋史·选举志》）元代对通文学的儒户“并免其徭役”（《元史·世祖纪》）。明洪武初年规定：府州县学生员户内优免二丁差徭。清朝通常优免衿士本身的丁银。如顺治五年（公元1648年）优免则例规定：监生、举人、生员各免粮二石、人丁二丁。监生还可以享受国家提供的生活费用，洪武十五年（公元1382年）四月，朱元璋下令向学校师生赐赏廪膳，每人米六斗，此外还有牛肉若干。优待士人的政策使士人的生活有所改善，也增加了社会的稳定度。

第二步为乡试，这是省一级的考试。每三年举行一次，称“大比”，乡试通过者称“举人”，考中了举人不仅可以进京参加全国性的会试，即使会试未能录取也具备了做官的资格。据统计，清代举人能进入官场的约为一半，另一半作为乡绅终老于民间。由于举人是在道和省这个最大的地方行政区域中选拔，名额有限，在县乡都获膺此选者并不多，因而他们在乡间颇受人们瞩目，中举者往往成为百姓崇拜、夸耀的对象。《儒林外史》第三回说，范进中举后，张乡绅立即来拜“新中的范老爷”，送给范进50两贺仪银，还将一所房屋送给范进。“自此之后，果然有许多人来奉承他：有送田产的，有送店房的，还有那些破落户，两口子来投身为仆图荫庇的。到两三个月，范进家奴仆、丫环都有了，钱、米是不消了”。

第三步为会试和殿试，这是中央一级的考试，一般在乡试后的第二年举行。会试由礼部主持，参加会试的是全国各地的举人。会试录取后被称为贡士，第一名叫会元。会试之后为殿试，由皇帝亲自主持。殿试只试策问一场，殿试并不淘汰，参加殿试的贡士均能获得进士的资格。殿试考中为“甲榜”，亦称“甲科”，出榜分为三甲，一甲为赐进士及第，只有三名，为状元、榜眼、探花，合称三鼎甲；二甲为赐进士出身若干人，第一名称传胪；三甲为赐同进士出身若干人。在一、二、三甲的都泛称进士。进士位居科举制的顶端，是全国性考试中的佼佼者，是古代中高级官僚的主要来源。

殿试“三甲”

在封建社会，士人科举中第，意味着社会身份由此改变，一旦为官，便获得依品阶等级给予的各种待遇。如唐代百官的俸禄依九品十八级发放，俸禄包括实物、货币和土地三项。实物主要指禄米，依品级按年发给，由正品七百石到从九品三十石。货币指月俸，又称科钱、俸料。唐代官员根据级别不同都配有仆从服务人员，一品至五品的称“防阁”，六品至九品的称“庶仆”，州县官的称“直白”。这些人的津贴均由政府供给。此外，官员每月的主副食品也由朝廷提供，称“食料”。唐代官僚的土地占有分职分田和永业田两种。关于职分田，《新唐书·食货志五》记载：“一品有职分田十二顷，二品十顷，三品九顷，四品七顷，五品六顷，六品四顷。”地方官最高者十二顷，最低者一顷五十亩。永业田也按官品分配。

宋朝以后，随着商品经济的发展，百官俸禄以货币为主，包括寄禄和职钱。寄禄是官员的基本工资；职钱是职事官以实际任职领取津贴。此外，还有各种名目的补贴。如按官员随身仆人数量多少发给“衣粮钱”，还有“傔人餐钱”，也按不同等级发放。宋代官僚的俸禄以优厚著称，各级官僚依仗职权大量占有财产。赵翼在《廿二史札记·宋制禄之厚》中列举了宋代官司僚的各种待遇：

> 有茶酒厨料之给，薪蒿炭盐诸物之给，饲马刍粟之给，米面羊口之给。其官于外者别有公用钱，自节度使兼使相以下二万贯至七千贯凡四等，节度使自万贯至三千贯凡四等，观察、防团以下以是为差。公用钱之外，又有职田之

制，两京大藩府四十顷，次藩镇三十五顷，防团以下各按品级为差。选人使臣无职田者别有茶汤钱。

宋代官僚又时有恩赏。受赏范围很广，有执政大臣、功臣及地方官，也有致仕、病故的官员，如“李沆病，赐银五千两；王旦、冯拯、王钦若之卒，皆赐银五千两”,“王汉忠出知襄州，常俸外增岁给钱二百万”(赵翼《廿二史札记·宋恩赏之厚》)。甚至无大功之臣也被赏赐。封建时代的官僚还有免除税赋徭役的特权。不仅如此，一朝权在手，还能依仗权势换回制度规定以外的钱财、实物、美女。

应该指出的是，古代士人参加各级科举考试，考中的级别高，才有可能入仕为官。宋代以后，士人只要进士及第，一般都会获得官职，因此，进士对士人最具魅力。《新唐书·选举志》说:“大抵众科之目，进士尤为贵，其得人亦最为盛焉。”而考取了包括进士以下的举人、监生、贡生等，即获得了功名（如同今日之学历），这些人未入仕之前，统称为“衿士”。衿士是处于官民之间的特殊阶层。历代封建统治者为了鼓励士人参加科举考试，以利选拔人才，对衿士都给予一定的优待。在法律上，衿士也具有不同一般人的地位。如衿士诉讼时一般不受拘押，雍正时规定对士子“不擅加笞杖”。轻罪者可以纳赎，流罪发遣时，地区上予以照顾，且不沦为奴婢。

进士在衿士中地位最高，因为进士与官位的距离最近。唐代以后，高级官僚的主要来源是进士。据统计，唐宰相 524 人，进士出身 232 人，占 44.27%。宋代进士地位之隆，超过唐朝。

《宋史・宰辅表》所引133名宰相中，科举出身者123名，占92.48%，其中又以进士最多。明清时期的进士在中高级官员中也占有很大比例。明天顺年后，进士成为翰林院翰林的唯一候选者，而翰林院又是高级官员的主要来源地。《明史・选举志二》："南北礼部尚书、侍郎及吏部右侍郎，非翰林不任。""通计明一代宰辅一百七十余人，由翰林者十九"。(冯尔康主编《中国社会结构的演变》，河南人民出版社1994年版)

显赫的社会地位，丰厚的经济利益，还有当官能得到的数不清的好处，使士人对读书做官无比迷恋，在许多古代文学作品中都表现了士人的这一价值取向。

唐传奇中白行简的《李娃传》和沈既济的《枕中记》记述了两个典型人物——郑生和卢生，从他们的经历中可以看出科举与士人生活的密切关系。《李娃传》的男主人公郑生为山东士族高门荥阳郑氏的后裔，郑生年少时，"隽朗有词藻，迥然不群，深为时辈推服"。"其父爱而器之，曰：'此吾家千里驹也'"。让他赴京举秀才，希望他通过科举而青云直上，光耀门庭。可是郑生到长安后，沉湎于声色之中，他迷恋娼女李娃，整日狎戏游宴，一年余资财耗尽，沦为唱挽歌的歌郎。其父发现后，责其玷辱家门，鞭打至昏死而弃之。郑生流落街头，后路遇李娃，李娃同情郑生，自己赎身并收留了郑生，勉励郑生读书应举。经三年苦读，郑生一举而进士及第，授成都府参军。适其父任成都尹，父子在剑门相遇，其父不仅认了儿子，曰："吾与尔父子如初。"并且以大礼迎娶曾经为娼的李娃为媳。

与郑生不同,《枕中记》的主人公卢生是一个“衣短褐，乘青驹，将适于田”的平民，他既无高贵的门第，父祖又无官职，然而他却立志改变自己的处境。他说:“士之生世，当建功树名，出将入相，列鼎而食,”“使族益昌而家益肥，然后可以言适乎”。卢生的人生理想是凭借自己的才干，科举入仕，建功树名，使家肥族昌。后来卢生梦中娶清河崔氏女，举进士科登第，进入仕途，其间虽经坎坷，最后被招为中书令，封燕国公。他的五个儿子，也或以进士，或以门荫入仕。

《李娃传》中的郑生和《枕中记》中的卢生，一个是士族子弟，一个是平民百姓，在魏晋南北朝门阀制度盛行时期，他们会有不同的前途。郑生凭借门第也许不费什么力气便可平步青云;而家世贫寒的卢生则会淹滞在社会下层，没有出头之日。而隋唐以后的科举制打破了门阀对仕途的垄断，无论士族子弟还是平民百姓，欲入仕为官，必须经过科举考试。《枕中记》虽然是作者虚构的梦境，但像卢生由平民而一跃为官的事例在唐代现实生活中确实存在。如《旧唐书·魏知古传》记载，魏知古出身平民家庭，其先世和父祖均无记载，进士及第后，不断升迁,封梁国公,任黄门监、紫微令。《旧唐书·张说传》载:张说之祖父无官，父骘，洪洞丞，仅为八或九品的小官。张说通过科举入仕，唐玄宗时任中书令，封燕国公。张说的仕途也曾经历坎坷,与《枕中记》中卢生梦中的一生十分相似。可见，卢生虽是文学形象，却真实地反映了平民通过科举可以改变命运的事实。

二、中举士人的荣耀

中国古代的科举考试像一根吸引力极强的魔棍，使无数士人为之倾注了大量的心血和才智。“十年寒窗无人问，一举成名天下知”。那些经过含辛茹苦的奋斗和拼搏的士人，一旦得知自己金榜题名时，无不欢呼雀跃，兴奋不已。唐代诗人袁皓于唐懿宗咸通年间中进士，他写下了一首诗《及第后作》，抒发自己的喜悦心情：

金榜高悬姓字真，分明折得一枝春。
蓬瀛乍接神仙侣，江海回思耕钓人。
九万抟扶排羽翼，十年辛苦涉风尘。
升平时节逢公道，不觉龙门是险津。

诗人看到高悬的进士榜上有自己的名字，无比幸运，如同分得了一枝美好的春色。他感到自己像大鹏一样展翅飞上了九万里的高空，也不感到龙门是难于通过的险要关口了。施肩吾于唐宪宗元和十年（公元815年）中进士及第，在返回家乡洪州（今江西南昌）路过扬子江时，写了一首《及第后过扬子江》：

忆昔将贡年，抱愁此江边。
鱼龙互闪烁，黑浪高于天。
今日步春草，复来经此道。
江神也世情，为我风色好。

从诗中可见，中第与否和士人的心情密切相关。施肩吾以贡生身份参加进士考试那一年，在扬子江边愁闷不已，见江水黑浪涛天。现在,又来到江边,正是春光明媚踏着青草前行（唐科举放榜在二月，正值春天）。江中的神灵也似乎懂得人世间的感情，为迎接诗人过江而风平浪静。文人及第，心情舒畅，在他们眼里,连景致也变得美丽了。元和十四年(公元819年)，浙江人章孝标在考中进士后，写诗曰:“及第全胜十政官，金鞍镀了出长安。马头渐入扬州郭，为报时人洗眼看。”(《御定全唐诗》)将及第比喻为镀金，其得意之心境可窥一斑。元和举子中进士之后，也写诗表示欣喜之情：

元和天子丙申年，三十三人同得仙。
袍似烂银文似锦，相将白日上青天。

有的人中举后，过度兴奋，乐极生悲，甚至从马上坠地。北宋开宝初年,“举子齐愈及第，缀行至白门，忽于马上大笑不已,遂坠。驭者扶策,良久乃苏,盖其喜成名如此”(《江南余载》。卷上)古代士人科举中第，尤其是考中了进士，可谓一步登天，荣耀无比，从政府到民间纷纷举行各种庆祝活动，大肆宣传、表彰，造成轰动效应，使全社会瞩目，以吸引更多的士人走科举之路。唐代,“新进士每及第，以泥金书帖子附于家书中，至乡曲亲戚,例以声乐相庆，谓之‘喜信’”(《开元天宝遗事》)。

唐代的新科进士要参加各种礼仪及欢宴活动。先由考官带领赴尚书省都堂参谒宰相，称“过堂”。接着由状元带领新进士到考官家中谢恩。考官称座主、座师，新进士自称门生。拜谒活动结束后，还要举行各种游赏、宴会活动，其中规模最大、最引人注目的是曲江宴。曲江亦名曲江池，在今陕西西安市市郊。池水清澈，池周有奇花异树环绕，池南有供皇帝登临观景的紫云楼、彩霞亭，池西有杏园。曲江周围还有许多私人楼台亭阁，是长安风光最优美的游赏、饮宴胜地。唐代进士及第后，皇帝要在这里举行盛大的宴会，以示庆贺。开宴当天，新科进士身穿白色麻布袍衫，来到曲江游宴，皇帝亲临紫云楼垂帘观看，王室公卿也倾城纵观，闺中有女未嫁的大户人家，也到这里暗选东床快婿。一般市民则如潮涌而至，一睹新科进士的风采，"长安几于半空"(《唐摭言》卷 3)。这些新科进士在万目投注之下，神气十足，尽情欢庆，泛舟水上，沉浸在无比喜悦之中。

曲江宴后，新科进士们又移饮于杏林，举行"杏林宴"。宴中推举二名年少英俊的新进士为"探花使"，让他们骑马遍游曲江附近或长安各处名园，采摘名花，以示荣耀。唐乾宁二年（公元 895 年)翁承赞进士及第，在杏林宴上任探花使，他作《擢探花使二首》写其得意心情，其一曰：

> 洪崖差遣探花来，检点芳丛饮数杯。
> 深紫浓香三百朵，明朝为我一时开。

宋代以后，随着科举制的发展，各种显示中举荣耀的礼仪和庆典相继出现。其中主要有：

1. 传胪大典。皇帝在殿试后亲自召见新科进士，依次唱名传呼，叫作“传胪”。宋人沈括在《梦溪笔谈》中说：

> 进士在集英殿唱第日，皇帝临轩，宰相进一甲三名卷子，读毕拆视姓名，则曰某人，由是阁门承之以传于阶下，卫士凡六七人皆齐声传其名而呼之。

在士人心目中，由皇帝金口唱名赐第，是人生最大的荣耀。宋以后，传胪大典成为隆重的礼仪，尤以清代最为完备。清代的传胪大典在庄严华贵的皇宫正殿太和殿举行。新科进士与王公百官在此整齐排列，在鼓乐和鸣鞭声中新科进士出场亮相，接受皇帝的恩赐和检阅。此时进士的第一名状元最为光彩。在听到其被唱名后，状元即向前站到太和殿丹陛下的中间处，中间巨石，雕镌有飞龙，是御驾所经之处。状元身上左右交叉披戴两条红绸，帽上插两支用薄铜叶制成的精致的金花，美称曰“十字披红双插花”。在皇帝的打量和众人羡慕的目光中，其独享殊荣的心境可想而知。严我斯是康熙三年（公元1664年）的状元，他在《甲辰传胪日纪恩诗》中写道：

> 旭日罘罳霁色升，鸿胪声彻殿头来。
> 香飘御案初承诏，酒赐天厨正举杯。
> 彩仗氤氲喧凤吹，康衢蹀躞走龙媒。
> 自惭拜献无长策，敢忘经生旧草莱。

2.“恩荣宴”。唐代，进士的庆贺宴会，其费用均自己筹备。宋代以后，由政府出资举行盛大宴会。开宝六年（公元973年），宋太祖赐钱20万举行盛大庆贺宴会，当及第者走在街上时，“观者拥塞通衢，人摩肩不可过，锦鞯绣毂，角逐争先。至有登屋而下瞰者，庶士倾羡，欢动都邑”（《儒林公议》卷上）。此后皇上赐宴遂为常例。宋代赐宴常在京城的琼林苑举行，故称“琼林宴”，宋徽宗时又改名为“闻喜宴”。明代仍用“恩荣宴”之名，清代因袭此制，赴宴者除了新科进士，还有读卷大臣、銮仪卫使、礼部尚书侍郎等众多官员。康熙六年（公元1667年）的进士缪彤在《胪传纪事》中记述了他赴恩荣宴的情景：

> （三月）二十五日到礼部与恩荣宴。读卷官司自满汉大学士以下，收卷官、掌卷官自翰林科部以下，监试御史及巡缉、供给各官，俱与宴。皇上遣内大臣佟国舅陪宴，（缪）彤一席，榜眼探花一席，诸进士四人一席，用满洲桌银盘，果品食物四十余品，皆奇珍异味，极天厨之馔。御赐酒，三鼎甲用金碗，随其量尽醉无算。宫花一枝，小绢牌一面，上有“恩荣宴”三字，状元用银牌。

席间频频奏宫廷雅乐以助兴。

3. 御赐。即皇帝赐予衣冠钱物。清顺治十五年（公元1658年）规定：传胪大典后五日，及第者于午门前领赏。赐状元六品朝冠、朝衣、补服、带靴；赐诸进士彩花、牌坊银三十两，一甲三名各再加五十两。（商衍鎏《清代科举考试述录》）据《胪传纪事》载，康熙丁未科的赐物更为华贵，赐状元水晶金顶凉帽一顶，镶蟒石青朝衣一件，玳瑁银带一条，荷包、牙筒、刀子俱全，马皮靴一双。榜眼、探花以下，俱赐钞银五两。

4. 释褐。褐，指古代平民的衣着。释褐，即脱掉平民服装，换上官服。清代的“释褐礼”包括祭典孔子、释褐易官服及拜见祭酒司业等仪式。是日，由鸿胪寺官带领新科进士到国子监祭祀孔子等先哲的神位。礼毕即脱掉平民服装，换上官服。然后谒拜国子监祭酒及司业，祭酒和司业受拜后，要请中一甲者（状元、榜眼、探花）上堂，每人酌酒一杯，插金花一枝，称为“簪花”，以示祝贺。

自唐代起，新科进士于曲江宴后有雁塔题名之举。宋代以后，题名碑位于国子监。清代，释褐礼后礼部要题请工部给建碑银一百两，交国子监立石为及第者题名，使“庶士子观览此碑，知读书之可以荣名，益励其自修上达之志”（《钦定大清会典事例》卷361《礼部·贡举》）。

科举及第不仅在京城引起轰动，在中举者的家乡也是一件盛事。宋代，进士及第回故里时，“旗者、鼓者、馈者、迓者，往来而观者，阗路骈陌如堵墙。既而闺门贺焉，宗族贺焉，姻者、友者、客者交贺焉”。就连“仇者亦茹耻羞愧而贺且谢焉”（周密《齐东野语》卷16）。甚至不问其家出如何，贵者、官者争相与之结姻。清代，考中进士者的捷报传到家乡时，“有司树旗送捷报牌近”，并于送旗牌之次日，“遣夫马往接，既至，有司伞盖，率金鼓清道结彩，出迎”（乾隆《任丘县志》卷4）。可谓隆重异常。

由于科举及第可以使士人的社会地位在一夜之间发生根本

的变化，故世态炎凉、人情冷暖，皆可由科举中体验。据《玉泉子》记载，唐人杜羔累举不中，将归家，其妻刘氏寄诗嘲讽，诗曰：

良人（丈夫）的的有奇才，何事年年被放回？
如今妾面羞君面，君到来时近夜来。

杜羔受此奚落，没有灰心，反而倍加努力，终于中举登第。消息传来，全家无比高兴，刘氏又寄诗曰：

长安此去无多地，郁郁葱葱佳气浮。
良人得意正年少，今夜醉眠何处楼？

刘氏的两首诗，形象地表现了士人中举前后心态的变化。唐代宗时的宰相元载遭遇也很典型。元载之妻子王韫秀是大将王忠嗣之女，元载寄住岳丈家，因为没有中举而被岳丈家人瞧不起。他决心离家赴长安赶考，妻子鼓励元载："有志男儿当自立。"决定与丈夫同行，并赋诗道："路扫饥寒迹，天哀志气人。休零离别泪，携手入西秦。"（《同夫游秦》）元载到长安后，经过努力，终于考中了进士，后位至宰相。这时，昔日瞧不起他的岳丈家的姐妹们纷纷找上门来攀亲。王韫秀写诗嘲讽她们：

相国已随麟阁贵，家风第一右丞诗。
笄年解笑鸣机妇，耻见苏秦富贵时。

士人中举，身价倍增，令人刮目相看，在《儒林外史》中有极为生动的描写：

周进已是60多岁的胡子花白的老头了，却连个秀才也没考上，只好在私塾里去教书。比他年轻几十岁的梅玖，因为是秀才，就可以拿他取笑。王惠是举人，自然更不把周进放在眼里。王惠在学馆里大吃大喝，丢了满地的鸡骨头、鸭翅膀、鱼刺、瓜子壳，周进为他“扫了一个早晨”。一次，周进去试场参观，禁不住百感交集，被压抑的心情再也无法控制了，“不觉眼里一阵酸酸的，长叹一声，一头撞在号板上，直僵僵地不省人事”。后来，周进时来运转，中了进士，原来瞧不起他的梅玖立刻改变了态度，要冒认是周进的学生。连周进当年在私塾里随便写的一副对联，也被小心翼翼地揭下来，裱起来珍藏了。

范进也是一位考了大半辈子的老头，当他听说自己中了举人时，顿时喜得发了疯，连声拍掌大叫“噫！好！我中了！”向集上冲去。周进、范进中举，他们的形象随之高大起来，立刻有人巴结、送礼。清王士禛在《池北偶谈》中记载了叔侄二人中状元的故事，亦可见士人获此殊荣是何等得意。浙江德清人蔡启僔是康熙九年庚戌科状元，当他还是举人时，公车赴京会试，路过山阳县时，得知同乡邵某在此任县令，便前去拜访，谁知邵某不但高傲不理，还令手下人“查明回报”。蔡启僔受此羞辱，一怒而去。到京后，一举荣登榜首，邵县令闻讯后，后悔不迭，欲赠厚币谢过，蔡题一绝句于扇，寄邵，诗曰：“去冬风雪上长安，举世谁怜范叔寒。寄语山阳贤令尹，查名须向榜头看。”12 年以后蔡启傅之侄蔡升元又中状元，蔡升元作诗曰：“入对彤廷策万言，句胪高唱帝临轩。君恩独被臣家渥，十二年间两状元。”科举制与士人的社会地位息息相关，而社会地位的改变又使士人饱尝人间冷暖，中举与否真是一天一地。

古代士人通过科举入仕可以获得无上的荣耀和丰厚的利益，封建统治者也希望更多的社会精英投入到科举考试中来，为官僚队伍补充力量。正如唐太宗所说：“天下英雄尽入吾彀中。”然而，古代士人的入仕之路是一条充满荆棘的艰辛之路，在拥挤的入仕大军中，只有少数幸运者能金榜题名，对于大多数士子来讲，入仕不过是一枕黄粱梦。

三、艰辛的入仕之途

中国民间有一个“鲤鱼跳龙门”的故事。传说，黄河中无数条鲤鱼中，只有最强健有力的方能跳过龙门。在跳跃龙门之时，雷电交击，将其尾部烧去，跳入龙门的鲤鱼还要经过火烧的考验，方能化为吞云吐雾的蛟龙。古代士人考科举，进入仕途，与“鲤鱼跳龙门”极为相似。国家官僚机构的名额有限，而欲入仕者极多，几经淘汰，最终能够入仕者寥寥无几，故民间称科举中第者为“登龙门”。唐代每年到京城长安应试的举子有二三千人之多，而进士及第者不过一二十人。唐德宗贞元十八年（公元 802 年）五月敕：“自今已后，每年考试所拔之人，明经不得过一百人，进士不得过二十人，如无其人，不必要补此数。”据《文献通考》所载“唐登科记总目”统计：唐代进士考试共260次，其中登第30人以上者仅79次，极盛之时，不超过50人。少的时候仅录取几名。唐代200余年间，登科进士仅3000多人，至于状元就更少了，从唐高祖武德五年（公元622年）第一位状元孙伏伽算起，到清光绪三十年（公元1904年）最后一位状元刘春霖，前后长达1300年间，仅出了504位状元，然而做状元梦者何止成千上万！庞大的科举大军与极有限的名额形成了强烈的反差，使士人之间的竞争激烈而残酷，入仕之途充满了艰辛。

古代许多士人都是经过多次应试才获成功的。唐朝人李敏求，考进士八次未成。晚唐诗人徐夤考了17年，“丹桂攀来十七春，如今始见茜袍新”（《赠重光同年》）。许棠30多年中参加了20多次科举考试，直到咸通十二年（公元871年），才进士及第。公乘亿也考了近30年，有一次他在长安重病，乡人误传已死，其妻骑着毛驴，穿着丧服来迎丧，正与公乘亿相遇，二人抱头痛哭。后来公乘亿终于中了进士。（《唐摭言》卷8）唐代还有人考了一辈子科举。曹松70多岁了，还参加考试，政府因其年老而特放及第，他兴奋得热泪纵横：“得召丘墙泪却频。”（《唐诗纪事》卷65）与曹松同时及第的还有王希羽、刘象、柯崇、郑希颜四位70多岁的老翁，时人号称“五老榜”。

像曹松等人这样的为“举业”而白头科场老人宿儒历代不绝。宋神宗时，一位70余岁的老翁在参加考试时写道：“臣老矣，不能为文也，伏愿陛下万岁！万岁！万万岁！”这位老者不知参加了多少次考试，仍未能如愿，其心焦如焚可想而知，只好喊出了这近乎变态的口号。皇帝得知，特下诏授予官职，食禄终身。(《萍洲可谈》卷1)清代，广东顺德人黄章，年近40方通过童试而为生员。康熙三十八年，他已年近百岁，仍从广东到京师参加考试。入考场时，他让人做了一个灯笼，上书“百岁观场”四个大字，令其曾孙举着在前面引导，引起轰动。另一位广东人谢启祚已98岁，还参加乡试。还有年逾百岁的老人参加考试的。道光六年春天，在北京举行会试，在众多的举子中，有一位103岁的老人，两鬓苍苍，十分引人注目。他叫陆云从，来自广州府三水县。主考官立即上奏皇帝，道光皇帝很高兴，认为这是“人瑞”，是吉祥的预兆，当即赐给陆云从国子监司业的官衔。广西浔州人莫如瑗102岁，应本省乡试，被赏赐为举人。乾隆南巡江浙、福建、湖南等地时，均有百岁以上的生员或举人参加接驾，受到皇帝恩赐匾额、财物。(商衍鎏《清代科举考试述录》)如此高龄的老人还在考场上拼搏，足见士人对仕途的迷恋，也说明入仕实在不易。这些老人参加了一辈子科举考试，虽然最终取得了功名或一官半职，但人至耄期，老眼昏花，徒有功名官职，已百无一用，这些人实在可悲又可怜！

古代士人欲实现入仕之梦，除了刻苦读书，掌握应试的本领，还要进行必要的求官活动。战国时称“游学”，以所学游于诸侯，求取官职。《史记·秦始皇本纪》：“异时诸侯并争，厚招游学。”东汉末年，政治腐败，朝廷中宦官外戚交替掌权，任用党羽为官，使士人入仕之途受阻，他们为求官而四处奔波，著名的《古诗十九首》中的一些诗篇，反映的便是外出远游的士人思念妻子和家乡的种种离愁别绪。如《行行重行行》：

行行重行行，与君生别离。
相去万余里，各在天一涯。
道路阻且长，会面安可知！

唐代盛行打通当权官僚的请托之风，考生要由他们向主考官推荐，才有及第的希望。唐代科举考试的试卷一般不糊名，主考官除了评阅试卷外，还要参考考生平日的作品和声誉。因此，考生必须托请有政治地位的权贵名人投献自己的作品，当时称“投卷”。向礼部投献的称“公卷”，向权贵投献的称“行卷”。所以文人在考试之前非常忙碌，他们到处叩拜公卿，献文章，送礼物，称“求知己”，也称“干谒”。还有的人干脆径直跑到官僚的车马前献文章，以示其诚。《文献通考·选举二》注引江陵项氏之言说：“天下之士，什什伍伍，戴破帽，骑蹇驴，未到门百步，辄下马奉币刺，再拜以谒于典客者，投其所为之文，名之曰‘求知己’。”“如是而不问，则再如前所为者，名之曰‘温卷’；如是而又不问，则有执贽于马前，自赞曰‘某人上谒’者”。士人为求官，在权贵面前斯文扫地，低三下四，一副可怜相！

有人靠投献和权贵推荐实现了入仕的理想。如王维，20岁时准备参加进士考试，想走太平公主的门路，但太平公主已许诺推荐另一位文人张九皋，并被内定为头名进士。于是王维又想打通岐王李隆范的关节，由李隆范利用太平公主举行宴会的机会将王维打扮成乐工一同前往。王维年轻英俊，风姿潇洒，引起了太平公主的注意。岐王乘机让王维为公主演奏琵琶新曲，很受赞赏；王维又向公主献上诗作，公主读后说："此皆儿所诵习，常谓古人佳作，乃子之为乎？"岐王趁机提出让王维参加进士考试，希望能录取第一名。太平公主正在满心舒畅之际，便满口答应。于是派人将主试召至府上，让宫婢告诉他，必须以头名录取王维，王维这年果然中了头名进士。(《太平广记》卷179)

像王维这种通过交结权贵而进入仕途在文人中是极少数，而且此事为《太平广记》所载，未必可信。就大多数士人而言，很难接近权贵，靠投献、干谒做官非常困难。比如杜甫，他的诗歌成就极高，唐代很少有人能与他相比。但是，杜甫在科举路上却屡遭失败。开元二十三年（公元735年），24岁的杜甫经州县推荐参加进士考试，因文章不受赏识而落第。他不气馁，于天宝五载（公元746年)来到长安，多次向权贵投献诗文，仍然没有反响。杜甫想离开长安远游，但又对仕途抱有几分希望，于是写了一首五言长律，呈给尚书左丞韦济，希望能得到他的推荐和帮助。在诗中，杜甫说自己"读书破万卷，下笔如有神。赋料扬雄敌，诗看子建亲"。是了不起的人才，应该获得重要官职，辅佐皇帝，像尧舜一样治理天下，再一次使民风淳朴，天下太平。"致君尧舜上，再使风俗淳"。然而，韦济并没有帮助杜甫，致使杜甫的理想再度落空。求仕无望，杜甫的生活十分贫困，"卖药都市，寄食友朋"(《进三大礼赋表》)，甚至屈辱到“朝扣富儿门，暮随肥马尘。残杯与冷炙，到处潜悲辛”(《奉赠韦左丞又二十二韵》)。真是可怜至极!

天宝十载（公元751年），唐玄宗举行祭太清宫、太庙和祀南郊大典，眼巴巴渴望入仕的杜甫趁机写了三篇《大礼赋》呈献皇帝。杜甫的文才终于得到唐玄宗的注意，命他待诏集贤院，并考试他的文章。对此，杜甫感到很荣耀。他《莫相疑行》中写道：

忆献三赋蓬莱宫，自怪一日声辉赫。
集贤学士如堵墙，观我落笔中书堂。

然而，杜甫除了诗词受到皇帝的欣赏外，依然没有任职。只是到了天宝十四载（公元755年），44岁的杜甫才被任命为右卫率府兵曹参军，这是一个管兵甲器杖的小官。可是，任职没几个月，安史之乱爆发，长安陷落，杜甫又开始了流亡的生活。南宋诗人陆游对杜甫在长安的遭遇十分感慨，他有一首《题杜少陵像图》，诗曰：

长安落叶纷可扫，九陌北风吹马倒。
杜公四十不成名，袖里空余三赋草。
车声马声喧客枕，三百青铜市楼饮。
残杯炙冷正悲辛，仗内斗鸡催赐锦。

杜甫是伟大的诗人却是科举考试的不幸者，而中唐诗人孟郊则在饱尝了科举考试的失败和艰辛之后，终获成功。孟郊前半生穷困潦倒，他的诗中不少是倾诉个人穷愁孤苦的作品。为了进入官场，孟郊多次参加进士考试，虽然好友韩愈、李翱等欣赏他的诗文，曾为他推荐，但孟郊却多次落第。他不禁哀叹："弃置复弃置，情如刀剑伤。"(《落第》)孟郊有一《再下第》诗，表达了他科举失败后的痛苦心情：

一夕九起嗟，梦短不到家。
再度长安陌，空将泪见花。

两度科举失败，使孟郊见到鲜花止不住泪水涟涟。但是孟郊没有放弃一切机会，再次参加考试，终于在 46 岁时考中了进士。诗人按捺不住心情的激动，写下了《登科后》：

昔日龌龊不足夸，今朝放荡思无涯。
春风得意马蹄疾，一日看尽长安花。

古代士人科举落第，原因很多。或受名额限制，或因个人能力有限，但是，权臣把持朝政，操纵选举，压抑明贤，是不可忽视的原因。《新唐书·李林甫传》记载，天宝六载（公元 747 年），唐玄宗"诏天下士有一艺者得诣阙就选"。这是由皇帝亲自选拔人才，是为"制举"。奸相李林甫"恐士对诏或斥己"，便出面阻拦，他建议："士皆草茅，未知禁忌，徒以狂言乱圣德，请悉委尚书省长官试问。"在李林甫的把持下，这次选举竟无一人及第。李林甫还上表祝贺，称“野无留才”。杜甫就是在那一年落第的。权臣压抑士人，却设法拉拢自己的亲友为官。有一年，宰相杨国忠之子杨暄考明经科，因成绩差，礼部侍郎达奚珣不想录取，但不敢做主，便派儿子探听杨国忠的意见，杨国忠听后大怒，骂道：“生子不富贵耶？岂以一名为鼠辈所卖！”达奚珣之子回去告诉了父亲，达奚珣大惊，他惧怕杨国忠的权势，便把杨暄列为高等及第。唐代官场的腐败以及权臣的舞弊行为，导致科举不公，更增加了文人入仕的困难。正如白居易在《见尹公亮新诗，偶赠绝句》一诗中所说：

袖里新诗十余首，吟看句句是琼琚。
如何此持将干谒，不及公卿一字书！

古代文人入仕，必须过考场关。数年寒窗之苦，究竟能否如愿以偿，要通过考试得到体现，可谓毕其功于一役。因而，考生必须忍受考场中的种种煎熬。

唐代，参加考试的考生大约在清晨六时左右进入考场，直到下午六时左右交卷，要考整整一天。礼部的考试一般在二月进行，当时天气尚寒，有时还遇上下雪天，而考试又往往在室外的“廓下”、“庑下”进行，考生又冷又紧张，十分痛苦。宋代文学家苏洵，三次考进士均不第，他灰心丧气，后来在致好友梅尧臣的信中，回忆早年应考的辛苦情景：“中夜起坐，裹饭携饼，待晓东华门外，逐队而入，屈膝就席，俯着据案，其后每思至此，即为寒心。”

明清时期，各省多在城东南建立贡院，作为乡试的考场。如北京贡院建于崇文门内观星台西北，南向，大门正中悬“贡院”大匾。二门正中悬“龙门”金字匾。龙门的北面，是一座二层的明远楼。考试期间，监临、监试、巡察等官登楼眺望，居高临下，整个考场尽收眼底。便于防察，贡院内建有一排排号房，为举子考试住宿之所，用《千字文》排列次序，每间号房三面为墙，约高六尺，深四尺，宽三尺。东西两面砖墙离地一尺多至二尺多之间，砌成上下两层砖缝，上有木板数块，可以移动。白天，将木板分开，一上一下，上层是桌，下层是凳；晚上，将上层木板移至下层，并在一起，又成了卧榻。在考试期间，考生经搜身后，携带笔墨、卧具、蜡烛、餐食，半夜进入号房，吃饭、睡觉、写文章都离不开这几块木板，生活十分艰难。正如俗话所说：“三场辛苦磨成鬼，两字功名误煞人！”明英宗天顺七年（公元1463

考场号房

北京贡院

年），会试时正值天寒，巡逻的士兵生火取暖，不慎引起火灾，号房被烧着，顿时成为一片火海，号房的门都上锁，考生无法逃出，被烧死者达 90 人之多，受伤者不计其数。

考生每考进场三次，每次两夜三日。进考场时严格搜查，禁带厚衣夹被，如遇酷暑、大雨，则考生更加难熬。有人写诗说："一名科举三分幸，九日考场万种愁。负凳提篮混似丐，过堂唱名直如囚。"

文人进考场

明朝万历年间的士子艾南英曾回忆他参加生员岁考与科考的情景：如遇寒冬考试之日，在衙鼓三通后，督学端坐在灯烛通明、火炉通红的大堂上主考，而诸多考生则手拿笔砚等物，解衣露立，听到考场官吏点其名后，则步至督学前，接受两名士兵的从头到脚的仔细搜查，以至身体冻得麻木，牙齿冻得颤撞作响。如遇到暑天酷热之日，督学衣着丝绸端坐竹椅，品着香茗，而考生则拥挤入场。考场狭小而人多，汗味臭气冲天，考生口干舌燥，虽场中供有茶水，却不敢去喝，如去喝，考官定会在其试卷上加盖红印，此为嫌疑作弊的标记，有了此标记，文章作得再好，也要被降为一等。视力不好看不清督学即席命考的题目，也不敢询问旁边的考生，因为有环顾说话者，其卷上亦要加盖红印。至于腰酸背痛者或要解大小便者，也不敢乱动或出行。考生的桌椅因官吏承包给人做成，偷工减料而制，狭小而难以伸腿，还不敢重坐，恐其断裂。为能宽坐且稳，同排考生只好用长竹片连铺于凳子上，但人一稍动，则其他人就难以安坐，如运气不佳坐在漏水处，下雨时只得以衣遮挡，快速答完……数场卷由督学判定优劣后，考生还要行至督学的几案前，跪而受教，不敢出大气。经过数场考试的折磨，出考场的考生已是心力交瘁，囚首垢面了。(商衍鎏《清代科举考试述录》)

西汉以后，封建统治者通过考试选拔人才的目的是将士人塑造成委依皇权的统治工具，因此，士人的思想也必然受到钳制。自汉武帝设太学，实行读经入仕以后，儒家经典便成了文人入仕的必读书，许多人将智慧和才华倾注于读经和解经中去，孜孜不倦，甚至皓首穷经。唐代的明经科考的内容便是对儒家经典及注释的熟悉程度。先考“帖经”，出题者将经书中某行用纸遮住三个字，应试人把遮住的字读出算成功，

江南贡院

考一经要考十帖，读出六帖以上者为合格；其次考“墨义”，由主试官出十道经文注释题，应试者答对六题为及格；最后考“策问”，称“时务策”，即考时事政治。三考及格，才有可能被录取。

科举考试对士人思想钳制最严厉的当属明清时期的八股文。八股文是一种特殊文体，专取《四书》、《五经》内容而命题，注释必须遵循程朱理学家的标准，不得自由发挥。每篇文章由四个段落组成，包括“起股”、“中股”、“后股”、“束股”。“股者，对偶之名也”。因而，在每股之中，要求一反一正，一虚一实，一浅一深。每篇八股文的字数都有限制，每部分之间要用固定的虚词联结。八股文形式死板，内容空洞，作者只能用古代圣贤思想和口吻编排文字，不允许联系社会实际，发挥自己的思想。这种僵化死板，既无学术价值，又无实用价值的文章，耗费了许多士人一生的精力，而只能使他们变成酸腐迂拙，不学无术的蠢材。清代著名思想家顾炎武在《日知录》中说："故愚以为八股之言，等于焚书。"

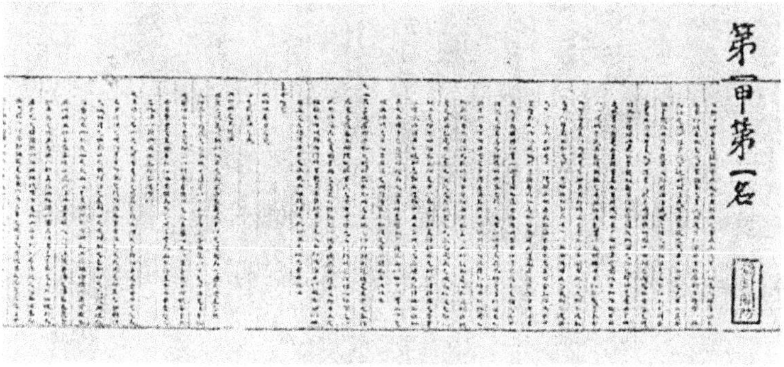

明代科举试卷

古代士人经过种种艰辛和磨难，一小部分人终于科举及第，进入了仕途，虽然荣耀无比，但失去的则是思想的自由和人格的独立，成为封建统治的应声虫和工具，这是士人入仕的必然结局。

四、落第士人的出路

在古代庞大的科举大军中，最终能进入仕途者只是少数人，绝大多数人虽经拼搏，仍与仕途无缘，致使那些渴望入仕的士人无比悲伤。唐代每年春天放榜后，与那些新中举的

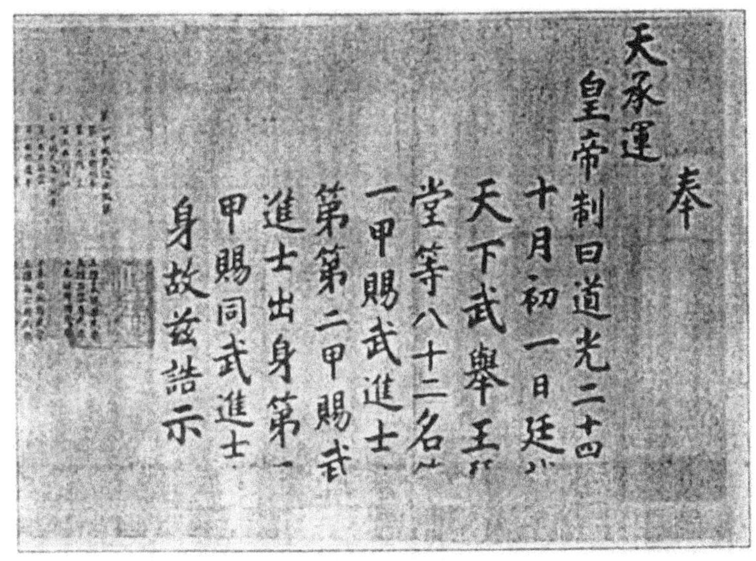

奉
天承運
皇帝制曰道光二十四
十月初一日廷
天下武舉王
堂等八十二名
一甲賜武進士
第第二甲賜武
進士出身第
甲賜同武進士
身故茲誥示

科举诰示

进士们欣喜若狂形成鲜明对照的是落第举子们的伤感和凄凉。唐诗中有不少“落第”、“下第”题材的诗篇。豆卢复在《落第归乡留别长安主人》中写道：

> 客里愁多不记春，闻莺始叹柳条新。
> 年年下第东归去，羞见长安旧主人。

贾岛《下第》诗曰：

> 下第唯空囊，如何住帝乡。
> 杏园啼百舌，谁醉在花旁。

泪落故山远，病来春草长。
知音逢岂易，孤棹负三湘。

有的举子因应试不中，伤心至极，竟丢性命。据唐人范摅《云溪友议·名义士》记载：唐宪宗时，廖有方游蜀途经宝鸡，住于旅舍，忽闻呻吟声，仔细寻找，发现在一间昏暗的屋内有一患重病的男子，廖有方寻问原因，男子强打精神说道："我赶考数次，至今未遇知音。"他自知病重难以返乡，便挣扎着向廖有方叩了一个头，托廖有方为他收尸安葬，说罢便咽了气。廖有方将自己所乘鞍马贱卖，买棺材安葬了这位不相识的举子，又为他立碑，铭曰："嗟君没世委空囊，几度劳心翰墨场。半面为君申一恸，不知何处是家乡。"后来廖有方游蜀归来，道经东川，有一驿将其迎至家中，其妻着素衣，上前叩拜，一问方知死者是她的哥哥胡秀才。他们以厚礼感谢廖有方的相助，被廖谢绝。

唐赵璘《因话录》卷6记载：陈存考科举大半辈子都没能录取，后来，好不容易打听到主考官是熟人，经过活动，主考官允诺想办法提携他。陈存又喜又怕，喜的是向往了几十年的功名，这一次总算有了盼头；怕的是像过去那样"临时皆有故，不果"。在考试的前一夜，他思前想后，夜不能寐，结果中风不语，瘫在床上。日夜企盼的功名终成泡影。

古代士人对科举中第寄予了无限希望，荣华富贵，耀祖光宗全在此一举。因此，科举落第对文人的打击往往是致命的，他们悲哀、绝望，心理创伤难以名状。唐宪宗时，士子李廓屡试失败而作《下第》诗，诗中有句云：“榜前潜制泪，众里自嫌身”；“尽是添愁处，深居乞过春”。内心充满了悲凉。蒲松龄在《聊斋志异》“王子安”一则中对士人科场失意的痛苦作了形象的描述：

> 忽然而飞骑传人，报条无我，此时神色猝变，嗒然若死，则似饵毒之蝇，弄之亦不觉也。初失志，心灰意败，大骂司衡无目，笔墨无灵，势必举案头物而尽炬之，炬之不已，而碎踏之，踏之不已，而投之浊流……无何日渐远，气渐平，技又渐痒，遂似破卵之鸠，只得衔木营巢，从新另抱矣。

科举落第文人的心情是沮丧的，他们恨自己无能，也恨科场不公，尤其他们得知科场上营私舞弊的丑闻后，更是火上浇油，有时甚至酿成事端。史载：“放榜之日，设棘于门，及闭院门，以防下第不逞者。”（《旧五代史·和凝传》）五代后汉乾祐二年（公元949年）举子闹事，“有举人呼噪于贡院门，苏逢吉命执送侍卫司，欲其痛箠而黥之”（《资治通鉴》卷288）。清康熙四十四年（公元1705年）顺天应试，由于录取不公，落第考生拥向主考官门前，将一个草人砍杀，以泄其愤。康熙五十年（公元1711年）江南乡试，主考官左必蕃、赵晋勾结两江总督噶礼接受贿赂，多取盐商子弟。消息传出，考生义愤填膺，千余人聚集玄妙观，有人用纸把贡院的匾额糊上，将原来“贡院”二字改写为“卖完”。士子抗议事件惊动了康熙皇帝，几经审查，终于将噶礼和正主考官左必蕃革职，副主考官赵晋等多人被处决。

尽管落第士人对科场不公、考官舞弊的行为愤愤不平，但对落第的现实也无可奈何，只得自寻出路。他们的去向大体有以下几种：

其一，不甘失败，继续应考。许多士人不愿承认科场失利，他们总怀有一线希望，“更从今日望明年”(杜荀鹤《长安春城》)。唐代科举每年春天发榜，不少举子见榜上无名，便做第二年应试的准备。如李观落第后，“誓心不徒还，乃于京师穷居，读书著文，无缺日时”。京都长安衣食物价昂贵，一般家庭出身的士子常感到负担沉重。孙樵因屡试不第，久居长安，为支付旨用，到处借钱，朋友都疏远了他。孙樵白天饿得“满眼花黑”，夜里冻得难以入眠。(《孙樵集》卷 7)唐代著名诗人钱起，从开元末年一直到天宝年间，多次参加进士考试，但都未被录取。他有一首《长安落第》表达了痛苦的心情。

花繁柳暗九门深，对饮悲歌泪满襟。
数日莺花皆落羽，一回春至一伤心。

经过不懈的努力，钱起终于在天宝九载（公元 750 年)考中了进士，实现了他的人生夙愿。

宋代文学家苏洵，三次考进士不第，心灰意冷，决心不再应试，但是他把希望寄托在两个儿子苏轼、苏辙身上，兄弟二人努力读书，果然于宋仁宗嘉祐年间一举中第。苏洵十分高兴，又联想起自己的不第，感慨万端，赋诗云：

莫道登科易，老夫如登天；
莫道登科难，小儿如拾芥。

其二，我行我素，游戏人生。科场的失意，使一些士人看透了社会和人生，他们功名心淡漠，追求潇洒自由的生活。据唐人袁郊《甘泽谣》记载："韦驺者，明五音，善长啸，自称逸群公子，举进士一不第便已。曰：'男子四方之志，岂拘节于风尘哉？'"唐末诗人罗隐自29岁起就考进士，一直考到55岁，考了十次以上，始终未被录取，在一次落第长安以后，他四顾茫然，不知所措，写下了一首《投所思》，倾诉自己的苦恼：

憔悴长安何所为，旅魂穷命自相疑。
满川碧嶂无归日，一榻红尘有泪时。
雕琢只应劳郢匠，膏肓终恐误秦医。
浮生七十今三十，从此凄惶未可知。

后来，罗隐与一位在官场失意的朋友畅谈，二人十分投机，他悟出了人生要顺其自然的道理，便写下了一首《自遣》，送给友人，诗曰：

得即高歌失即休，多愁多恨亦悠悠。
今朝有酒今朝醉，明日愁来明日愁。

唐宪宗时，士人窦巩博览群书，性宏放。在科举受挫后，对仕途产生厌倦，意欲过自由的生活，并作《放鱼》诗云：

金钱赎得免刀痕，闻道禽鱼亦感恩。
好去长江千万里，不须辛苦上龙门。

北宋著名词人柳永，擅长词曲，流传很广，但考进士却榜上无名。他心灰意冷，写下了著名的《鹤冲天》：

黄金榜上，偶失龙头望。明代暂遗贤，如何向？未遂风云便，怎不恣狂荡！何须论得丧。才子词人，自是白衣卿相。　烟花巷陌，依约丹青屏障。幸有意中人，堪寻访。且恁偎红依翠，风流事，平生畅。青春都一晌，忍把浮名，换了浅斟低唱！

这首词，如同柳永的人生宣言，他告诉人们，自己怀才不遇，只能作“白衣卿相”了！功名如同浮云，不值一钱，我已在烟花巷找到了知音，“偎红依翠”，“浅斟低唱”，是多么风流惬意！这首明白如话的词，很快流传开来，连皇帝都知道了。后来，柳永再次考进士，宋仁宗阅览名次时特地将柳永的名字划掉，说：“且去浅斟低唱，何要浮名？”柳永又一次落第。(吴曾《能改斋漫录》)

其三，看破红尘，拜佛修道。一些落第士子，面对失败，无意再考，他们或削发为僧，与青灯古佛为伴；或出家修道，颐养天年。唐代诗人陆龟蒙的好友侯彤，连考十年未能及第，便放弃科举入仕的念头，入长安西的太白山做了道士。陆龟蒙有一首《送侯道士太白山序》记载了这件事。唐代增忍，“数举不捷”，不得已，“顿挂儒冠，直归释氏”，出家为僧。《太平广记》卷413载：兰陵一位姓萧的士子，“尝举进士下第，遂焚其书，隐居潭水上，从道士学神仙”。同书卷24记载，萧静之科举下第后，先做道士，绝粒练气，结庐漳水之上，却又嫌生活清苦，于是经商，“数年而资用丰足，乃置地葺居”。仕途不畅的杜甫，虽未出家，而是按佛教戒律的规定，在家修行，成为居士。

其四，进入幕府，施展才干。幕府之幕即幕帐，古代将军出征时以所驻屯的营幕为办公之所，这个军事指挥部称幕府。幕府起自于战国，《史记·廉颇蔺相如列传》：“李牧者，赵之北边良将也。常居代雁门，备匈奴。以便宜置吏，市租皆输入莫府，为士卒费。”“莫”，同幕。战国以后，中央和地方官员可以自辟僚属，于是便出现了士人入幕充当顾问或智囊。尤其当社会动乱，士人正常的入仕途径被切断之时，一方面，各政治集团需要才智之士帮助；另一方面，士人也在寻找出路，入幕既可立功扬名，也可以解决生计问题。而且士人入幕乃非正规官僚选拔制度，宾主合则可慢慢升迁；宾主不合则可自由离去，从这个意义说，士人入幕很像战国诸侯和贵族的养士。

唐代士人入幕之风盛行，许多士人都有过参加幕府的经历。如骆宾王、陈子昂、王维、孟浩然、李白、杜甫、高适、岑参、刘禹锡、韩愈、李商隐等。宋代如范仲淹、欧阳修、苏舜钦、范成大、杨万里、朱熹等人也都经历过由幕职州县官受荐而升为京朝官的过程。入幕府者不少是失意的士人。据何光远《鉴戒录》卷8记载，唐代诗人罗隐，十年应试，俱不中第，一次与他相好的妓女云英问他："罗秀才犹未脱白耶？""脱白"指脱掉百姓穿的麻白衣，换上官服，即中举。罗隐知道是讽刺他，便作诗解嘲："钟陵醉别十年春，重见云英掌上身。我未成名君未嫁，可怜俱是不如人。"直到55岁时，罗隐还未中举，他终于无奈地投奔了吴越王钱镠的幕府。

士人落第入幕府，算是比较好的出路。入幕可以施展才干，实现个人价值，尽管没有功名，也算得上"准官僚"。但是，士人入幕也常因未遇明主而志不得伸，陷入深深的苦闷之中。唐代著名诗人陈子昂，任侠尚义，性格豪爽，年十八九才发愤读书，几年之内，闭门谢客，博览群书。后离家入京，游太学，以诗闻名京城，但在仕途上并不得意，第一次参加科举考试落第，只好回到家乡。文明元年（公元684年），陈子昂再次应考，得中进士，当时武则天以皇后身份摄政，欣赏陈子昂的文才，特召见他，拜为麟台正字。陈子昂从儒家兼善天下的思想出发，以安定苍生为己任，提出了一系列政治主张，却没有被采纳，相反，由于陈子昂"言多切直，书奏，辄罢之"，甚至"坐缘逆党"而被捕入狱。陈子昂的精神受到很大压抑，"在职默然不乐"。万岁通天元年（公元696年），契丹李尽忠、孙万荣等叛乱，攻陷营州，武则天派建王武攸宜率兵征讨，陈子昂入武攸宜幕府担任参谋，随军出征。可是，武攸宜轻率无将略，次年兵败，情况危急。陈子昂坦诚进谏，并自告奋勇，要求带万人为前锋以击敌，武攸宜认为陈子昂是书生之见，不予理睬。稍后，陈子昂又向武攸宜献策，武仍不听，反将陈子昂降为军曹。接连的挫折，使陈子昂报国立功的宏愿落空，他满怀悲愤，登蓟北楼（即幽州台，遗址在今北京市），唱出了震惊千古的《登幽州台歌》，感叹自己怀才不遇和寂寞苦闷的心情。诗曰：

前不见古人，后不见来者，
念天地之悠悠，独怆然而涕下。

这慷慨悲凉的调子，不仅是诗人的内心独白，也表现了古代失意文人的情怀，因而获得了广泛的共鸣。

著名文学家韩愈也曾因仕途不顺而进入幕府。唐代，科举及第后还须经过吏部考试，合格后方可授官。韩愈四次参加考试，直到贞元八年（公元792年）才登进士第。但以后连续三次参加吏部试俱不中，他求仕心切，三次上书宰相，要求仕进，仍无结果。他在《与李翱书》中曾回忆这段伤心的往事："仆在京八九年无所取资，日求于人以度时月。当时行之不觉也，今而思之，如痛定之人思当痛之时，不知何能以自处也。"（《韩昌黎文集》卷3）韩愈在京师无法生活，只得离去，在幕府中求得一差使。

此外，也有一些士人因仕途阻塞，内心不平，又目睹朝政昏暗，他们愤然而起，猛烈抨击腐败政治。东汉桓灵时期，宦官专权，安插亲信，政治腐败，使本应是官僚后备军的太学生感到前途渺茫，报国无门。他们异常愤懑，许多人怀着"澄清天下"的志向，臧否人物，抨击朝政，以此造成社会舆论和对政府的压力，力图改变宦官专权的局面，正如《后汉书·党锢列传》所说，这时的形势是："匹夫抗愤，处士横议，遂乃激扬名声，互相题拂，品核公卿，裁量执政，婞直之风，于斯行矣。”一些在朝官员如李膺、陈蕃、王畅等人也积极支持太学生，打击宦官恶势力，形成了颇有声势的党人太学生运动。

唐朝末年，黄巢数次应考进士不第，他目睹新科进士们在曲江之畔百花丛中春风得意的狂欢景象，以伤感、愤怒的情绪写下了《赋菊》诗：

> 待到秋来九月八，我花开后百花杀。
> 冲天香阵透长安，满城尽带黄金甲。

后来，黄巢领导农民起义，举起了反唐旗帜，成为杰出的农民起义领袖。

明清时期，封建制度腐朽得日益明显，一些士人看到了科举制的种种弊端，尤其是八股取士严重束缚人的思想，扼杀人的活力的消极作用，进而奋起猛烈批判科举制，表现了中国古代士人的觉醒。明代著名思想家李贽于嘉靖年间考中福建乡试举人，通过考试他认清了八股取士的本质，只要熟读会背经书，蒙过考官，便可榜上有名。他说：“此直戏耳！但剽窃得滥目足矣，主司岂一一能通孔圣精蕴者耶？”李贽还说：“因取时文尖新可爱玩者，日诵数篇，临场，得五百。题旨下，但作缮写誊录生，即高中矣！”(《焚书》卷3《卓吾论略》)这是对科举考试制度一针见血的揭露。李贽曾任云南姚安知府，他看不惯官场的腐败，不阿谀奉承，也不甘心“庇”(依附)于人，于是毅然辞官，隐居湖北黄安，后又徙居湖北龙潭湖削发为僧。其好友耿定理、袁宗道、丘坦之、杨定见等一批士人，都弃绝科举入仕之途，转而研究学问，追求个性与行动的自由，在社会上产生了很大的影响。清代著名文学家吴敬梓，出身于科举世宦的功名之家，20岁时考上了秀才，但是在他的师友中，不少人虽品学兼优，却屡试不第。由此吴敬梓对科举制的合理性开始产生怀疑。后来安徽巡抚赵国麟推荐他入京应“博学鸿词”科考试，他称病不去。经过深刻的反思，吴敬梓创作了《儒林外史》。这部杰出的讽刺小说，通过对一系列人物形象的描写，揭露并抨击了八股取士制度禁锢智慧，败坏士风，摧残人才的罪恶，表现了作者对社会的真切认识及忧患之心。清代医学家徐大椿，曾作《道情》诗，以尖刻的语言嘲讽那些专门揣摩八股时文，而对历史文化茫然无知的士子，诗曰：

> 读书人，最不济。读诗文，烂如泥。国家本为求才计，谁知道变作了欺人技。三句承题，两句破题，摆尾摇头，便道是圣门高第。可知道《三通》、《四史》是何等文章？汉祖唐宗，是哪一朝皇帝？案头放高头讲章，店里买新科利器。读得来肩背高低，口角嘘唏，甘蔗渣儿嚼了又嚼，有何滋味！辜负光阴，白白昏迷一世，就教他骗得高官，也算是百姓朝廷的晦气。

清初著名思想家顾炎武对科举制进行了深刻的批判。他说，八股考试比秦始皇的焚书坑儒危害更大，秦坑杀儒生460余人，而八股文考试则败坏了无数人才。顾炎武还指出：“此法

不变，则人才日至于消耗，学术日至于荒陋，而五帝三王以来之天下，将不知其所终矣。”(《日知录》卷 16)

自隋唐至明清，科举制在中国实行了 1300 多年，作为选拔官员的重要制度，科举制自然有其合理之处，如破除门第观念，有助于社会下层人才脱颖而出，扩大封建统治的社会基础；科举制将读书、应试、做官联系起来，有助于官员文化素质和管理能力的提高。但科举制也有不少消极作用。科举制助长了“万般皆下品，唯有读书高”的社会风气和“读书做官”思想的流传；科举制的考试方式也不能真正实现以知识能力录取人才，反而使人走向死读书、背教条、抄袭的死胡同；科举考试的主要内容是《四书》、《五经》，这又助长了社会轻视自然科学，进而导致阻碍自然科学的发展。由于科举制是改变士人社会地位和生活状况的唯一出路，所以吸引了无数人为之拼搏，许多人倾注了全部心血和才智。他们将科举的成功与否视为人生荣辱、家庭兴衰的标志。然而，除了少数中举者能够“登龙门”之外，大多数人终生不能进入官场。入仕者中，有“以天下为己任”的清官、改革家；也有利用手中的权力广聚财产，鱼肉人民的贪官污吏。中国古代官僚腐败问题不能根绝，从根本上讲是封建专制制度造成的，但科举制选拔官吏的种种弊端也是产生贪官、庸官的重要原因。可以说，了解古代士人与科举的关系，才能真正了解士人的生活。

第四章　士人的衣与食

穿衣吃饭是人们生活的第一需要，中国古代士人自然也不例外。古代士人的服饰和饮食既具时代特色，又能折射出士人的性格特征，是了解古代士人生活的重要方面。

一、士人的服饰

在中国古代社会，服饰不仅用来御寒护肤，美化生活，还有区别社会等级的特殊作用。看人的穿戴，便知其社会等级地位。达官贵人与平民百姓的服饰无论从制式、用料、颜色，都有明显差异。同是官僚，因为品级不同，也有明显的区别，这在正史的《舆服志》中有详细的记载。

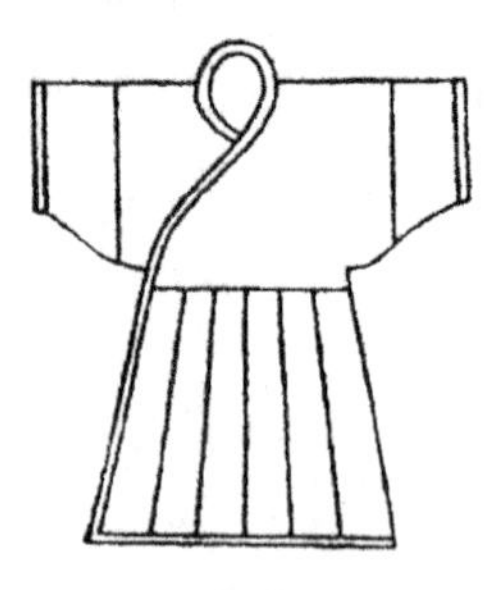
深衣

在古书中，士人的服装常称“儒服”。儒服是一种宽松、肥大的衣服。在传世的唐代著名画家吴道子所绘孔子画像中，孔子所穿便是儒服。儒服的样式与秦汉流行的深衣相似，只是更加宽大。

深衣是当时人们喜欢穿的便衣。其样

式是上衣与下衣连为一体，下摆不开衩，向后拥掩。衣长至足背，袖子宽舒，可覆盖肘部，腰部稍收缩，用长带束腰，从贵族到文人士大夫都喜欢穿深衣。在四川成都的汉墓中，曾出土浮雕砖画像，主题部分为一经师身着宽博儒服，头戴高耸梁冠，据高榻，前列几案，展布简编，正在讲学。其余人亦身着儒服，分别坐在席上，各捧简册，恭谨听讲。

汉代讲经图

在史书中，讲到士人着衣时常直称儒衣或儒服。《史记·郦生陆贾列传》说郦生“状貌类大儒，衣儒衣，冠侧注”。徐广曰:“侧注冠一名高山冠。”《汉书·隽不疑传》称隽不疑“褒衣博带,盛服至门上谒”。颜师古注:“褒,大裾也,言着褒大之衣,广博之带也。”由于儒服肥大,行走时衣角容易拖地,有时要提着衣服。《汉书·儒林传》载:“唐生、褚生应博士弟子选,诣博士,抠衣登堂,颂礼甚严。”颜师古注:“抠衣,谓以手内举之,令离地也。”《后汉书·儒林列传》记载:“自光武中年以后,干戈稍戢,专事经学,自是其风世笃焉。其服儒衣,称先王,游庠序,聚横塾者,盖布之于邦域矣。”

魏晋南北朝时期,士人讲究风流放达,这种风尚反映在服饰上是文人多穿大袖宽衫,服装式样比较质朴,与秦汉时流行的深衣袍服有明显区别。汉代袍服一般在袖口有所收敛,魏晋的宽衫则是宽敞的大袖。南朝初年,衣服已宽大到“一袖之大,足断为两,一袖之长,可分为二”(《宋书·周朗传》)。《颜氏家训·涉务》说:“梁世士大夫,皆尚褒衣博带,大冠高履。”在传世名画及出土文物资料中,能看到不少这种宽大的衣服。1961 年在南京西善桥南朝墓中发现一幅《七贤与荣启朝》壁画,形象生动地再现了这一风尚。画中的人物为著名的“竹林七贤”:山涛、嵇康、阮籍、向秀、刘伶、阮咸、王戎 ;还有一位是晋人喜欢称引的春秋贫穷高士荣启期,共计八人。他们姿态各异,有的正襟端坐,有的倚肘而卧,有的弹琴,有的长歌,神态潇洒不拘。他们的服装式样各异,有的身穿直领宽袖的肥大长袍,敞开衣襟,贴身是交领的宽松单衣,腰束宽宽的长带;有的上身穿直领宽袖襦衣,下身系一条肥大的长裙;有的穿交领长袖的深衣。他们服装的共同特

竹林七贤图

点是宽大松弛。有些上衣袖子的肘部尤为宽松大，几乎拖地。从画面上流畅圆润的线条可以看到衣裳质地的柔软轻薄。传世的南朝名画《斫琴图》及北魏《孝子画像石棺》中分别描绘的高士和孝子也都是褒衣博带，袖大几及全身。唐代画家孙位的名作《高逸图》也是以竹林七贤为题材的作品，画已残缺，现仅存四人，都坐在华美

高逸图

的方形席上，或袒胸露背，或宽衫大袖，神态各异。

褒衣博带的产生，与魏晋士人的思想精神状况紧密相关。此时，玄学流行，讲求无为，推崇自然，传统的儒家名教思想动摇。文人名士十分注重人的内在精神气质，追求脱俗的风度，穿着讲究自然、潇洒，用飘逸的外在风貌去表现高妙的内在人格。这种名士的审美观念，对社会产生了很大影响，在魏晋南北朝的各种文物上，都可以看到身着褒衣博带的男女人物。如东晋大画家顾恺之作的《洛阳赋图卷》中，曹植上身穿直领上衣，衣袖肥大，下垂及地。外衣内是一件素色的中单衣，下身系一条宽大的长裙，腹前悬挂着蔽膝。在《女史箴图卷》中的贵族妇女也身穿宽大的拖地长裙。魏晋南北朝士人服装色彩崇尚素雅，尤以白色为多。衫子的穿法也非常随便。还有的人披头散发，裸露身子。魏晋士人喜欢穿宽大、随意的衣服，反映了他们不为礼俗所拘，潇洒放达的气质和桀骜不驯的品格。

唐宋以后，士人的服装还是以肥大为主要特征。唐代士人一般穿圆领袍衫，它用织有暗花的料子制成，在袍服下都通常有一道襕，名为襕衫，襕衫为“士人通服”。宋代士人在出门、做客、赴宴等场合也多穿圆领袍衫。与唐代稍有不同的是，宋代文人在袍的领口处一般都要加上衬领，袍的长短至膝。宋代文人穿的衫还有紫衫、凉衫等。紫衫，据《宋史·舆服志》称：“本军校服。中兴，士大夫服之，以便戎事。”紫衫以颜色深紫而得名，其式样为圆领，窄袖，前后缺胯（下摆开衩），形制短且窄，便于活动和行走，为将士们常穿之服。南宋初期，宋金对峙，形势紧张，为备战需要，士大夫也穿起了紫衫。凉衫，“其制如紫衫，亦曰白衫”(《宋史·舆服志》)。白衫的兴起是因南宋国都临安夏天炎热，士大夫便以凉衫为便服，喜其穿着凉爽。后来，南宋政府以凉衫“甚非美观”,“有似凶服”为由被禁穿。襕衫，以白细布制成，圆领大袖，下施横襕。襕衫多为进士、国子生、州县生所穿。

文苑图

明政府为了维护封建等级制度，对服饰作了许多规定。官服与民服在质量、式样、颜色上都有许多不同。洪武二十四年（公元1391年)明政府定生员巾服之制。衫用玉色

穿圆领衫骑驴的文人

绢布为之，宽袖，皂绿缘，软巾垂带。朱元璋认为，“学校为国储材，而士子巾服无异吏胥，宜有以甄别之”。于是“命工部制式以进，上亲视，必求典雅，凡三易其制始定。由是士子衣冠绰有古风焉”(《余冬序录》卷5)。明代儒士、举人、生员穿的是用玉色布、绢缝制的宽袖皂缘长袍，亦称襕衫或直裰。直裰也叫“直身”，斜领大袖，因背之中缝直通下面，故名。《儒林外史》中好几处记载了文人身着直裰。如杨执中“戴方巾，穿薄绸直裰，像个斯文人”。胡三公子，头戴方巾，身穿酱色缎直裰，粉底皂靴。落魄的童生周进与发迹的王举人都是身穿直裰。

清朝建立后，在全国强制推行替薙发易衣冠政策，使汉人的服饰发生了很大变化。原来的方巾大袖、纱帽圆领成了缨帽箭衣，发型也由原来的梳发束髻变成了辫发。清代士人的服装男子多为开衩长袍，下着衣裤，皇族宗室的长袍多开四衩，一般官吏、市民、士人的长袍多开两衩，也有不开衩的，称“一裹圆”。清朝还流行马褂，马褂原为军中服装，因便于骑马，故称为“马褂”。康熙末年，富家子弟开始流行穿马褂，雍正时，穿者日多。以后传至民间，不分贵贱，逐渐成为一种礼服。

中国古代士人除了身着不同样式的儒服外，还要带冠。冠本来是加在发髻上的一个罩子，很小，并不覆盖整个头顶。古代男子到成年时（一般为 20 岁），有行冠礼的习俗，仪式一般在宗庙举行，由来宾加冠。秦汉以后，冠服是国家规定的礼服，集中反映了社会的等级关系。不同等级的人其冠服亦有差别。汉代，冠的样式繁多，据《后汉书・舆服志》记载，有冕冠、长冠、通天冠、进贤冠、远游冠等十多种。其中进贤冠为文官和儒者所戴，冠用铁丝和细纱制成，冠上缀梁，有一梁、二梁、三梁之别，以三梁为贵。冠式前高后低，前柱倾斜，后柱垂直。戴时加于帻上。其形制是："前高七寸，后高三寸，长八寸。公侯三梁，中二千石以下至博士两梁，自博士以下至小史私学弟子，皆一梁。"

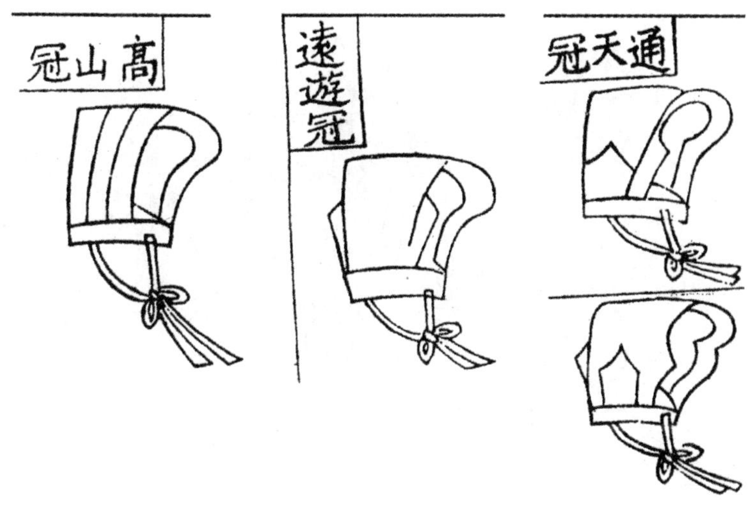

汉代的冠

汉以后，文人除了戴冠帽外，还戴巾帻，即用巾裹发。帻在先秦为不能戴冠的执事人员所戴。汉初，无论贵贱，男子都戴巾帻，汉元帝时，为了遮住自己额头上的一撮毛发，也开始用帻。此后，戴帻的人越来越多了。巾帻有不同戴法，东汉末年，名士郭林宗，“容貌魁伟，褒衣博带，周游郡国”。一次他在途中遇雨，“巾一角垫”，即把幅巾折成角形戴在头上。人们仰慕郭林宗的为人和风采，便纷纷效仿，“时人乃故折巾一角，以为‘林宗巾’”(《后汉书·郭林宗传》)。戴巾帻一时成为名士的标志。袁绍为了显示风雅，戴巾帻指挥作战。这时士人中还流行小冠。小冠一般为中空，用簪子由后贯入，将小冠与发髻固定。

唐宋时期，士人多戴幞头。幞头是由巾帻发展而来的，

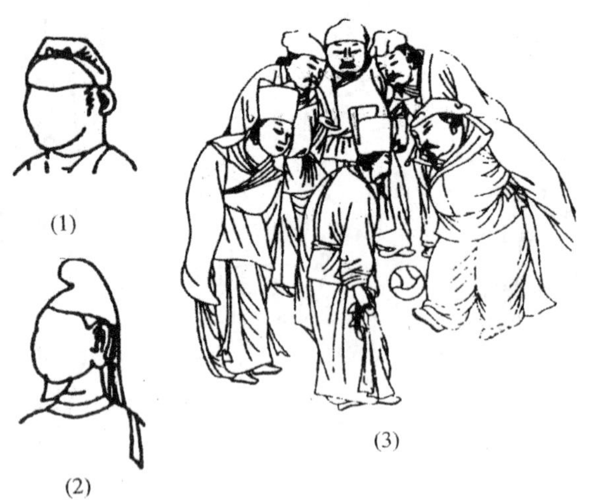

幞头

式样很多。开元天宝以前，幞头的基本特征是软而前倾，显得自然、松散，幞头角亦为软带，其中又可以根据不同系法分为平头幞头、长脚幞头、顺风幞头等多种。开元天宝以后，幞头逐渐变硬而略见方形，软脚也变成了硬翅，并开始向两侧发展。宋代的幞头是官员的主要首服，幞头多用藤或草编织巾里，外罩漆纱。幞头的两脚有硬软之别，其中直脚幞头无贵贱都可戴。两脚朝上弯曲的幞头只有皇帝或高官贵戚可戴，身份低的公差、仆役则多戴无脚幞头。宋代，士人中流行方顶重檐的桶形帽子，这种帽子相传为宋代文豪苏东坡所戴，故称东坡巾。其形制有四墙，墙外有重墙，比内墙稍窄小，前后左右有四个棱角，称“乌角巾”。宋代士人以戴东坡巾为雅致。

苏轼及东坡巾

明代巾帽的样式很多，不同身份、职业的人所戴的巾帽各异，士人所戴为儒巾和四方平定巾。四方平定巾用黑色纱罗制成，因其四角皆方，亦称“四角方巾”。明代还流行六合一统帽，此帽用六片罗帛拼合而成，清代又称瓜皮帽，戴者多为普通平民百姓。四方平定巾与六合一统帽均为明初政府规定，全国通行的巾帽，取其“四方平定”、“六合一统”之含义，带有鲜明的政治色彩。

明代戴六合一统帽及四方平定巾的文人士大夫

清代冠服已不再用巾而全部改成戴帽，官员按品级分别戴不同式样的帽子，一般文人和普通百姓仅有便帽和礼帽两种。便帽即从明代沿袭下来的瓜皮巾。礼帽又可分为暖帽和凉帽两种，暖帽为冬天所戴，多为圆形，周围有一道檐边，所用材料有皮、呢、缎、布等多种，颜色以黑为主。

以上所述，是中国历代士人的一般服饰。由于古代士人内部构成复杂，且具有很强的流动性，故上层士人的服饰与达官贵人相同；而在民间的下层文人和隐士们，对服装就更不讲究了。如庄子曾身居陋巷，穿打着补丁的粗布衣服，靠打草鞋生活。《三国志·管宁传》注引《傅子》：隐士焦先在山中“饥不苟食，寒不苟衣，结草以为裳，科头徒跣”。甚至冬夏常不穿衣服，卧不设席，又无草褥，以身亲土，其体垢污皆如泥漆。另一隐士扈累，“食不求美，衣弊缊”。寒贫“冬夏常衣弊布连结衣”。晋代著名隐士孙登“于郡北山为土窟居之，夏则编草为裳，冬则被发自覆，好读《易》，抚一弦琴，见者皆亲乐之”（《晋书·隐逸传》）。东晋著名思想家葛洪穿着也很随便，他说：“洪之为人也……冠履垢弊，衣或褴褛，而或不耻焉。俗之服用，俄而屡改。或忽广领而大带，或促身而修袖，或长裾曳地，或短不蔽脚。”(《抱朴子·自叙》)从葛洪的穿着中可以看到古代士人追求自然、随意的生活方式和我行我素的性格特征。

二、士人与饮食

(一)名士与名吃

中华饮食文化源远流长，内涵丰富，世界闻名。数不清的美味佳肴是各族人民智慧的结晶，其中也有知识分子的功劳。中国古代，一般士人的饮食与平民并无大的差别，翻开史书，发现许多士人津津乐道的是粗茶淡饭。然而，也有一些士人喜欢研究、烹制各种菜点，以自己的聪明才智为中国饮食文化做出了贡献。直到今天，在餐桌上还常常见到以古代士人名字命名的菜肴，听到有关古代士人的饮食传说，使饮食具有浓郁的文化味。

说起古代士人与饮食，首先应提的是豆腐的发明者刘安。

刘安是汉高祖刘邦之孙，好读书，善鼓琴，才思敏捷，尤工词赋，汉文帝时袭父封淮南王。他招致宾客方术之士数千人编著《淮南鸿烈》，亦称《淮南子》。根据有关材料推断，刘安是豆腐的发明者。南宋朱熹有一首诗写道：“种豆豆苗稀，力竭心已腐。早知淮南术，安坐获泉布。”并自注说：“世传豆腐本淮南术。”明代李时珍的《本草纲目》说:“豆腐之法,始于汉淮南王刘安。”

由于唐代以前的史籍中没有“豆腐”一词,至宋代才出现“豆腐”的最早记载,宋陆游《渭南文集》卷25《书二公事》:“(谢谔)晨兴,烹豆腐菜羹一釜,偶有肉,则缕切投其中。”因而有些人认为,豆腐的出现不会早于唐中期。但考古发掘证明汉代已能制作与今日基本相同的豆腐。1959年至1960年,在河南省密县发掘的一号汉墓中发现大面积的画像石,其中有豆腐作坊石刻。描绘的是从加工豆类到制成豆腐的生产工序。虽然此墓主人生活在东汉末年,但可以推测,豆腐从发明到传播,再到形成作坊,并被绘图刻石,不会短期完成的。日本古代豆腐干上也有“淮南堂”字样,所以,豆腐为淮南王刘安发明当不成问题。史载与刘安有关的食书有《淮南王食目》、《淮南王食经》、《淮南王食经音》等,可知刘安不仅有可能发明豆腐,还精通烹饪。

另一个与古代士人有关的饮食传说是诸葛亮与馒头的故事。

馒头是北方人的主食之一。“馒头”一词较早见于诸葛亮南征时。据宋人高承《事物纪原》卷9载,诸葛亮南征,将渡泸水,见当地土族有杀人取首祭神的习俗,于是就让他们改成用面做的馒头,“杂用羊豕之肉以包之以面,像人头以祠神……由此为馒头”。另据明人朗瑛《七修类稿》记载:“馒头,本名蛮头。”诸葛亮平定南中后,回师至泸水时,忽遇狂风,水急浪高,难以渡过。当地人告诉诸葛亮说,是“猖神”兴风作浪,要用

49个人头及黑牛、白羊祭祀，才能风平浪静，平安渡水。诸葛亮不忍心用人头祭祀，便命令以牛、羊、猪肉做馅，包入面中，做成人头形以祭鬼神。这也是馒头来源的传说。西晋人束皙在《饼赋》中也使用“曼头”一词：“三春之初，阴阳交至，于时宴享，则曼头宜设。”

虽然根据传说，诸葛亮似乎是馒头的发明人，但类似馒头的蒸饼在汉代就出现了，馒头可能由蒸饼发展而成。汉代，饼类是人们喜爱的食品。以汤煮的面食称煮饼，油炸成的称油饼，烧烤成的称烧饼或炉饼，而蒸饼则是面粉加入水，经发酵后蒸熟的。《释名·释饮食》说：“饼，并也，溲麦使合并也……蒸饼、汤饼……之属皆随形而名之也。”《急就篇》引颜师古注：“溲而蒸熟之，则为饼。”《太平御览》卷860引《晋阳秋》：“王欢耽学贫窭，或人惠蒸饼一枚，以充一日。”可知蒸饼为下层平民所食。富贵人家所食蒸饼则颇为讲究。《初学记》引王隐《晋书》说：何曾性奢豪，“蒸饼上不作十字（即开坼）不食”。《太平御览》卷860引《赵录》：十六国后赵统治者石虎“好食蒸饼，常以干枣、胡桃瓤为心蒸之，使坼裂方食”。这里的蒸饼和今日的开花馒头差不多了。

在中国古代，还有一些食物因名士喜爱而得以流传。其原因不仅因食物本身营养丰富、味道可口，还有“名人效应”。如魏晋南北朝时期，文人喜欢吃水产品，制作精美，百吃不厌，有人为了吃到家乡的美味，甚至弃官不做。西晋文学家张翰，是吴（今江苏苏州）人。曾在齐王司马冏手下做官。一次他从江南赴洛阳，见秋风起，乃思念家乡的菰菜、莼羹、鲈鱼脍，说：

"人生贵得适意，何能羁宦数千里以要名爵乎！"(《晋书·张翰传》)当然，张翰的"莼鲈之思"有避祸保身，托辞退隐之意，当时，司马氏争权，乱象已明，张翰不在洛阳，幸免于难。不过，菰菜、莼羹、鲈鱼脍的确是吴地的美味。

菰菜，俗称"茭白"，多年水生植物，炒、煮均宜，是南方人喜食的蔬菜。莼也是一种水生植物，亦叫"水葵"，其嫩叶可供食用，做羹尤佳，味美无比。《晋书·陆机传》载：陆机到洛阳后，曾拜访侍中王济，王济指着羊酪对陆机说："你们吴地什么食品能抵得上这美味的羊酪吗？"陆机回答说："千里莼羹，未下盐豉。"千里，指千里湖，此地所产莼菜最佳。"未下盐豉"尚能与羊酪相敌，若下盐豉，则羊酪就比不上它了，可见莼菜之美。鲈鱼脍属江南菜。鲈鱼肉质细嫩，味道鲜美，将鲈鱼切细为脍，故称鲈鱼脍。

此时，人们还喜食鱼鲊。东晋名士谢玄亲自钓鱼，制成鱼鲊，远寄给妻子，被传为佳话。鱼鲊属于生食菜肴。据《齐民要术》记载，制作鱼鲊最好是鲤鱼，取大而瘦的新鲜鲤鱼，先去鳞，再切成二寸长、一寸宽、五分厚的小块，清洗后，放入盘中，撒上盐，再装入篓中，放在平滑的石板上，榨尽水，用茱萸、橘皮、好酒等佐料调匀；再取一个干净的瓮，将鱼放入瓮中，一层鱼，一层米饭粒，装满封好，放置若干天，使其发酵，产生新的滋味。食用时以手撕之，如用刀切则有腥气。

魏晋时期，隐逸之风盛行，一些幽居山林的隐士喜欢吃青精饭。青精饭是一种既富营养又具食疗价值的饭食。其制法是将南烛树叶捣碎，取其汁，将米放入汁中浸泡后，捞出蒸熟、晒干。食用时,或泡或煮均可。因其制成后颜色乌黑,又称“乌饭”。青精饭最早见于南朝隐士陶弘景的《登真隐诀》中，据说久服可以益精气，强筋骨，延年益寿。至唐代成为著名的饭食之一。杜甫曾有诗云:“岂无青精饭,令我颜色好。”(《赠李白》)

中国古代不少士人不仅专于著书立说，还擅长烹制佳肴美食，而且技艺超群。《宋书・毛修之传》记载了毛修之因擅烹调而升官的故事。

毛修之字敬文,“有大志，颇读史籍”。东晋末年，刘裕北伐后秦,由其子刘义真镇守长安,时毛修之任司马。公元418年,大夏王赫连勃勃进攻长安,在青泥城大败刘义真,毛修之被俘。后北魏打败大夏，占领长安，毛修之又成为北魏的俘虏，被押至平城（今山西大同)。毛修之擅烹饪，能做许多好菜，一次，他精心制作一道羊羹送给尚书。“尚书以为绝味”，又献于太武帝拓跋焘,“焘大喜，以修之为太官令”。太官令是负责御膳的官。毛修之常常亲自为拓跋焘烹制菜肴，得到宠信，累迁为尚书，光禄大夫、南郡公。

唐代诗人白居易不仅因诗歌闻名，还会制作别有风味的胡饼。元和十年(公元815年),白居易因直谏被贬为江州司马,心情郁闷。三年后,诏下,擢升白居易为忠州刺史,他非常高兴,亲自制作了胡饼派人送给他的好朋友万州刺史杨敬之，并附诗一首《寄胡饼与杨万州》:

胡麻饼样学京都，面脆油香新出炉。
寄与饥馋杨大使，尝看得似辅兴无。

诗中说，他烤制胡麻饼的技术是京城长安学来的，具有面脆、油香的特点，请杨大使品尝，看看像不像长安城的名店辅兴坊所卖的胡麻饼。这首诗，以饼传情，洋溢着欢快的情调。他对杨敬之的调侃之语，“饥馋杨大使”，既表明他们之间关系的亲密，也流露出作者对仕途出现转机的欣喜心情。

胡饼原系西域食品，汉代传入内地。胡饼以其脆、香深受各阶层人士的喜爱。《太平御览》卷 860 引《续汉书》：“灵帝好胡饼，京师皆食胡饼。”汉末，吕布率军到达乘氏城下，李叔节携万枚胡饼出城劳军。魏晋南北朝的史籍中有关胡饼的记载很多。《太平御览》引王隐《晋书》载：“王长文，州辟别驾，阳狂不诣，举州追求，乃于成都市见，蹲地啮胡饼。”同书又载：王羲之“独坦腹东床，啮胡饼，神色自若”。此时，胡饼亦称麻饼。《太平御览》引《赵录》说，十六国后赵统治者石勒讳胡“胡物皆改名，胡饼……改曰麻饼”。

唐代，胡饼已成为人们生活中的普通食品，长安制作胡饼的作坊很多，辅兴食坊最有名气。白居易 16 岁到长安，在京城居住多年，不仅爱吃胡饼，而且会做，故在心情好时，向好友露一手。

在中国古代士人中，对饮食文化有卓越贡献的是一代文豪苏轼。

苏轼以其杰出的文学、绘画、书法成就在中国古代文坛上占据重要地位，同时，他还是一位知味善尝的美食家。苏轼烹调技艺高超，亲手创造过许多佳肴。有些名菜流传至今，深受人们喜爱，其中有代表性的是“东坡肉”、“东坡羹”。

苏轼喜食猪肉，他总结了一套自己煮肉的经验。《竹坡诗话》说：

> 东坡性喜嗜猪。在黄州时，尝戏作食猪诗云："黄州好猪肉，价贱如粪土。富者不肯吃，贫者不解煮。慢着火，少着水，柴头罨烟淹不起。待它自熟莫催它，火候足时它自美。每日早来打两碗，饱得自家君莫管。"

苏轼炖肉的秘诀是"慢着火，少着水"，使调料的滋味全部被肉吸收，味道又烂又香，富有营养。他在各地游历时，常常亲自动手烹饪此肉，受到朋友们的称赞。后来"东坡肉"便传开并成为一道名菜。苏轼还喜欢吃猪头肉。他在《与子安兄七首》之一中曾告诉四川的亲戚："常亲自煮猪头，灌血腈，作姜豉菜羹。"清代《食宪鸿秘》记载一道菜，名曰"东坡腿"，做法是：

> 陈金腿（陈金华火腿）约六斤者，切去脚，分作两方正块，洗净，入锅煮去油腻，收起。复将清水煮极烂为度。临起，仍用笋、虾作点，名"东坡腿"。

用苏轼炖肉的方法也可以炖其他肉。《东坡志林》中有一道菜叫蒸羊肉，用的便是此法。文中说："烂蒸同州羊，灌以杏酪，食之以匕不以筯。"即是把羊肉炖的烂熟，吃时用筷子夹不起来，只好用饭勺舀着吃。

苏轼除了炖肉有绝技外,他制作的"东坡羹"也很有名。羹,就是汤汁。先秦时代羹已十分流行。《礼记·王制》说:"羹食自诸侯以下至于庶人,无等。"是人人可以吃的菜肴。羹在饮食中主要用来佐餐下饭。《礼记·曲礼》记载,"食(饭)居人之左,羹居人之右"。从用料来说,羹可分为荤素两种,各种肉和蔬菜均可以做羹。《齐民要术》中总结了28种羹的做法。可见,羹是十分普及的菜肴。苏轼在吸收前人制羹经验的同时,又经过摸索和实践,形成了自己独特的制羹办法,这就是有名的"东坡羹"。东坡羹的原料是极普通的三种蔬菜:蔓菁,即大头菜,芦菔,即萝卜,苦芥,即芥菜,再加上豆粉或米粉。这些原料虽然普通,但营养丰富。大头菜味道鲜美,萝卜能通气、解毒,芥菜含有丰富的维生素C,加之苏轼十分讲究烹调技术,尤其是掌握火候,于是普通的素菜变成了味美可口的菜羹。苏轼有一篇《东坡羹颂并引》记录了此羹的制作方法:

> 东坡羹,盖东坡居士所煮菜羹也。不用鱼肉五味,有自然之甘。其法以菘若蔓菁、若芦菔、若芥,揉洗数过,去辛苦汁。先以生油少许涂釜缘及一瓷碗,下菜沸汤中。入生米为糁,及少生姜,以油碗覆之,不得触,触则生油气,至熟不除。其上置甑,炊饮如常法,既不可遽覆,须生菜气出尽乃覆之。羹每沸涌,遇油辄下,又为碗所压,故终不得上。不尔,羹上薄饭,则气不得达而饭不熟矣。饭熟羹亦烂可食。若无菜,用瓜、茄,皆切破,不揉洗,入罨,熟赤豆与粳米半为糁。余如煮菜法。

东坡羹以其味道鲜美，营养丰富，广为流传，成为人们喜爱的佳肴。元符三年（公元1100年）65岁的苏轼从海南北返中原，沿途受到地方官的欢迎，韶州太守狄咸是苏轼的崇拜者，他热情招待苏轼。在酒席宴上，特地制作了东坡羹，使苏轼喜出望外，倍感亲切。欣喜之余写下了《狄韶州煮蔓菁芦菔羹》一诗，诗曰：

我昔在田间，寒庖有珍烹。常支折脚鼎，自煮花蔓菁。
中年失此味，想象如隔生。谁知南岳老，解作东坡羹。
中有芦菔根，尚含晓露清。勿语贵公子，从渠醉膻腥。

这首诗表现了苏轼对东坡羹和好朋友的一往深情，诗的最后说："勿语贵公子，从渠醉膻腥。"意为"东坡羹"的制作配方及工艺，切勿告诉贵公子们，让他们吃牛羊鱼肉吧！表现了对东坡羹的自豪感。

苏轼的食趣广泛，无论荤素，也不管是栽培的还是野生的，只要有营养，他都喜食。他爱吃家乡的菠菜，曾写诗说：

北方苦寒今未已，雪底菠薐如铁甲。
岂如吾蜀富冬蔬，霜叶露芽寒更茁。

苏轼对各地的风味食品也很爱吃。在陕西凤翔做官时喜欢吃关中的面条，并写诗赞美说："汤饼一盂银丝乱，蒌蒿如笋玉箸横。"苏轼还爱吃大麦仁与豆子和煮的麦仁饭，"嚼之啧啧有声，小女儿相调云：'是嚼虱子'"。苏轼在岭南时，也能随当地的习俗吃蛇肉和蛙肉，他在《古意》诗中写道：

> 平生嗜羊炙，识味肯经饱。
> 烹蛇啖蛙蛤，颇讶能稍稍。

苏轼喜美味，甚至连河豚都敢吃。有人问他味道如何，他说："值那一死。"苏轼爱吃，自称"老饕"，曾作《老饕赋》。其实，这不过是他的自嘲，苏轼不是馋嘴贪吃的"饕餮之徒"，他食趣广泛，与他热爱生活，心胸开阔不无关系。苏轼讲究养生，吃饭饮酒很有节制，他在《节饮食说》称：

> 东坡居士自今日已往，早晚饮食，不过一爵一肉。有尊客，盛馔则三之，可损不可增。有召我者，预以此告之。主人不从而过是，乃止。一曰安分以养福。二曰宽胃以养气。三曰省费以养财。

（二）古代士人的饮食观

有的学者认为，中国古代士人的饮食生活与社会其他阶层相比，具有自身特征，这就是："追求饮食艺术，雅致清逸的格调，不重奢华重美食。"[①] 从经济、文化层面上看，古代士人有

---

① 谢定源：《论中国历史上各饮食阶层的典型代表及文化特征》，载《中华食苑》第7集，中国社会科学出版社1996年版。

文化修养，大多衣食不愁，因此，他们有精力和时间研究生活艺术，有条件讲究吃喝，能够制作出精美的名菜佳肴，推动中华饮食文化的发展。士人的饮食方式是受其饮食观念支配的，因此有必要介绍士人的饮食观。

自先秦以来，人们就非常注意饮食与卫生、饮食与健康的关系。形成了进步的饮食观。比如孔子，他不仅是伟大的思想家和教育家，对饮食也很有研究。据杨伯峻先生统计，在《论语》中，“食”字出现过41次，其中30次是当“吃”讲的。(杨伯峻《论语集注》，中华书局1980年版)在《论语·乡党》中，孔子提出了“食不厌精，脍不厌细”的饮食要求，并主张十多个不食。其文曰：

> 食饐而餲，鱼馁而肉败，不食。色恶，不食。臭恶，不食。失饪，不食。不时，不食。割不正，不食。不得其酱，不食。肉虽多，不使胜食气。唯酒无量，不及乱。沽酒市脯不食。不撤姜食，不多食。……祭肉不出三日。出三日，不食之矣。

从孔子所说的“不食”看，大部分符合卫生标准，依然是今日应循的饮食原则。如“饐”、“餲”，是指饭受热而变质、变臭，鱼腐烂变质为“馁”，肉腐变臭为“败”，腐败变质的食品，对人体危害极大，有的甚至危及生命。所以孔子提出的“食饐而餲”、“色恶”、“臭恶”三不食，可谓饮食卫生的基本原则。

“失饪不食”，指不吃烹调不当的食品。“沽酒市脯不食”，是说街上买的散装食品和饮料，有的不洁净，不能随便吃。“肉虽多，不使胜食气”。是说饮食要以五谷为主，肉类不宜过多。孙思邈在《千金要方·道林养性》中亦指出，每食“常须少食肉，多食饭”。这种以谷物为主，肉类为辅的食物搭配原则，符合营养保健的要求。“不多食”，是说饮食要适量而止，不可暴饮暴食。孔子说：“君子食无求饱，居无求安。”(《论语·学而》)从生理卫生角度讲，强调少食，反对贪食是有益于人身体健康的。

总之，两千多年前，孔子就提出了这么多不符合卫生标准而“不食”的主张，是难能可贵的。

孔子之后，有关饮食卫生的论述非常多。人们普遍认为凡是食物变味、腐臭以后，都不能吃，吃了就容易生病。东汉名医张仲景在《伤寒论》中说：“秽饭、馁肉、臭鱼，食之皆伤人。六畜自死，则有毒，不可食。”唐代著名医药家孙思邈对饮食卫生也十分重视，他在《千金要方·道林养性》中提出了不少讲求饮食卫生的忠告。如“食当熟嚼，使米脂入腹，勿使酒脂入肠。人之当食，须去烦恼，如食五味必不得暴嗔，多令人神惊，夜梦飞扬。每食多不用重肉，喜生百病。常以少食肉，多食饭及少菹菜，并勿食生菜、生米、小豆、陈臭物，勿饮浊酒……食毕当漱口数过，令牙齿不败，口香”。这些论述都很有科学道理。

在中国古代士人的饮食观中，非常注意合理的饮食结构。汉唐时期，人们便主张采用谷、果、菜、畜类等混合食物，以保证食物营养成分合理搭配，相对平衡。《内经》认为理想的饮食结构为：“五谷为养，五果为助，五畜为益，五菜为充。”孙思邈在《千金要方·食治》的序论中引用了这段话，并具体发挥了这一观点，他将食物分为果实、蔬菜、谷米、鸟兽四大类，详细介绍了150多种日常食物的性味、营养、功效等。说明孙思邈也非常重视膳食结构。

现代科学证明,《内经》和孙思邈所提出的饮食结构是有道理的。如“五谷”和“五畜”为人体提供了植物蛋白和氨基酸，是人生长和保持健康所不可缺少的;而“五果”即水果有丰富的维生素、微量元素和食物纤维，可以辅助“五谷”以养人之正气，故曰“五果为助”;“五菜”即各种蔬菜则可以使内各种营养素更加完善、充实，这就是“五菜为充”。这种以谷、肉、果、菜合理搭配的饮食结构，对中国传统饮食结构的形成影响很大，古代许多士人体健长寿，都与合理的饮食结构有关。

古代士人还普遍认为应节制饮食，不要过量，反对大量食用美味佳肴，这样做会增加胃的负担，影响消化。《吕氏春秋·本生》说:“肥肉厚酒，务以自强，命之曰烂肠之食。”而节制饮食对身体有许多好处。晋人杨泉在《物理论》中说:“谷气胜元气，其人肥而不寿;元气胜谷气，其人瘦而寿。养性之术，常使谷气少，则病不生矣。”唐代医药学家孙思邈也认为，吃得过多，会使人短命。他在《千金要方·养性》中说:

> 穰岁多病，饥年少疾，信哉不虚。是以关中土地，俗好俭啬，厨膳肴羞，不过菹酱而已，其少病而寿。江南岭表，其处饶足，海陆鲑肴，无所不备，土俗多疾，而人早夭。北方仕子，游宦至此，遇其丰赡，以为福佑所臻，是以食卑长幼，恣口食噉，夜长醉饱，四体热闷，赤露眠卧，

> 宿食不消，未逾期月，大小皆病……以至于死。

孙思邈主张“厨膳勿使脯肉丰盈，常令俭约为佳”。不仅吃得过多会损害健康，食品的滋味太美、太厚也会伤害肠胃使人短寿。嵇康在《养生论》中说：

> 滋味煎其腑脏，醴醪煮其肠胃，香芳腐其骨髓，喜怒悖其正气，思虑消其精神，哀乐殃其平粹。夫以蕞尔之躯，攻之者非一途，易竭之身而外内受敌，身非木石，其能久乎？其自用甚者，饮食不节，以生百病；好色不倦，以致乏绝。风寒所灾，百毒所伤，中道夭于众难，世皆笑悼，谓之不善持生也。

西晋人葛洪也认为饮食过多对身体不利，他指出：“不饥勿强食，不渴勿强饮。不饥强食则脾劳，不渴强饮则胃胀，体欲常劳，食欲常少。”（《道藏·洞神部》）

明末清初著名剧作家李渔，多才多艺，对饮食也很有研究。在其《闲情偶寄》一书“颐养部·调饮啜”中对饮食之道作了专门评述，其中不乏精辟之论。李渔的饮食观与传统的饮食养生理论不尽相同，在一般人看来，“《食物本草》一书，养生家必需之物”。而李渔则认为，“食色性也，欲藉饮食养生，则以不离乎性者近是”。即饮食而要根据每个人的“性”来安排。“性”意为性情、习惯。由于“性”因人而异，故《食物本草》一类书上规定的饮食忌讳，未必适合每个人。

根据以“性”来安排饮食的原则，李渔提出了六条具体的饮食方法：

一是“爱食者多食”。李渔认为：“生平爱食之物，即可养身，不必再查《本草》。春秋之时，并无《本草》，孔子性嗜姜，即不撤姜食，性嗜酱，即不得其酱不食，皆随性之所好，非有考据而然。孔子于姜、酱二物，每食不离，未闻以多致疾。可见性好之物，多食不为祟也。”李渔提出的饮食可随心所欲，并非毫无节制地大吃大喝，而是要分主与次，他称之为“调剂君臣之法”。并举例说：“肉与食较，则食为君而肉为臣；姜、酱与肉较，则又肉为君而姜、酱为臣矣。虽有好不好之分，然君臣之位不可乱也。他物类是。”

二是“怕食者少食”。生性不喜吃之食物，如果勉强吃下去了，不仅不利于健康，反而会招致疾病。李渔指出：“凡食一物而凝滞胸膛，不能克化者，即是病根，急宜消导。”“故性恶之物即当少食，不食更宜”。

三是“太饥勿饱”。即要控制饮食，不要因饥饿而暴饮暴食。李渔认为：“欲调饮食，先匀饥饱。”如何才能使饮食均匀呢？李渔指出：“大约饥至七分而得食，斯为酌中之度，先时则早，过时则迟。然七分之饥，亦当予以七分之饱，如田畴之水，务与禾苗相称，所需几何，则灌注几何，太多反能伤稼，此平时养生之火候也。”

四是“太饱勿饥”。李渔说：“饥饮之度，不得过于七分是已。”然而，“又岂无饕餮太甚，其腹果然之时？是则失之太饱。其调饥之法，亦复如前，宁丰勿啬”。李渔还以常见的生活现象来证明这一道理，他说："贫民之饥可耐也，富民之饥不可耐也，疾病之生多由于此。"李渔既反对暴饮暴食，也反对饱一顿饥一顿，这样都会导致疾病。

五是"怒时哀时勿食"。人的情绪与饮食有直接的关系，李渔认为："喜怒哀乐之始发，均非进食之时。然在喜乐犹可，在哀怒则必不可。"这是因为"怒时食物易下而难消，哀时食物难消亦难下"。因此，"俱宜暂过一时，候其势之稍杀"。即等怒哀之情平定之后再进食，这样虽然过了进食的时间，但对身体有利。因为"饮食无论迟早，总以入肠消化之时为度。早食而不消，不若迟食而即消，不消即为患，消则可免一餐之忧矣。"

六是"倦时闷时勿食"。李渔指出："倦时勿食，防瞌睡也。"人在困倦时，就要瞌睡，此时进食，"则食停于中，而不得下"。李渔还说："烦闷时勿食，避恶心也。"人在烦闷时，必难受恶心，此时进食，吃下去的食物，"非特不下，而呕逆随之"。李渔认为"食一物，务得一物之用。得其用则受益，不得其用，岂止不受益而已哉！"因此，在遇到倦时闷时，不要进食。

李渔所提出的六条饮食方法，均有一定的道理，按此方法饮食，将有助于身体健康。

在《闲情偶寄·饮馔部》中，李渔还对各种食物的食用方法和制作要领做了说明。李渔主张多吃菜少吃肉。声称自己的饮食之道是"脍不如肉，肉不如蔬"。他认为，蔬菜具有清、洁、芳馥、松脆的特点。其能居肉食之上全在一个"鲜"字。他主张烹调蔬菜应保持主料的本色、本味，调料不能乱配，否则损其滋味。李渔以笋为例，说，笋为"蔬食第一品也，肥羊嫩豕，何足比肩”。但笋若与其他高级佐料合烹，再调上香油，笋的鲜味便不见了，“其趣没矣”。笋的最好吃法是“白煮俟熟，略加酱油”。就是从营养学角度看，烹制蔬菜也应尽可能保持其鲜味，减少维生素的损失，有利于人身体健康。因此，李渔的见解是有道理的。

李渔最爱吃蟹。他称赞蟹“鲜而肥，甘而腻，白似玉而黄似金，已造色、香、味三者之至极，更无一物可以上之”。他讨厌把蟹断为两截，再加上油、盐、豆粉等煎熬，致使蟹的色、香、味全无。他主张吃蟹只宜将整只蒸熟，放在盘中，让客人自取自食。这样才能得到蟹的真味。

李渔对煮鱼很有研究。他说：“食鱼者首重在鲜。”煮鱼全在火候，火候不到则肉生，生则不松；火候过肉死，死则无味。请客人吃饭，最好把活鱼养在水盆中，待客到后，再宰、烹。鱼的滋味在“鲜”，而鲜味只在刚出锅之时，“若先烹以待，是使鱼之至美，发泄于空虚无人之境；待客至而再经火气，犹冷饭之复炊，残酒之再热，有其形而无其质矣”。这些生活常识，读来很受启发。

李渔食趣广泛，但反对“暴殄天物”的烹饪方法。他听说有人善制鹅掌，每次杀鹅之前，“先熬沸油一盂，投于鹅足，鹅痛欲绝，则纵之池中，任其跳跃。已而复擒复纵，炮瀹如初。若是者数四，则其为掌也，丰美甘甜，厚可经寸，是食中异品也”。李渔对这种做法怒不可遏，他愤怒地说：“惨者斯言，予不愿听之矣！……以生物多时之痛楚，易我片刻之甘甜，忍人不为，况稍具婆心者乎？地狱之设，正为此人！”李渔反对“暴殄”，是进步的饮食观。

清代著名学者袁枚对饮食也有很深的研究。他曾任溧水、江浦等地的知县，从40岁起便隐退南京小仓山，筑“随园”，以文会友，论文赋诗，不再从政。袁枚一生著作甚多，其中《随园食单》是他晚年撰写的一部烹饪专著，是一部系统地论述烹饪技术和南北菜点的重要著作。

袁枚认为，烹调如同做学问，应“先知而后行”。在“须知单”中，他列出了20条烹调须知事项，实际是烹调的基本方法。其中有：饮食、洗刷、调剂、搭配、火候、迟速、变换、器具、上菜、多寡洁净、用纤(勾芡)、选用、补救等。在“戒单”中，袁枚提出饮食应破除不良陋习。如他提出要“戒耳餐”。何谓“耳餐？”“耳餐者，务名之谓也”。他指责饮食一味炫耀，片面追求肴馔华贵者：“贪贵物之名，夸敬客之意，是以耳餐非口餐也，不知豆腐得味远胜燕窝，海菜不佳，不如蔬笋。”袁枚还主张“戒目餐”，“目餐者，贪多之谓也”。袁枚说：

> 多盘叠碗，是以目食非口食也。不知名手写字，多则必有败笔，名人作诗，烦则必有累句。极名厨之心力，一百之中，所做好菜，不过四五味耳，尚难拿准，况拉杂横陈乎？

袁枚还以自己亲身经历证明饭菜太丰富反倒使人生厌。他说：“余尝过一商家，上菜三撤席，点心十六道，共算食品，将至四十余种。主人自觉欣欣得意，而余散席还家，仍煮粥充饥。

可以见其席之丰而不洁矣。”

袁枚对饮食时的“强让”颇为烦感。他说：

> 一肴既上，理宜凭客举箸，精肥整碎，各有所好，听从客便，方是道理，何必强让之？尝见主人以箸夹取，堆置客前，污盘没碗，令人生厌。

吃饭强让之礼，不论从饮食卫生还是从个人饮食习惯看都是不科学甚至是没有礼貌的。二百年前的袁枚就对“强让”深恶痛绝，他愤怒地说：“以箸取菜，硬入人口，有类强奸。”此言虽然过激，但今天我们确应杜绝饮食中不文明的“强让”风气了。

良好的饮食习惯，合理的食物搭配，加之乐观旷达的情绪，可以使人克服生活中的各种困难，战胜疾病，健康长寿，充分享受人生的乐趣。南宋著名诗人陆游，活了 80 多岁，是一位高龄老人。到晚年，依然耳聪目明，甚至还能上山捡柴。陆游长寿，与他善于调整身体，饮食起居得宜有直接关系。他有诗云：“吾身本无患，卫养在得宜。一毫不加谨，百病所由滋。”陆游非常注意日常生活防病，“衣巾视寒燠，饮食节饱饥”，“起居饮食每自省，常若严师、畏友在我傍”。他晚年总结自己的养生之道，第一条便是饮食有度：“朝晡食饮，丰约惟其力，少饱则止，不必尽器。”（《渭南文集》卷 20《居田记》）其次，饭后散步，“食罢，行五七十步，然后解襟褫带，低枕少卧，此养生最急事也”。在日常饮食上，陆游喜欢吃素，认为食素胜于食肉。“唐安薏米白如玉，汉嘉栮脯美胜肉”。陆游尤喜喝粥，他有一首《食粥》诗：

世人个个学长年，不悟长年在目前。
我得宛丘平易法，只将食粥致神仙。

粥，既便宜又富于营养，尤其对肠胃虚弱的老年人有益。苏轼也喜食粥，他说：“夜坐饥甚，吴子野劝食白粥云：‘能推陈致新，利膈养胃。’僧家五更食粥，良有以也。粥既快美，粥后一觉，尤不可说。”（费衮《梁溪漫志》卷9《张文潜粥记》）陆游对五谷杂粮及各种副食品都爱吃。他有一首描写食新麦面的诗：

玉尘出磨飞屋梁，银丝入釜须宽汤。
寒醅发剂炊饼裂，新麻压油寒具香。
大妇下机废晨织，小姑佐庖忘晚妆。
老翁饱食笑扪腹，林下击壤歌时康。

这首诗虽然对新麦做成的面点未作多少正面描写，但用媳妇“废晨织”，小姑“忘晚妆”，老翁“笑扪腹”等侧面烘托，把吃面的场面渲染得有声有色，表现了陆游对面食的喜爱和对普通生活的悠然自得。

陆游还喜欢吃米，他说：“稻米似珠菰似玉，老农此味有谁知？”在陆游看来，稻简直像珍珠那么可爱。“稻粱炊饭滑如珠”，陆游对各种蔬菜兴趣浓厚，每餐必有。他称赞四川新津的韭黄："新津韭黄天下无，色如鹅黄三尺余。"陆游爱吃的蔬菜还有黄瓜："黄瓜翠苣最相宜，上市登盘四月时。""白苣黄瓜上市稀，盘中顿觉有光辉"。鲜嫩的竹笋："洗釜烹蔬甲，携锄斸笋鞭。"菱角和莲藕是陆游家乡吴地的特产，他在四川任官，闲暇时，想念家乡，对菱和藕也十分牵挂：

期会文书日日忙，偷闲聊得卧方床。
花藏密叶多时在，风度疏帘特地凉。
野艇空怀菱蔓滑，冰盆谁弄藕丝长？
角声唤觉东归梦，十里平湖一草堂。

陆游晚年，牙齿松动，仍喜欢吃炒栗子。"齿根浮动叹吾衰，山栗炮燔疗夜饥"。陆游还喜欢吃野菜。他在《食荠糁》诗中写道：

荠糁芳甘妙绝伦，啜来恍若在峨岷。
莼羹下豉知难敌，牛乳抨酥亦未珍。

荠即荠菜，是一种可食的野生植物，糁是以米和羹。这两种最普通的东西，陆游吃来却飘飘欲仙，连下了盐豉的莼羹和拌了油酥的牛乳都黯然失色。

陆游喜食素，首先是寻求身体健康的需要。中国古代很早就有饮食过多伤身的说法。成书于战国末期的《吕氏春秋》就指出："味众珍则胃充，胃充则中大鞔，中大鞔而气不达，以此长生可得乎？"(《吕氏春秋·重己》)古代许多士人深知养生之道，有疏食步行的生活习惯，陆游可称典范。其次，陆游食素也是他居官不忘平民生活和安贫乐道心态的写照。所谓“山深少盐酪，淡薄至味足”。“是家吾所慕，食菜如食肉”。再次，陆游食素也表现了他崇尚节俭之风，在《对食戏作》诗中，陆游写道：

香粳炊熟泰州红，苣甲莼丝放箸空。
不为休官须惜费，从来简俭是家风。

中国古代士人深知饮食的重要性，不少人精通饮食之道，他们的饮食观念和饮食习惯有许多合理之处，很值得今人借鉴。

三、士人与酒

一般讲，中国古代士人在日常生活中对饮食不那么讲究。孔子云：“君子谋道不谋食。”提倡“食无求饱，居无求安”。追求的是高尚的精神境界和道德的完善。但是，士人对酒却情有独钟。没有酒，便没有诗；没有酒，士人的生活将毫无生气，一片苍白。

（一）“何以解忧，唯有杜康”——魏晋士人与酒

中国人饮酒的历史可谓源远流长，相传黄帝时就有了

酒。在距今5000年左右的龙山文化遗址中曾发现不少陶制酒器。据《战国策·魏策二》记载，大禹时“仪狄作酒而美，进于禹，禹饮而甘之”，称为“旨酒”。古代还传说“杜康造酒”。据《世本》及《说文解字》记载，杜康造酒。杜康即少康，是夏代国君，曾将一度失去的政权重新恢复，史称“少康中兴”。后来人们把黄帝、仪狄、杜康视为酒的创始人，杜康也成为酒的代称。

酒是人们生活中不可缺少的一部分。《汉书·食货志下》载：“酒者，天之美禄。帝王所以颐养天下，享祀祈福，扶衰养疾，百礼之会，非酒不行。”对于古代士人来说，酒还有许多妙用。由于饮酒后可麻痹中枢神经，使人身心放松，暂时忘却忧愁烦恼，并可以尽情宣泄内心的喜怒哀乐，于是饮酒便成士人解脱忧愁和烦恼的最好办法。

士人饮酒之风盛行于汉末魏晋时期。此时，战争频仍，社会动荡，疾疫流行，人口大量死亡。残酷的现实使人们感到生命短暂易逝，加之此时道家思想抬头而带来的对生命的悲观，于是忧生成为一种社会思潮，在诗文中处处可见。流行于东汉中后期的《古诗十九首》有不少此类诗句。如：

人生天地间，忽如远行客。(《青青陵上柏》)
人生寄一世，奄忽若飙尘。(《今日良宴会》)
人生非金石，岂能长寿考。(《回车驾言迈》)
生年不满百，常怀千岁忧。(《生年不满百》)

在建安诗文中，此种忧生情绪更为强烈。如孔融：“人生自有命，但恨生日希。”(《杂诗》)徐干“人生一世间，忽若暮春草”(《室思》)等。

如何才能解脱这无尽的忧愁，充分享受短暂的人生呢？人们不禁想到了酒，酒无疑是解忧浇愁的最好饮品了。《古诗十九首》中就有不少推崇美酒的诗篇。如：

服食求神仙，多为药所误。
不如饮美酒，被服纨与素。(《驱车上东门》)
人生天地间，忽如远行客。
斗酒相娱乐，聊厚不为薄。(《青青陵上柏》)

曹操在著名的《短歌行》中，对酒更是推崇备至：

对酒当歌，人生几何。譬如朝露，去日苦多。
慨当以慷，忧思难忘。何以解忧，唯有杜康！

的确，面对时光飘忽，生命无法把握的残酷现实，人是束手无策的。要消除对死的恐惧，恐怕也只有从酒中获得暂时的快感和享乐了。汉末魏晋时期，许多士人都将饮酒视为生活中高于一切的事。如建安七子之一孔融说：“坐上客恒满，樽中酒不空，吾无忧矣！”(《后汉书·孔融传》)

促成此时饮酒成风的另一个原因是这时政治斗争尖锐复杂，卷入政治旋涡的士人稍有不慎便会丢掉性命，尤其在魏晋嬗代之际，司马氏为夺取政权，对士人实行高压政策，顺者昌，逆者亡，使士人感到万分恐怖，他们进退维谷，如履薄冰，为保全自己，便拼命喝酒，以酒解愁，以酒避祸。著名的竹林七贤个个都是饮酒的高手。性格刚烈的嵇康不愿与司马氏合作，声称“浊酒一杯，弹琴一曲，志愿毕矣”(《晋书·嵇康传》)。阮籍也极力躲避司马氏的纠缠，他出身名门之后，社会声望甚高，司马氏想拉拢阮籍以扩大政权的影响。对此，阮籍不敢公开与之对抗，而是采取依违避就的办法，常以大醉不醒搪塞司马氏。有一次，司马昭想与阮籍联姻，阮籍拒绝却不敢直说，于是大醉60天，司马昭只好作罢。阮籍以饮酒麻醉自己，以解脱内心的痛苦。他醉酒后常常“率意独驾，不由径路，车迹所穷，辄哭而返”(《晋书·阮籍传》)。

竹林七贤中喝酒最凶的是刘伶，他曾自我表白：“天生刘伶，以酒为名，一饮一斛，五斗解酲。”他常乘鹿车，携一壶酒，使人荷锸而随之，一路喝酒不停，谓“死便埋我”。竹林七贤酗酒在相当程度上是以酒为障眼术，填补内心的烦闷与恐惧。当时，政局不稳，不少士人都以饮酒为韬晦之计来保全自己。如西晋八王之乱时，杨准见“王纲不振”，才干无法施

刘伶像

展,生命毫无保障,便纵酒逍遥。顾荣也是以酒避祸。晋平吴后,他北上入洛曾任郎中、尚书郎、廷尉正等职,但见政局不稳,于是“恒纵酒畅”。并对友人张翰曰:“惟酒可以忘忧。”八王之乱中,齐王司马冏召他为大司马主簿,掌管往来书信和文件,司马冏残忍骄横,顾荣“惧及祸,终日昏酣,不综(理)府事”。他给友人写信说:“(我)恒虑祸及,见刀与绳,每欲自杀,但人不知耳。”后来,顾荣乘轻舟返回江南,得以解脱。(《晋书·顾荣传》)另据《晋书·阮籍传》记载:东晋初年,阮裕被大将军王敦启用,很受信任。但阮裕看出王敦有“不臣之心,便终日酣觞,以酒废职”。对魏晋士人以酒躲避乱世,保全自身,宋人叶梦得在《石林诗话》中说:

> 晋人多言饮酒,有至于沉醉者,此未必真意在于酒。盖时方艰难,人各惧祸,惟托于醉,可以粗远世故,盖自陈平、曹参以来,已用此策……传至嵇、阮、刘伶之徒,遂全欲用此为保身之计……如是,饮者未必剧饮,醉者未必真醉也。

不过,魏晋士人饮酒并非全为避祸。此时崇尚放达之风,一些放达之士饮酒只图感官享乐,醉生梦死,与有识之士大相径庭。如西晋元康年间有所谓“八达”,他们常常脱光了衣服,彻夜豪饮。一次,“八达”之一阮咸与朋友饮酒,不用杯子,而是用大盆盛酒,一群人坐在周围同饮,可巧几只猪跑来,也挤在盆边喝酒,阮咸等人也不轰赶,却与猪一起喝个不停。毕卓嗜酒如命,在吏部任职时,常因醉酒耽误公事。一次,他得知同僚家中酿的酒好,便在夜里潜入人家盛酒的屋子偷饮,结果被抓住捆绑起来，天亮后才发现是毕卓，立即松绑，他与同僚又在酒瓮之间畅饮，直到大醉。毕卓曾宣称他的人生理想是："得酒数百斛船，四时甘味置两头，右手持酒杯，左手持蟹螯，拍浮酒船中，便足了一生矣。"(《晋书·毕卓传》)《世说新语·任诞》载，晋人张翰"放任不拘"，有人问他，"卿乃可纵适一时，独不为身后名邪？"张翰回答："使我身后有名，不如即时一杯酒！"

酒有优劣之分，君子亦有真伪之别。魏晋时期，有识之士常用酒解忧避祸，而那些放荡之士则借酒遮丑，一味享乐，二者不可同日而语。正如晋代隐士戴逵所说："竹林之为放，有疾而为颦者也，元康之为放，无德而折巾者也。"(《晋书·戴逵传》)

(二)"酒正使人人自远"——饮酒之乐

中国古代士人饮酒有多种目的，或为消愁，或为避祸，但更多的是为了享受人生，感受美酒给人带来无可名状的快感。《世说新语·任诞》载，晋人王蕴说："酒，正使人人自远。"王荟也说："酒，正自引人著胜地。"胜地，即无比美妙的地方。

古代士人中真正能领略到饮酒之乐的是陶渊明。他弃官隐居后，终日以酒为伴。恬静闲散的乡村生活，使他得以从品味酒的甘苦中来感悟人生。在宁静的夜晚，陶渊明常常看着墙上自己的影子独自斟酌，醉酒后便作诗抒怀，酒在陶诗中几乎处处可见。饮酒使陶渊明的心境更加平和、自然，体验到了人生的乐趣。在《和郭主簿》一诗中，陶渊明写道：

春秫作美酒，酒熟吾自斟。
弱子戏我侧，学语未成音。
此事真复乐，聊用忘华簪。
遥遥望白云，怀古一何深。

陶渊明用春天的黏稻酿成美酒，酒酿熟了便自斟自饮，这时，他的小儿子在一旁玩耍，刚刚学语但还说话不完整。陶渊明悠闲地喝着酒，感到十分欣慰。眺望远处的白云，陶渊明不禁想起与他心境相似的许多古人来。

唐宋以后，酿酒技术较前有所提高，各地都有名酒，士人饮酒之风更盛。为了喝到适合自己口味的酒，唐代有的士人在家自己酿酒。如诗人王绩雇人“春秋酿酒”(《新唐书·王绩传》)。他还向善酿酒的焦革学习酿酒法。唐太宗时的名臣魏征向西域胡人学习酿酒法，酿成的美酒用金瓮贮盛 10 年，味道醇美。唐太宗在魏征家饮用此酒，十分欣赏，写诗称赞道：“千日醉不醒，十年味不败。”宋代大文豪苏轼也喜自己酿酒。他能根据不同地方的不同原料来酿酒。谪居黄州时，他自酿蜜酒招待客人，在定州时，酿松酒，在惠州作桂酒、真一酒等。苏轼对桂酒特别欣赏，在诗、赋、颂、尺牍中多处提到桂酒。桂酒是用桂皮酿成的酒，“酿成玉色，香味超然”。常饮桂酒可以抗瘴毒，养生延寿。苏轼还作《桂酒颂》，称赞桂酒的妙用。“甘终不坏醉不醒，辅安五神伐三彭。肌肤渥丹身毛轻，泠然风飞罔水行”。苏轼还有一首《新酿桂酒》诗，表现了自己酿酒的欣喜之情：

捣香筛辣入瓶盆，盎盎春溪带雨浑。
收拾小山藏社瓮，招呼明月到芳樽。
酒材已遣门生致，菜把仍叨地主恩。
烂煮葵羹斟桂醑，风流可惜在蛮村。

苏轼还酿过真一酒，他说：“岭南不禁酒，近得一酿法，乃是神授。只用白面、糯米、清水之物，谓之真一酒法。酿之成玉色，自然香味，绝似王太驸马家碧玉春也。奇绝！奇绝！”苏轼还根据自己的酿酒实践，写有《东坡酒经》，介绍了酿酒的方法，是一篇中国古代酒文化的重要文献。苏轼如此热衷酿酒是因为他深知饮酒之乐趣。他说：饮酒会使人“杳冥冥其似道，经得天真”(《浊醪有妙理赋》)。意思是喝酒后人杳杳冥冥的状态如同得道一样，直接获得了天真的本性。苏轼的酒量不大，不能豪饮，但是他看到客人痛快地饮酒，也感到十分酣畅舒适。他说：

予饮酒终日，不过五合，天下之不能饮，无在予下者。然喜人饮酒，见客举杯徐引，则予胸中为之浩浩焉，落落焉，酣适之味，乃过于客。闲居未尝一日无客，客至，未尝不置酒。天下之好饮，亦无在予之上者。(《书东皋子传后》)

苏轼性情豪爽，是至性之人，不善饮却喜饮，不能饮却喜见人饮，可见他的情感之真，胸怀之广，他喝酒喝的是一份性情。苏轼还写过一篇《醉乡记》，描绘了他在醉中向往的胜地。那里土地“旷然无涯，无丘陵阪险，其气和平一揆，无晦明寒暑；其俗大同，无邑居聚落；其人甚精，无爱憎喜怒。吸风饮露，不食五谷。其寝于于，其行徐徐。鸟兽龟鳖杂居，不知有舟车器械之用”。苏轼的醉乡游，不仅是酒后的幻觉，更是他的理想的追求。

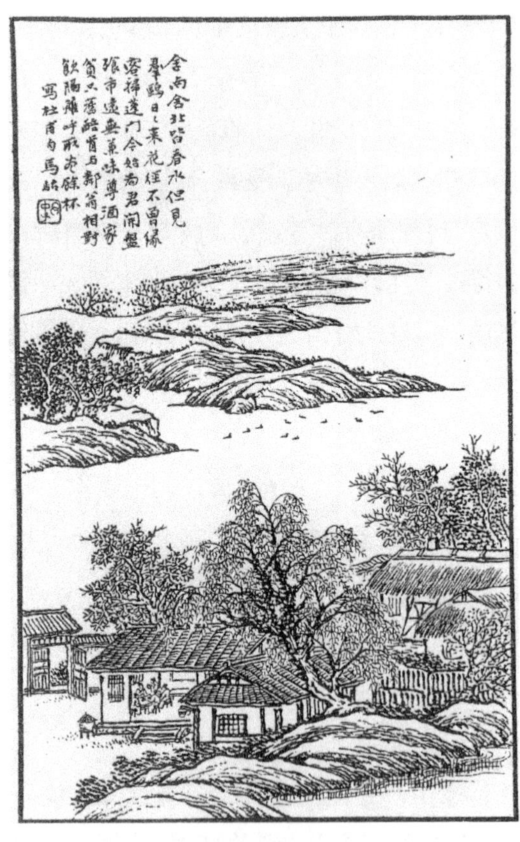

饮酒图

如果说苏轼的《醉乡游》对饮酒之趣的描绘似乎有些缥缈，而善豪饮的李白在《醉吟诗》中对酒中之趣就说得明白透彻了。

> 天若不爱酒，酒星不在天。地若不爱酒，地应无酒泉。
> 天地既爱酒，爱酒不愧天。已闻清比圣，复道浊如贤。
> 圣贤既已饮，何必求神仙？三杯通大道，一斗合自然。
> 但得酒中趣，勿为醒者传。

在李白看来，酒中之趣在于通大道合自然，这是只能意会不能言传的。宋代文学家欧阳修也是爱酒之人，号称“醉翁”。他也和苏轼相似，不善酒，“饮少辄醉”。但深知饮酒之趣，即爱酒之心实在酒外，“醉翁之意不在酒，在乎山水之间也。山水之乐，得之心而寓之酒也”(《醉翁亭记》)。

士人酒量大小各异，但饮酒后所感受到的精神愉悦则是相同的。正如元好问在《后饮酒》中所说：

> 酒中有胜地，名流所同归。
> 人若不解饮，俗病从何医？

元好问所说的饮酒能免“俗病”，不与世俗合流，是指饮酒微醉时，可以暂时摆脱现实的束缚，返朴归真，求得身心的放松和精神的自由，这是士人饮酒的最大乐趣所在。饮酒后，人常有直率、自然的表现，能展示真实的自我。杜甫有一首脍炙人口的《饮中八仙歌》，用夸张、幽默的笔法描绘了唐代八

位善饮的“酒仙”,他们是:贺知章、汝南王李琎、左丞相李适之、名士崔宗之、苏晋、诗人李白、书法家张旭、文士焦遂。诗曰:

知章骑马似乘船,眼花落井水底眠。
汝阳三斗始朝天,道逢曲车口流涎,恨不移封向酒泉。
左相日兴费万钱,饮如长鲸吸百川,衔杯乐圣称避贤。
宗之潇洒美少年,举觞白眼望青天,皎如玉树临风前。
苏晋长斋绣佛前,醉中往往爱逃禅。
李白一斗诗百篇,长安市上酒家眠,天子呼来不上船,
自称臣是酒中仙。
张旭三杯草圣传,脱帽露顶王公前,挥毫落纸如云烟。
焦遂五斗方卓然,高谈雄辩惊四筵。

杜甫笔下的这八位“酒仙”,个性鲜明,酒后神态各异,形象生动,给人们留下了深刻印象。唐代士人喜酒,饮酒后行为怪诞者大有人在。《云仙杂记》记载:石裕爱酒如命,一次,他酿出几斛酒后,竟脱掉衣服,跳入酒中洗澡,并兴奋地对人说:“我平生喜欢饮酒,遗憾的是身上的毛发还没有尝到酒味,今日才算如愿以偿,不能对嘴和毛发有厚薄之分!”

古代士人饮酒,有各种方式。有人喜欢寂寞独处,自斟自饮。李白曾写过《月下独酌》四首,其中第一首写道:

花间一壶酒,独酌无相亲。
举杯邀明月,对影成三人。

月既不解饮，影徒随我身。
暂伴月将影，行乐须及春。

性格开朗的李白喜欢与他人畅饮，这次在月下独酌，显得很冷清，只好象征性地把天边的明月和月光映照下的身影作为“酒友”了。独饮没有交流，没有人与他分享欢乐或分担忧愁，因而，不少人认为酒不宜独饮。苏轼曾写道：

相对不言寒，哀哉知我贫。
我有一瓢酒，独饮良不仁。

苏轼认为，即使生活贫寒，有一瓢酒也不愿自己享用，因为独饮缺乏趣味。如常言所说，“茶宜静，酒宜喧”。“喧”即指饮酒应有一定气氛，许多士人都愿与好友、家人相聚而饮，谈笑风生，其乐融融，会感到无比的畅快。白居易有一首《问刘十九》，便是诗人向好朋友刘十九发出的热情邀请。

绿蚁新醅酒，红泥小火炉。
晚来天欲雪，能饮一杯无？

绿蚁指新酿的酒。酒在未滤清时，上面浮起酒渣，色微绿细如蚁，故称“绿蚁”。在欲雪的寒天，与好友坐在通红的小火炉旁，共饮一壶好酒，推心置腹地交谈，无拘无束，暖意融融，这充满生活情趣的场面，多么令人惬意！

白居易诗意画

唐代，长安的士人还喜欢到有胡姬的酒肆聚会畅饮。唐代的对外贸易发达，长安城内居住着许多胡商，在胡人开设的店肆中，有不少酒肆，酒肆中的侍者多是擅长歌舞的胡女，故称胡姬酒肆。胡姬酒肆具有独特的异国情调，文人墨客大都喜欢到这里饮酒聚会。李白在《少年行》中写道：

> 五陵少年金市东，银鞍白马度春风。
> 落花踏尽游何处？笑入胡姬酒肆中。

士人爱到胡姬酒肆聚饮，一是因为这里的酒都是西域名酒，味道醇美；二是胡姬容貌亮丽，打扮入时，善解人意。李白对胡姬酒肆兴趣浓厚，经常前去饮酒，“细雨春风花落时，挥鞭直就胡姬饮”。边饮酒，边欣赏胡姬歌舞，无比畅快，乐不思归。李白有诗云：“胡姬貌如花，当垆笑春风。笑春风，舞罗衣，君今不醉将安归！”(《前有樽酒行》)李白生于西域，可能对西域风情有一种天然的亲近感吧！

唐宋以后，士人生活追求高雅，对饮酒环境有许多讲究。明人袁宏道在《酒令》中说：

> 凡醉有所宜：醉花宜昼，袭其光也；醉雪宜夜，消其洁也；醉得意宜唱，宣其和也；醉将离宜击钵，壮其神也；醉文人宜谨节章程，畏其侮也；醉俊人宜加觥盂旗帜，助其烈也；醉楼宜暑，资其清也；醉水宜秋，泛其爽也。
>
> 一云：醉月宜楼，醉暑宜舟，醉山宜幽，醉佳人宜微酡。醉文人宜妙令无苛酌，醉蒙客宜觥发浩歌，醉知音宜吴儿清喉檀板。

吴彬在《酒政》中则对饮酒环境做了具体的规定：

> 饮地：花下、竹林、高阁、画船、幽馆、曲石间、平畴、荷亭。另，春饮宜庭，夏饮宜郊，秋饮宜舟，冬饮宜室，夜饮宜月。饮候：春郊、花时、清秋、新绿雨霁、积雪、新月、晚凉。

饮酒图

为什么饮酒的最佳环境是在大自然之中呢？清褚人获在《坚瓠集》中说："人得优游田亩，身心无累，把盏即酣，诚生人之趣，高蹈之雅致也。"在大自然中饮酒，身心放松，可以感受到天人合一妙境。褚人获对礼节繁多的宴会很不以为然，认为那是"囚饮"，他说："若丰筵礼席，注玉倾银，左顾右盼，终日拘束，唯恐有言语之失，拱揖之误，此则所谓囚饮。"

古代士人饮酒，无论是独饮还是对酌，无论是在花前月下还是在山林老泉，追求的是"酒中趣"。只要知趣，便悠然自得。《晋书·孟嘉传》载："(孟)嘉为征西桓温参军……好酣饮，愈多不乱。温问嘉：'酒有何好而卿嗜之？'嘉曰：'公未得酒中趣耳。'"

（三）“醉中得句若飞来”——饮酒与创作

中国古代士人喜欢酒后作诗，酒助诗兴，于是有人认为做出好诗须饮好酒，这有一定道理。因为酒后似醉非醉之时，身心放松，外在的束缚几乎不存在了，思路愈显敏捷，灵感容易闪现，于是佳句常常如信手拈来。正如清人张潮在《幽梦影》中说：“有青山方有绿水，水惟借色于山；有美酒便有佳诗，诗亦乞灵于酒。”陶渊明写诗常于酒后，酒不仅使陶渊明远离了尘世的烦恼，还激发了他的创作灵感，写下了许多篇佳作。正如梁萧统所说：“有疑陶渊明诗，篇篇有酒。”

唐代许多人的诗作都与酒有关系，最著名的当属李白。李白嗜酒无度，“然沉酣中所撰文章，未尝错误”（《开元天宝遗事》卷下）。据说李白不少作品都是酒后写成的。《本事诗·高逸》记载：有一次，唐玄宗与宫人行乐，召李白赋诗，这时李白已喝得酩酊大醉，步履踉跄，唐玄宗让内侍搀扶着他，将蘸饱浓墨的笔递到李白手上，李白“取笔抒思，略不停辍，十篇立就，更无加点，笔迹遒利”，写成了著名的《宫中行乐词》。苏轼的许多诗、词、文、赋都是酒后即兴所作。酒不仅能促进诗歌的创作，对其他艺术创作也常有神奇的功能。东晋大书法家王羲之善饮酒，他在著名的兰亭集会接近尾声时，乘着酒兴写下了传世名作《兰亭集序》，其笔法变化多端，千姿百态，凡有重字，则字体皆异，无一字雷同。第二天酒醒后，他又一连挥笔写了几遍，都无法再现原书的神韵。唐代著名书法家、

太白醉酒

“草圣”张旭写字时也常常在酒后。《新唐书·贺知章传》说：“号呼狂走，索笔挥洒，变化无穷，若有神助，时人号为‘张颠’。”李肇《唐国史补》说得更为神奇：

> （张）旭饮酒辄草书，挥笔而大叫，以头揾水墨中而书之，天下呼为张颠。醒后自视，以为神异，不可复得。

唐代另一位著名狂草书家怀素，嗜酒如命，世称“颠张醉素”。他一日数醉，每次喝得如痴如狂，便纵笔驰骋。据说著名的《自叙帖》也是怀素醉后写成的。唐代诗人钱起评论怀素说：“狂来轻世界，醉里得真如。”

怀素自叙帖

唐代还有一位书法家苏颋，也常常醉后挥毫。唐玄宗爱好书法，一天他问诗人苏瓌是否知道有好书法家。苏瓌答道，儿子苏颋还可以，只是此儿性喜饮酒，如不过分沉醉，大概还可以写好。于是玄宗召苏颋入宫，当时苏颋酒还未醒，在殿上呕吐不止，玄宗忙命太监扶他躺在御帷前，亲手给他盖上锦被。苏颋酒醒后，潇洒挥笔，大为玄宗赞赏。

酒不仅能助书，还能助画。据《宣和画谱》载，唐代画圣吴道子作画时“每欲挥毫，必先酣饮”。北宋著名书画家以苏（轼）、黄（庭坚）、米（芾）、蔡（襄）为代表，他们都喜酒后挥毫，其佳品被称为“醉墨”。米芾尤其嗜酒，号称“米颠”。

他与其子友仁的画非常有名，并称“米家山水”，常常酒酣落笔，人称画中有醉意。宋代的包鼎与其父包贵都以画虎闻名，据陈师道《后山谈丛》记载，宣城人包鼎在画虎以前，先打扫画室，并将门窗堵塞，仅留一洞透光，痛饮一番，然后脱衣踞地，卧起行顾，恍觉自己真像是一只老虎。于是，再饮斗酒，取笔挥洒，尽意而罢。元代画家陈容，以画墨龙闻名，能泼墨成云，喷水成雾，他画龙往往在酒后，“醉余大叫，脱巾濡墨，信手涂抹，然后以笔成之”。其动作颇像张旭狂草。包鼎画虎，陈容画龙全在酒后，可见酒能助画并非虚谈。

明代画家唐寅也喜欢酒后作画，当时人们说“欲得伯虎画一幅，须费兰陵酒千钟”，唐寅在苏州桃花坞筑室，终日与友人饮酒，酒后兴致大发便欣然作画。求画者载酒而来，与他酣饮终日，方能求到一幅画。清代郑板桥不仅借酒消愁，借酒抒愤，还常常借酒作画。他曾在《自遣》一诗写道：

看月不妨人去尽，好花只恨酒来迟。
笑他缣素求书辈，又要先生醉烂时。

一些人知道郑板桥酒后喜写字作画，便以酒为饵，求其真迹。相传扬州有一盐商，托人求板桥作画，板桥素来厌恶商人市侩，不予理睬。此人心生一计，乘板桥出游之日，在竹林小斋中先置酒肉迎候板桥，板桥酒足饭饱之后，问他壁上何不挂字画，盐商道：“此地无人作好书画，听说郑板桥很有名气，但我没有见过，不敢相信。”郑板桥被他激怒，乘醉写字作画，终使盐商如愿以偿。

在中国古代士人生活中，酒与诗、书、画确有不解之缘，士人酒后往往能创作出一些艺术精品，所谓“放胆文章拼命酒”。唐代诗人张说在《醉中作》说：

醉后乐无极，弥胜未醉时。
动容皆是舞，出语总成诗。

对这一现象，熊秉明先生在《中国书法理论体系》(四川美术出版社 1990 年版)一书中是这样分析的：

把醉当作生命的高潮、生命的提升，把酩酊状态认为是生命最炽热、最酣欢、最具创造力的状态。这时候，理性的控制和拘谨丧失了，潜意识中所压抑的、积藏的、生命之原始的、本能的、基层的，得到了畅然的吐泄。酒不是消极的“消愁”、“麻醉”，而是积极地使人的精神获得大解放、大活跃。在清醒时候不愿说的，不敢说的，都唱着、哭着、喊着说出来。清醒时候所畏惧的，诚惶诚恐崇敬的、听命的都踏倒、推翻。

不过，对于酒后的文化创作不能估计过高。从科学常识看，酒中的乙醇具有减弱大脑皮质的抑制过程，使神经兴奋，故适度饮酒，会感到身体发热，情绪放松。如果饮酒过度，血液中的乙醇增高，则会口舌呆滞，思维与行为脱节，身体失控，酒精深度中毒者会昏迷休克，甚至造成死亡。古人对此多有告诫，战国名医扁鹊就有“过饮腐肠烂胃”之说。梁代陶弘景说：“人饮多则体弊神昏，是其有毒故也。”明代李时珍则总结了酒的利与弊两方面，认为，“酒，天之美禄也。……少饮则和血行气，壮神御寒，消愁遣兴；痛饮则伤神耗血，损胃亡精，生痰动火”。李时珍还警告：“过饮不节，杀人顷刻。”事实证明以上所说是有根据的。大诗人李白一生豪饮，酒使他享受了人生的快乐，酒也使他命归黄泉。《旧唐书·文苑传》：李白“终因饮酒过度醉死宣城”。杜甫也因酒而丧命。唐人郑处诲《明皇杂录》说：“杜甫客耒阳，游岳祠，大水遽至，涉旬不得食。县令具舟迎之，令尝牛炙白酒……（杜）甫饮过多，一夕而卒。”杜甫过度饥饿，若吃肉不饮酒，恐不会去世的。李白死时 62 岁，而杜甫年仅 58 岁，饮酒过度，使两位伟大的诗人过早地离开了人世。白居易也因经常空腹喝酒，后患严重的眼疾，即使晴天看东西也像看雾一样。他感叹说：“纵逢晴景如看雾，不是春天亦见花。”这大概是得了白内障。《红楼梦》的作者曹雪芹家境贫困仍长年沉醉于酒，“举家食粥酒常赊”。不到 50 岁就去世了。其妻抱怨说：“不怨糟糠怨杜康。”饮酒过多不仅害己，还影响后代发育。陶渊明一生不离酒，据统计，在陶渊明的 142 篇诗文中，说到饮酒或与酒有关的作品有 50 多首，几乎占了他作品的一半。陶渊明晚年对酒依然恋恋不舍。他在《挽歌诗》中说：“但恨在世时，饮酒不得足。”“在昔无酒饮，今但湛空觞。春醪生浮蚁，何时更能尝”。尽管陶渊明对酒一往情深，但过量的饮酒严重地损害了他和孩子的身体健康。陶渊明在《责子》诗中写道：

白发被两鬓，肌肤不复实。
虽有五男儿，总不好纸笔。
阿舒已二八，懒惰故无匹。
阿宣行志学，而不爱文术。
雍、端年十三，不识六与七。
通子垂九龄，但觅梨与栗。
天运苟如此，且进杯中物！

一向豁达乐观的陶渊明，在这首诗中却显得很伤感、无奈。当时他仅 44 岁，却“白发被两鬓，肌肤不复实”，一副老态。他的几个儿子更令人伤心，不要说才华出众，甚至连一般水平都达不到。老大懒惰的出奇；老二到了有志于学的年龄却不喜欢读书作文；老三、老四都到了 13 岁，连六和七都分不清；最小的儿子老五通子快 9 岁了，整天就知道找梨子和毛栗。造成孩子不聪明的原因与陶渊明嗜酒有很大关系。科学证明，长期无节制地饮酒，会使血液受到酒精的伤害，导致生育能力低下，直接影响后代的智力。陶渊明不明此理，感叹这是“天运”所致，表示还要痛饮“杯中物”，实在有些可悲。天才飘逸的李白，其后代也是默默无闻的。

古代不少士人知道酒伤身的道理，也有人下决心戒酒。如嵇康，虽然爱喝酒，但认识到：“酒色令人枯”，“纵体淫恣，莫不早殂”。不少人主张饮酒要有所节制。陶渊明因过量饮酒，晚年身体衰弱，他曾想戒酒，特写《止酒》诗，诗曰：

平生不止酒，止酒情无喜。
暮止不安寝，晨止不能起。
日日欲止之，营卫止不理。
徒知止不乐，未知止利己。
始觉止为善，今朝真止矣。

陶渊明虽然知道戒酒对自己有好处，可惜仅停留在口头上，最终也未能割舍对酒的情缘。

对于长期饮酒并上瘾的人，戒酒无疑是一件痛苦的事，须靠毅力才能成功戒酒。宋代文学家杨万里也有一首《止酒》诗，表达了戒酒后的矛盾心理，诗曰：

止酒先立约，庶几守得坚。
自约复自守，事亦未必然。
约语未出口，意已惨不欢。

诗人起初下决心戒酒，认为自己能坚守戒约，但戒酒的话还没说完，心里就不高兴了。可见他对酒还是充满感情的。

南宋诗人陆游爱喝酒，但很有节制，故身体一直很好，活了80多岁。他在《闲适》一诗中，总结自己的生活经验说："饮酒不至狂，对客不至疲。读书以自娱，不强所不知。"明代文人袁宏道在《觞政》中认为饮酒应依状态、场合不同而采取不同的态度，不能一味狂饮。他说：

饮喜宜节，饮劳宜静，饮倦宜诙，饮礼法宜潇洒，饮乱宜绳约，饮新知宜闲雅直率，饮杂糅宜逡巡却退。

在袁宏道看来，君子饮酒欢喜的时候应有所节制。疲劳的时候应该沉静，倦怠的时候应该诙谐。讲究礼法的时候应该潇洒，场面忙乱的时候应该守规矩，遇到新交的朋友应该有风度、直率，碰到杂乱的客人应寻机回避。袁宏道之弟袁中道的饮酒也很讲究。他在《饮酒说》中谈到了自己节制饮酒的好处：

生平饮酒，不喜昼饮，一饮则终日昏倦，夜饮亦不喜多，多则梦寐不安，次早神思不爽，甚则助发淫嗔。……惟近来入舟一月中，不饮酒。夜饮数杯卧，脾胃调适。……不然常居城市，终日醺醺，既醉之后，淫念随作，水竭火炎，岂能久于世哉？

袁中道认为，适度饮酒，可使“精神爽健，百病不生”。明陈继儒也说：“饮酒不可认真，认真则大醉，大醉则神魂昏乱。”（《小窗幽记》）

饮酒是中国古代士人生活中说不完的话题。也许是中国封建专制制度和传统文化的礼法观念对中国古代士人的身心压抑过强，束缚过多吧，也许古代士人情感太丰富吧，士人对酒总有一份特殊的情结。酒，能使士人暂时摆脱礼教的拘束，自由地交流思想，宣泄情绪；酒，能使士人淋漓尽致地表现自己的个性和灵性，真切地品味人生。酒的确给士人生活带来了无穷的乐趣。然而，酒毕竟不是灵丹妙药，酒能使人暂时忘却忧愁，但不能从根本上解决问题，真正获得解脱，正如李白所感叹的："抽刀断水水更流，举杯消愁愁更愁。"在醉与醒之间，士人常常陷入进退两难的困境。"但愿长醉不复醒"(李白《将进酒》)，仅仅是美好的愿望，"今宵酒醒何处？杨柳岸、晓风残月"(柳永《雨霖铃》)，酒醒后还是要回到现实中来，这种矛盾和困惑的心态使士人对酒越发依恋了。

四、士人与茶

(一)士人与饮茶之风的流行

茶与酒一样，也是中国古代士人生活中的重要饮品。中国是茶的故乡，中国人饮茶的历史可上溯到上古黄帝时期。炎帝也叫神农氏，相传他教人们播种五谷，又教人们识别各种植物，茶也是他发现的。《神农本草经》载："神农尝百草，日遇七十二毒，得荼而解之。""荼"与"茶"字通。《尔雅·释木》："槚，苦荼。"东晋郭璞《尔雅注》认为"荼"即为茶树，"树小如栀子。冬生叶，可煮作羹饮。今呼早采者为荼，晚取者为茗"。中国古代茶有多种称呼。唐代茶圣陆羽在《茶经》中总结茶的名称，说："其名，一曰茶，二曰槚，三曰蔎，四曰茗，五曰荈。"一般认为，唐代定型为茶。

最初，茶是作为药物为人利用的。从神农尝百草的传说中可知，早期人们饮茶是用来解毒的。同时茶还具有醒脑、提神的作用。《神农本草经》说："茶味苦，饮之使人益思、少卧，轻身明目。"三国魏人张揖《广雅》："其饮醒酒，令人不眠。"常饮茶还可治病疗疾，延年益寿。晋人杜育在《荈赋》中说，茶可以"调神和内，倦解慵除"。《神农食经》："茶茗宜久服，令人有力、悦志。"悦志，指神情爽快。唐代大诗人李白在《仙人掌茶》诗序写道：

惟玉泉真公常采而饮之，年八十余岁，颜色如桃花。而此茗清香，滑熟异于他者，所以能还童振枯，扶人寿也。

唐代刘贞亮概括饮茶的好处为"十德"。其中"以茶散郁气"，"以茶除病气"，"以茶养身体"，都是把茶作为养生之道的。

中国最早种植茶树的地区是巴、蜀、滇。《华阳国志·巴志》记载："自西汉至晋，二百年间，涪陵、什邡、南安、武阳、皆出名茶。"汉代茶已进入民众的日常生活中。汉宣帝时，王褒给僮仆规定的日常杂役中就有"武都买茶"、"烹茶尽具"两项。说明当时已有茶的买卖。魏晋时期饮茶的范围逐步扩大，上至官府，下至民间都有饮茶习惯。《三国志·吴书·韦曜传》记载，东吴皇帝孙皓每与大臣宴饮，竟日不息。他让大臣每次至少喝七升酒，否则予以处罚。韦曜不善饮酒，孙皓照顾他，便密赐以茶水，允许他以茶代酒。

家庭日常生活中饮茶也为常事。晋代诗人左思的《娇女诗》就记述其女儿急于喝茶，"心为茶荈剧"，便对着煮茶的锅鼎吹火。这时在市场上也可以买到茶。晋惠帝时太子司马遹指使属下贩卖茶、菜等物，大臣江统曾上疏予以劝谏。(《太平御览》卷867《茗》引《江氏传》)《广陵耆老传》载：晋元帝时，“有老姥每旦独提一器茗往市鬻之，市人竞买”。南朝宋人刘敬叔在《异苑》中记“剡县陈矜妻少寡，与二子同居，好饮茶”。晋代招待客人也往往用茶。谢安看望吴兴太守陆纳时，主人不备酒食，仅以几盘果品茶水招待。其侄以为叔叔无所准备，便自作主张备好酒菜，端上招待，没想到陆纳却非常生气，说：“汝不能光益叔父，乃复秽我素业邪！”(《晋书·陆纳传》)原来，陆纳以茶果招待谢安，是为了表示情操节俭。东晋权臣桓温也提倡以茶代酒，“每宴惟下七奠柈茶果而已”(《晋书·桓温传》)。《南齐书·武帝纪》载：南齐武帝萧赜临终前遗诏，说：“我灵上慎勿以牲为祭，唯设饼、茶饮、干饭、酒脯而已。”可见江南饮茶风气之盛。这时北方还不习惯饮茶，他们喜欢酪浆，即经过加工的牛羊奶。《洛阳伽蓝记》卷3记载，南齐时，秘书丞王肃投奔北魏后，不习惯北方饮食，“不食羊肉及酪浆等物”，吃饭时常以鲫鱼羹为菜，渴了便喝“茗汁”，而且“一饮一斗”。洛阳士人很惊讶，称他为“漏卮”。

在北魏贾思勰所著《齐民要术》中，将茶列入“非中国物篇”，即不是北方所产。说茶以浮陵所产为最佳。浮陵，可能是音同形似的涪陵，三国设涪陵郡，治所在今四川彭水县，其地与湖北、湖南接壤。(缪启愉《齐民要术校释》，中国农业出版社1982年版)东晋初，一些南渡的士大夫尚不习惯饮茶，《世说新语·纰漏》还记载了晋室南渡之初，北方文士任瞻过江，在一次宴会上，主人请他喝茶，他问："这是茶还是茗？"在座者一听这外行的提问，都感到诧异，任瞻看到大家的神情不对，连忙改口说："我刚才问的是，喝的是冷的还是热的。"

隋唐以后，国家统一，交通发达，各地普遍种植茶树。随着茶叶生产的扩大，饮茶风尚也从南方扩展到北方。茶以其清神益智、健体延寿的功效深受士人喜爱。陆羽在《茶经》中列举饮茶名家说："汉有扬雄、司马相如。"扬雄和司马相如皆为西汉著名文学家，扬雄曾作《方言》，其中介绍了茶字的各种发音。司马相如著《凡将篇》，介绍了二十多种药物，其中一种叫"荈诧"的就是茶。巴蜀是最早的茶叶种植地，饮茶之风最早起源这一地区，扬雄、司马相如均在四川生活，从他们对茶叶的名称和药性的了解来看，可知他们是较早与茶结缘的古代文人。晋代杜育写过一篇《荈赋》，以优美的语言赞颂了茶。

魏晋时期玄学风行，士人尚清谈，清谈需要清晰的头脑，不俗的风度，而饮茶可使头脑清醒，有助清谈。邓子琴先生在《中国风俗史》一书中认为：魏晋时期的清谈之风可分为四期，第一、二两个时期清谈家喜好饮酒，第三、四两个时期清谈家则嗜茶，邓子琴认为："如王衍之终日清谈，必与水浆有关，中国饮茶之嗜好，亦当盛于此时，而清谈家当尤倡之。"清谈家王濛好饮茶，每有客至辄命客畅饮，"士大夫皆患之"。每次去王濛家都说："今日有水厄。"把饮茶看作遭受水灾之苦。后来，"水厄"便成为南方饮茶人常用的戏语。《洛阳伽蓝记》载：梁武帝之子萧正德降魏，魏人元义欲为其设茶，问"卿于水厄多少？”意为你能喝多少茶。不料，萧正德不懂水厄的意思，便说：“下官虽生在水乡，却并未遭受到什么水灾之难。”引起周围人一阵大笑。

中国古代对茶文化贡献最大的是陆羽。陆羽字鸿渐，生于唐玄宗开元年间，他是个弃儿，自幼被龙盖寺和尚积公大师收养。积公为唐代名僧，陆羽得其教诲，深明佛理。积公好茶，陆羽专为他煮茶，久之学到了高超的采制、煮饮茶叶的手艺。后来，陆羽游遍各地古刹，结识了不少善烹制茶叶高僧。他不断总结经验，吸收前人的成果，著成《茶经》一书。《茶经》是我国第一部关于茶叶的源流、生产技术、饮茶技艺和茶道

陆羽

原理的综合性论著。《茶经》对中国茶文化的发展及饮食文化都产生了巨大的影响。《新唐书·陆羽传》说:“羽嗜茶，著《经》三篇，言茶之源、之法、之具尤备，天下益知茶矣。时鬻茶者，至陶羽形置汤突间，祀为茶神。……其后尚茶成风。”陆羽被后人称为“茶圣”。

陆羽烹茶图

佛教禅宗仪规对中国古代饮茶风尚的流行也起了重要作用。隋唐时期，佛教得到很大发展，尤其佛教中的禅宗，以其仪规简便深受信佛者的欢迎。禅宗主张佛在内心，提倡静心、自悟，所以要“坐禅”。坐禅不仅要专注一境，还要求坐姿端正，“不动不摇，不委不倚”。长时间打坐容易使人困倦，而茶饮解渴，有醒脑提神，消除疲劳的作用，因此，茶便成为佛教徒的理想饮品。据唐人封演《封氏闻见记》载:“开元中，泰山灵岩寺有降魔师大兴禅教，学禅务于不寐，又不夕食，皆许饮茶，人自怀挟，到处煮饮，以此转相仿效，遂成风俗。”僧人饮茶既已成风，民间信佛者自然转向效仿。唐代不少僧人都写过咏茶诗。如著名诗僧皎然曾作诗道:“九日山僧院，东篱菊也黄。

俗人多泛酒，谁解助茶香。”

唐代，士人常常以茶点会友，称“茶会”、“茶宴”、“汤社”。唐“大历十才子”之一钱起，与好友赵莒相聚饮茶，他写下著名的《与赵莒茶宴》，诗曰：

竹下忘言对紫茶，全胜羽客醉流霞。
尘心洗尽兴难尽，一树蝉声片影斜。

诗人以清新的笔调描述了饮茶的环境、气氛，表达了以茶会友的雅兴。诗中“竹下忘言”，比喻朋友之间的亲密友好。此典出自《晋书·山涛传》：山涛“与嵇康、吕安善，后遇阮籍，便为竹林之游，著忘言之契”。

五代宋以后，文人聚会饮茶更为普遍。五代时，和凝与朝官共同组织“汤社”，“递日以茶相饮”，即轮流做东，请同僚饮茶。并规定“味劣者有罚”。从此“汤社”成为文人聚会饮茶的一种形式，开了宋代斗茶的先河。

宋代，文人相聚饮茶，流行斗茶。斗茶也称“茗战”，是文人集体品评茶优劣的游戏。宋人唐庚在《斗茶记》中说：“政和二年三月壬戌，二三君子相与斗茶于寄傲斋，予为取龙塘水烹之而第其品，以某为上，某次之。”斗茶强调的是“斗”即品评，茶之色、味俱佳，方能成为胜利者。范仲淹有一首长诗《斗茶歌》，其中写道：

斗茶味兮轻醍醐，斗茶香兮薄兰芷。

其间品第胡能欺，十目视而十手指。
胜若登仙不可攀，输同降将无穷耻。

宋代士人斗茶之风提高了品茶技艺，也促进了制茶工艺的改进，为士人生活增添了许多乐趣。

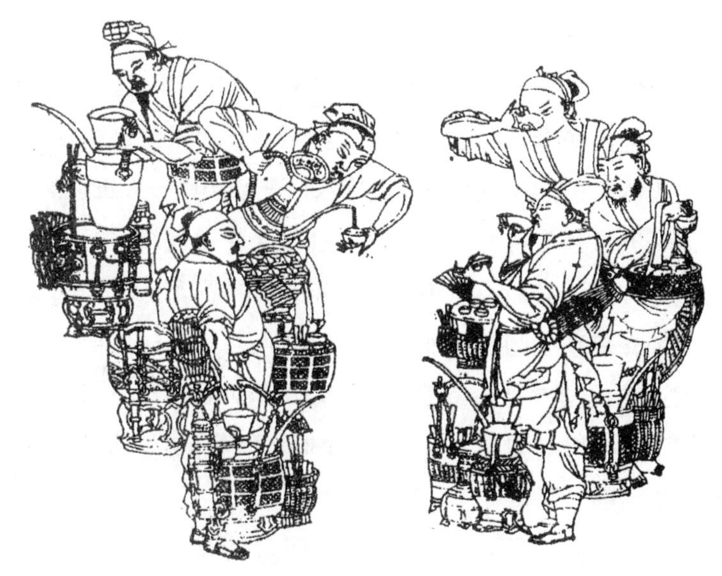

宋代斗茶图

宋代士人也喜欢到茶肆饮茶。茶肆也叫茶坊、茶铺、茶屋。北宋汴梁有许多茶肆，特别是在商店集中的潘家楼和马行街，茶肆最兴盛。南宋临安商业发达，饮茶处甚多，据吴自牧《梦粱录》载：士人常去的茶肆有车儿茶肆、蒋检阅茶肆等。《萍州可谈》记载："太学生每路有茶会，轮日于讲堂集茶，无不毕至者。"

明清时期，茶肆称茶馆，士人饮茶注重雅兴，常常到那些干净整洁的茶馆饮茶。著名的“吴中四杰”，即文征明、祝枝山、唐伯虎、徐祯卿，多才多艺，琴棋书画无所不能，他们都喜爱饮茶。文征明、唐伯虎有多幅茶画流行于世。文征明是明代山水画的宗师，他的茶画有《惠山茶会记》、《陆羽烹茶图》、《品茶图》等。唐寅的茶画有《烹茶画卷》、《品茶图》、《琴士图卷》、《事茗图》等。这些画多以自然山水为背景，体现了饮茶人对自然脱俗生活的向往。如唐寅的《事茗图》最具代表性。画面上远山如黛，巨石峥嵘，飞湍瀑流，小桥流水，参天的古松兀然而立，数间茅舍依山傍水，侧旁小室一人正在煮茶，对面一人持具等待，屋外一老者拄杖于桥上缓缓而行，身后侍童抱琴紧随其后，似乎是应约前来弹琴品茗者。画面幽静而传神，表现了画家超然物外，追求与自然合一的心迹。唐伯虎还在此画中自题诗道:“日长何所事，茗碗自赍持。料得南窗下，清风满鬓丝。”这是当时文士隐迹山林，寄情于瀹茗闲居生活的写照。

明代士人还写了大量的茶书。明太祖朱元璋的儿子朱权，自幼聪慧，精于史学，对佛道教也有研究。但一生经历并不顺利，他与明成祖朱棣关系不好，后隐居南方，时常饮茶释怀，以茶明志。他曾著《茶谱》，说饮茶可以使“鸾俦鹤侣，骚人羽客，皆能去绝尘境，栖神物外，不伍于世流，不污于时俗，或会于泉石之间，或处于松林之下，或对皓月清风，或坐明窗净牖，乃与客清谈款话，探虚玄而参造化，清心神而出尘表”。可见，朱权饮茶是要让自己“栖神物外”，“清心神而出尘表”，获得精神上的解脱。除朱权外，明代有名的茶书还有顾元庆的《茶谱》、田艺衡的《煮泉小品》、徐献忠的《水品全秩》等。这些著作是对自陆羽《茶经》以来历代茶学的总结，极大地丰富了古代的茶文化。

明代士人饮茶，喜欢焚香伴茶，借此净化心灵，文震亨《长物志》卷12有“香茗”条，记载了明人焚香伴茶的生活情趣，他说：

> 香、茗之用，其利最溥，物外高隐，坐语道德，可以清心悦神；初阳薄溟，兴味萧骚，可以畅怀舒啸；晴窗

陈洪绶《听琴品茗》

拓帖，挥麈闲吟，篝灯夜读，可以远辟睡魔；青衣红袖，密语谈私，可以助情热意；坐雨闭窗，饭余散步，可以遣寂除烦；醉筵醒客，夜雨蓬窗，长啸空楼，冰弦戛指，可以佐欢解渴。

清王朝建立之初，封建统治者加强了对士人的控制，许多士人失去了对社会的信心和理想，只能以茶寄托情思，显示雅趣。他们特别讲究茶汤之美，并喜欢在室内静静地品茶。文震亨在《长物志》中说，他于居室之旁构一斗室，相傍书斋，内设茶具，教一童专主茶役，以供长日清谈，寒夜独坐。清代士人饮茶希望人越少越好，陆树声在《茶寮记》中说，独饮得神，二客为胜，三四为趣，五六曰泛，七八人一起饮茶便是讨施舍了。

清代士人饮茶不像明代士人那样喜欢到山间清泉之侧鸣琴烹茶，追求与大自然的契合，而喜欢独自静饮，这一转变反映了他们在严酷的政治时局面前心灵世界的封闭和对理想追求的放弃。

（二）品茶之趣

在一般人看来，饮茶不过是为解渴提神。宋元之际的方回说："自唐陆羽始，天下无贵贱，不可一饷不啜茶。"不过，士人饮茶还有另外的含义，即追求清灵、淡泊的雅趣。士人在品味茶的色、香、味、形的过程中，获得神思的遐想和精神上的愉悦。品茶与品酒虽然都能给人以刺激，但人们对这两种刺激的反应却不相同。饮酒讲究酣，是在大脑神经模糊、甚至麻醉状态下达到超脱；饮茶则讲究淡，饮茶后，人的情绪是乐不思乱，能使人清醒而宁静，茶能使人荡心涤肺，洗脱凡尘，轻身飘逸，因此更能体现一种朴素、恬淡、清廉的精神和人格追求。唐代诗人皎然对此有较深刻的认识。他说茶“与禅经近”，认为一杯清茶在手，那些佛家面壁打坐、参禅的清规戒律都可以取而代之。他在《饮茶歌》中写道：

越人遗我剡溪茗，采得金芽爨金鼎。
素瓷雪色漂沫香，何似诸仙琼蕊浆！
一饮涤昏寐，情思爽朗满天地；
再饮清我神，忽如飞雨洒清尘；
三饮便得道，何须苦心破烦恼！

皎然三饮佳茗的心理感受，已经超出了茶的本身而注入了文人士大夫的宇宙观和人生观。皎然认为，饮茶比饮酒更显清高。他曾作《饮茶歌诮崔石使君》，诗中说：“此物清高世莫知，世人饮酒徒自欺。好看毕卓瓮间夜，笑向陶潜篱下时。”唐代另一位著名诗人卢仝，别号玉川子，酷爱饮茶，他有一首《走笔谢孟谏议寄新茶》，细致地描述了连饮七碗新茶的不同感受。

一碗喉吻润，二碗破孤闷。三碗搜枯肠，惟有文字五千卷。四碗发轻汗，平生不平事，尽向毛孔散。五碗肌骨清，六碗通仙灵。七碗吃不得，唯觉两腋习习清风生。

蓬莱山，在何处？玉川子，乘此清风欲归去！

这首诗将饮茶的妙趣、感受描述得淋漓尽致，充满了神奇浪漫色彩。此诗的问世和流传有力地推动了唐代饮茶之风的普及，爱饮茶的士人常常与“卢仝”、“玉川子”相比，“七碗”、“两腋清风”成为品茶兴致酣然的代称。后人认为唐朝在茶业上最有意义的三件事是：陆羽的《茶经》、卢仝的《饮茶歌》和赵赞的“茶禁”(即对茶征税)。[①]

品茶给古代士人生活带来了许多乐趣。通过品茶，他们摆脱了生活中的烦恼，获得了心理上的愉悦和平衡。在古代士人的众多的论茶文和咏茶诗中，无不流露出他们饮茶后悠然自得的潇洒和满足。如唐代大诗人白居易对酒和茶都很喜爱，《唐才子传》说他“茶铛酒杓不相离”。在生活中白居易终日茶不离手，早上、中午、晚上喝茶，酒后喝茶，有时睡下也要喝茶。他不仅爱喝茶，而且善于鉴别茶的优劣。友人称他为“别茶人”。他有一首《食后》，诗云：

食罢一觉睡，起来两瓯茶。
举头看日影，已复西南斜。
乐人惜日促，忧人厌年赊。
无忧无乐者，长短任生涯。

① 据《新唐书·食货志》：建中三年（公元782年)九月，户部侍郎赵赞，“条奏诸道要部会之所，皆置吏，阅商人财货计钱，每贯税二十”。这是我国有史以来第一次征收茶税。

唐代诗人元稹写过一首宝塔诗，题目是《茶》，从一字到七字，颇为新奇。诗曰：

茶

香叶，嫩芽。

慕诗客，爱僧家。

碾雕白玉，罗织红纱。

铫煎黄蕊色，碗转曲尘花。

夜后邀陪明月，晨前命对朝霞。

洗尽古今人不倦，将知醉后岂堪夸。

此诗格局构思巧妙，将烹茶、饮茶的意境和乐趣都写了进去，可见人们对茶的喜爱。

北宋文学家苏东坡对酒和茶都很喜爱，他的酒量有限，浅尝辄止。对茶却大饮特饮，几乎寸步不离。他睡觉前喝茶："沐罢巾冠快晚凉，睡余齿颊带茶香。"(《留别金山宝觉圆通二长老》)，起床后喝茶："春浓睡足午窗明，想见新茶如泼乳。"(《越州张中舍寿乐堂》)行路渴了要喝："酒困路长惟欲睡，日高人渴漫思茶，敲门试问野人家。"(《浣溪沙》)晚上要喝："簿书鞭扑昼填委，煮茗烧栗宜宵征。"(《次韵僧潜见赠》)苏东坡把佳茗比作佳人，他在《次韵曹辅寄壑源试焙新茶》中写道：

仙山灵草湿行云，洗遍香肌粉未匀。

明月来投玉川子，清风吹破武林春。

要知玉雪心肠好，不是膏油首面新。
戏作小诗君勿笑，从来佳茗似佳人。

苏轼还写过一首六百多字的五言长诗《寄周安孺茶》，在这首诗中，苏轼对茶史、茶道、茶品、茶功和他自己的饮茶经历做了全面总结，他认识到，茶是他从诸多烦恼中获得解脱，保持心胸豁达，头脑清醒的良丹妙药，“意爽飘欲仙，头轻快如沐”，比整日醉醺醺的沉湎于酒曲之中要好。

南宋著名诗人陆游一生与茶为伴，他非常崇拜与自己同姓的茶圣陆羽。常以“桑苎家”、“老桑苎”、“竟陵翁”自况，如“桑苎家风君勿笑，他年犹得作茶神”。“《水品》《茶经》常在手，前生疑是竟陵翁”。“桑苎”、“竟陵”均为陆羽之号。在陆游诗作中，有三百多首写到了茶，数量之多，在历代诗人中首屈一指。南宋时期，国土沦丧，陆游本有杀敌报国壮志，但遭受朝廷排挤压抑，仕途并不顺利。他晚年隐居家乡，以品茶吟诗打发时光。如：“归来何事添幽致，小灶灯前自煮茶。”“眼明身健残年足，饭软茶甘万事忘”。其实，陆游忘掉的只是个人的名利，他对于国土沦丧、人民的苦难始终没有忘记。他有一首《啜茶示儿辈》就表现了他的忧国忧民之情。诗曰：

围坐团栾且勿哗，饭后共举此瓯茶。
粗知道义死无憾，已迫耄期生有涯。
小圃花光还满眼，高城漏鼓不停挝。
闲人一笑真当勉，小榼何妨问酒家。

古代士人饮茶，往往寄予某种情怀。有的慷慨激昂，表达理想，如民族英雄文天祥在《扬子江心第一泉》中写道：

> 扬子江心第一泉，南金来此铸文渊。
> 男儿斩却楼兰首，闲评茶经拜羽仙。

然而士人饮茶更多的是寻求心境的平和，生活的雅趣，以获得精神的解脱。元代著名词曲作家张可久，曾任小官，但对所处浊世不满，转而漫游江南各地，饮茶成为他悠闲生活的主要内容。他写道：

> 远是非，寻潇洒，地暖江南燕宜家，人闲水北春无价。一品茶，五色瓜，四季花。(《四块玉·乐闲》)
>
> 掩柴门啸傲烟霞，隐隐山峦，小小仙家。楼外白云，窗前翠竹，井底朱砂，五亩宅无人种瓜，一村庵有客分茶。(《折桂令·村庵即事》)

茶所具有的清雅甘甜，苦涩相交织的特殊味道，给人带来微妙的刺激，使人产生无尽的遐想，不仅满足生理的需要，还能极大地丰富人的精神世界，使生活更充实，更富有情趣。茶的特殊功效，使古代许多士人将饮茶视为人生的最具快意之事。清王晫在《快说续记》中说：

> 春日看花，郊行一二里许，足力小疲，口亦少渴。忽

王素《蕉荫煎茶图》

逢解事僧邀至精舍，未通姓名，便进佳茗，踞竹床连啜数瓯，然后言别，不亦快哉。

清陆廷灿《续茶经》引王复礼《茶说》："花晨月夕，贤主嘉宾，纵谈古今，品茶次第，天壤间更有何乐？"又引闵元衢《玉壶冰》："良宵燕坐，篝灯煮茗，万籁俱寂，疏钟时闻，当此情景，对简编而忘疲，彻衾枕而不御，一乐也。"

出于对茶的特殊钟爱，古代士人在各种场合都能感受到饮茶的乐趣。行路疲劳，饮茶可以解渴消乏；花前月下，饮茶可以使人浮想联翩；读书饮茶，可以提神；与友饮茶，可助谈兴；即使独坐一室，听煮茶之声，亦有乐趣所在。明人罗廪《茶解》说：

山堂夜坐，汲泉煮茗。至水火相战，如听松涛倾泻入杯，云光潋滟。此时幽趣，故难与俗人言矣。

（三）品茶之道

古代士人饮茶，不仅重视茶的色、形、味，也非常讲究泡茶之水，煮茶之火，饮茶器具。北宋文学家欧阳修在《尝新茶》诗中说：

> 泉甘器洁天色好，坐中拣择客亦佳。
> 新香嫩色如始造，不似来远从天涯。

在欧阳修看来，品茶应茶新、水甘、器洁，再加上天朗、客佳，方可达到品茶佳境。

水对泡茶至关重要。明人许次杼说："精茗蕴香，借水而发，无水不可与论茶也。"（《茶疏》）清人张大复认为水品在茶品之上："茶性必发于水，八分之茶，遇水十分，茶亦十分矣；八分之水，试十分之茶，茶只八分耳。"（《梅花草堂笔谈》）可见，好水是饮茶的关键。

自唐代起，人们对茶的色、香、味的要求不断提高，对水也有更高的要求。陆羽在《茶经》中专门论述了宜茶之水，他说："其水，用山水上，江水中，井水下。"所以将山水、江水列为上中，是因为山泉水和江水是活水。陆羽还说，在取山泉水时，要选择白色石隙涌出的泉水，而水源头要有石池蓄水，喷涌而出或飞流直下的水不宜泡茶。不畅通的死水即便再清冷也不能饮用，因为这样的水会生孑孓、毒蛇。江水要取离居民点较远的水，井水要用人们常来汲取的井，前者是求其净，后者既求其静又求其活。

唐朝人张又新在《煎茶水记》中记载了当时品水专家刘伯刍论宜煎茶之水。他列出七个地方的水最宜煎茶：

> 扬子江南零水，第一；无锡惠山寺石水，第二；苏州虎丘寺石水，第三；丹阳县观音寺水，第四；扬州大明寺水，第五；吴淞江水，第六；淮水，第七。

张又新说，这些地方他都去过："亲挹而比之，诚如其说也。"

陆羽将天下之水分为二十等，其中第一等为庐山康王谷帘水，二等也是无锡惠山寺石泉水。虽然无锡惠山泉均被刘伯刍和陆羽评为天下第二泉，但被刘伯刍品为第一泉的扬子江南零水艰险难汲，被陆羽评为第一泉的庐山谷帘水又地处偏远，而无锡惠山泉地处富庶之地，泉水清澈，常年涌流不止，得之较易，故唐人风行用惠山泉煮茶。

据《玉泉子》记载，宰相李德裕特别喜爱用惠山泉煮茶。他派人将水装入坛内，由快马传送到京师长安。宋代京城开封的达官贵人和文人学士们，也常常派人去惠山泉取水，运回京师。为了防止路上水味变质，他们用细沙将水过滤，去其杂味，这叫"拆洗惠山泉"。由于惠山泉得之不易，非常珍贵，常常成为人们互相馈赠的礼品。北宋文学家欧阳修编写《集古录》后，又写一序，请他的好朋友、著名书法家蔡襄抄出后刻石。欧阳修称赞这篇序文"字尤精劲，为世所珍"。为了感谢蔡襄，特备四件礼物赠送，其中有鼠须栗毛笔、铜绿笔格、大小龙团茶、瓶装惠山泉水。蔡襄高兴地接受了这些礼物。惠山泉水作为珍贵礼物赠送，弥足证明此泉水之珍贵。元明时期，文人仍有送惠山泉的习惯。元代诗人高启曾寓居浙江绍兴，一次友人从家乡来，赠惠山泉，高启喜出望外，特作《友之越贶以惠泉》，诗曰：

汲来晓冷和山雨，饮处春香带涧花。
送行一斛还堪赠，往试云门日注茶。

明代诗人李梦阳亦有《谢友送惠山泉》：

故人何方来，来自锡山谷。
暑行四千里，致我泉一斛。

明代书画家文征明，家住苏州，离无锡百余里，35 岁时才第一次品尝到惠山泉。他在《咏惠山泉》诗中写道："少时阅《茶经》，水品谓能记。如何百里间，惠泉曾未试？……吾生不饮酒，亦自得茶醉。"文征明第一次以惠山泉泡茶，竟然喝到沉醉状态，可见惠山泉水确实非同一般。后来，文征明常与朋友相约，赴惠山汲泉泡茶，而且还要带些回家。他在《游惠山》中写道：

惠山清梦特相牵，裹茶来尝第二泉。
惭愧客途难尽味，瓦瓶汲取趁航船。

由于惠山泉珍贵难得,明代有人仿制惠山泉。朱国桢在《涌幢小品》中记载了“自制惠山泉”的方法:先把普通泉水煮开,放入大缸内,将水缸安置在庭院太阳晒不到的地方,在月色皎洁的夜晚,打开缸盖,让水承受夜间露水的滋润。经过三个夜晚,用瓢轻轻将水舀到瓷坛中。据说用这样的水烹茶,与惠山泉无异。

其实,古代能经常用惠山泉泡茶的士人并不多,大部分人还是用一般的水,但他们非常注意水的质量,泡茶的水应清、活、轻。明代田艺衡有一部专谈煮茶用水的著作《煮泉小品》,谈到水清的标准,是“朗也,静也,澄水貌”。他把“清明不淆”之水称为“灵水”。为了使水清洁,人们常常在水坛中放入白石等物,认为白石等物能养水味,并能澄清水中杂质。田艺衡说:“择水中洁净白石,带泉煮之,尤妙!尤妙!”明代还有人在贮水器内放入一块灶膛中长年经烧后的紧硬的灶土,称“伏龙肝”,可以防止水中滋生孑孓之类的水虫。

煎茶之水,不仅要清,还要洁。田艺衡说:“泉不活者,食之有害。”苏东坡有一首《汲江煎茶》诗写道:

> 活水还须活火烹,自临钓石汲深清。
> 大瓢贮月归春瓮,小杓分江入夜铛。

南宋胡仔在《苕溪渔隐丛话》中评论说:“此诗奇甚!茶非活水,则不能发其鲜馥,东坡深知此理矣!”

古人在生活实践中，发现用雪水、雨水泡茶味道也很好。白居易《晚起》诗说："融雪煎香茗，调酥煮乳糜。"宋代丁谓《煎茶》诗写他得到建安名茶，舍不得饮用，"痛惜藏书箧，坚留待雪天"。陆游也喜欢用雪水烹茶，他在《雪后煎茶》中说："雪液清甘涨井泉，自携茶灶就烹煎。"元代谢宗可《雪煎茶》对以雪煎茶作了生动描写：

夜扫寒英煮绿尘，松风入鼎更清新。
月团影落银河水，云脚香融玉树春。

诗中"寒英"指雪，"月团"指茶饼。明代文震亨《长物志》说："雪为五谷之精，取以煎茶，最为幽况。"又说雪"新者有土气，稍陈乃佳"。清人煎茶喜用隔年的雪水。《红楼梦》第四十一回记载了妙玉烹茶用雨水、雪水：有一回在栊翠庵品茶，妙玉先烹茶给贾母等，尔后又把黛玉、宝钗拉进耳房，另泡一壶茶。因方才妙玉告诉贾母煮茶之水是上年蠲的雨水，所以黛玉此时也顺着宝玉与妙玉的说话不经意地随口问道："这也是旧年的雨水？"妙玉便冷笑道："你这么个人，竟是大俗人，连水也尝不出来！这是五年前我在玄墓蟠香寺住着，收的梅花上的雪，统共得了那一鬼脸青的花瓮一瓮，总舍不得吃，摆在地下，今年夏天才开了。……你怎么尝不出来？隔年蠲的雨水哪有这样清淳，如何吃得？"几句话把素来高傲的黛玉奚落得无言以对。

有好茶好水只具备了品茶的先决条件，能否喝到好茶就要看煮茶者的功力了。唐代饮茶是将碾成细末的茶放在釜中煎煮，水煮到何种程度很有讲究。他们把煎水适度与否叫作“汤候”，所谓汤候，包括定汤与火候。定汤，即把握煮茶的水温。火候，即煎茶的水力。水面泡沸的大小和水沸时声音的大小，是鉴别汤候的标准。陆羽在《茶经》中总结了煮茶的过程，提出了“三沸说”：“其沸，如鱼目，微有声，为一沸；缘边如涌泉连珠，为二沸；腾波鼓浪，为三沸。”当水初沸时，随即加入适量的盐，烧至二沸，先用瓢舀出一瓢水，用竹筷在水中搅动，把茶末从水涡中心投下，再烧一会儿，茶汤像波涛一样翻腾，表面鼓起许多泡沫，将要溅出时，赶快把舀出的那瓢水倒入，使沸水稍冷，再沸起，茶便煮好了。如同煎茶之水讲究活水，火也讲究活火。前引苏轼《汲江煎茶》诗曰：“活水还须活火烹。”自注：“唐人云，茶须缓火炙，活火煎。”即烘烤茶叶用缓慢的火，而煎茶要用活火。所谓活火，即炭有跳动火苗之火。有火焰之炭，火力旺，又不会使茶汤染上烟火之味，故为上品。

唐代煮茶煎水用敞口锅，以目测汤候比较容易。宋代煮茶改用细颈的铜瓶，难以看到水的沸腾情况，于是人们便以听水的沸声来辨别汤候。南宋罗大经在《鹤林玉露》中，记他的朋友李金南的话说：“《茶经》以鱼目涌泉连珠为煮水之节。然近世瀹茶，鲜以鼎镬，用瓶煮水，难以候视，则当以声辨一沸、二沸、三沸之节。”他还写诗描述水沸之声：

> 砌虫唧唧万蝉催，忽有千车捆载来。
> 听得松风并涧水，急呼缥色绿瓷杯。

虫鸣唧唧万蝉齐噪，这是水初开的声音；像成千辆载重大车驶来，这是二沸；听到松涛声起涧水奔流之声，已是三沸了，于是急忙提瓶离火。将水注入绿色瓷杯中，一杯清香可口的茶水便煮成了。正如罗大经诗云：

> 松风桧雨到来初，急引铜瓶离竹炉。
> 待得声闻俱寂后，一瓯春雪胜醍醐。

苏轼也喜欢自己煮茶，他在《试院煎茶》诗中写道：

> 蟹眼已过鱼眼生，飕飕欲作松风鸣。
> 蒙茸出磨细珠落，眩转绕瓯飞雪轻。

（宋）煮茶画像砖拓片

“蟹眼”，指初沸时的小气泡，“鱼眼”则指继而出现的稍大的气泡，此时水沸声如松风鸣。苏轼认为这种尚未鼎沸的水煮茶最佳。

古代士人将火候定汤作为品茶的有机组成部分，煮茶的过程充满了情趣。士人在不少咏茶诗中都提到了煮茶的情景。如元代马臻《竹窗》诗：

竹窗夕日晚来明，桂子香中鹤梦清。
侍立小童闲不动，萧萧石鼎煮茶声。

元代刘敏中《浣溪沙》序曰：

元夕前一日，大雪始霁，子京敬甫两张君过余绣江别墅。既坐，皆醉酒，索茶，遂开玉川月团，取太初岩顶雪，和以山西羊酥，以石灶活火烹之。

古人对煎茶引火的材料，除了炭以外，还喜欢用松、竹之类。明田艺衡《煮泉小品》说：煎水用炭“不若枯松枝为妙，若寒岁多拾松实为煮茶之具，更佳”。松竹易燃，青烟袅袅，且发出劈啪响声，与茶之香气自然融为一体，使人倍感惬意。历代士人有不少烧松燃竹，烹茗赏烟的诗词佳句。如唐代杜牧：“茶烟轻飏落花风。”宋代魏野：“洗砚鱼吞墨，烹茶鹤避烟。”元代谢应芳：“星飞白石童敲火，烟出青林鹤上天。”透过这些诗句，可以想见文人雅士醉心于茶，自煎自饮，轻啜慢品，悠然自得的情景。

古代士人饮茶，不仅重茶、水、火候，对茶具也很讲究。陆羽在《茶经》中对煮茶、饮茶的器具做了专门论述。他提到的茶具有 24 种。据唐人封演《封氏闻见记》卷 6 记载，陆羽“说茶之功效并煎茶、炙茶之法，造茶具二十四事，以都统笼贮之，远近倾慕，好事者家藏一副”。陆羽称“都统笼”为“都篮”，用竹编成。这 24 种茶具包括生火用具、煮茶用具、烤茶、碾茶和量茶用具，还有盛水、滤水、提水的用具，饮茶用具，清洁用具等。现在看这些茶具颇有些复杂、烦琐，但在当时是举行茶宴所必备的，以营造一种郑重的气氛，显示对饮茶的重视。近年考古发现了不少唐代精美的茶具。1987 年陕西扶风法门寺地宫中出土了一套唐代宫廷所用茶具，所有茶具都用金银或名贵的秘色瓷、琉璃制成，制作工艺精美绝伦，是罕见的稀世珍宝。唐代士人饮茶多选用瓷器，其中最著名的有越窑的青釉瓷和邢窑的白釉瓷。

北宋以后，茶具中出现紫砂制品。紫砂的原料是泥土，经烧制后颜色紫红，质地细柔，用紫砂壶泡茶，“既不夺香，又无熟汤气”(张岱《陶庵梦忆》)。而且造型古雅怡人，深为士人喜爱。明清时期，宜兴紫砂壶以其优良的质地，拙朴的造型，成为士人饮茶器具的首选。这时又风行在壶上题款铭刻，与书画、诗文相结合，使紫砂壶更具风雅。

在饮茶方式上，唐人煎茶往往放各种调料，如姜、盐等。宋以后煎茶已不添加调料了，这样可以保持茶的清香味。一次，有人送给苏轼一些茶饼，苏轼的妻儿煎茶还照以前的方式放姜、盐。苏轼写诗说：“老妻稚子不知爱，一半已入姜盐煎。”可知煎茶加调料的习俗已过时了。元明以后，出现了泡茶，即直接用焙干的茶叶冲泡，不再添加其他调料。用茶叶代替茶团、茶饼，饮用方便，使饮茶更加普及，成为人们生活中开门七件事之一。

古代士人饮茶除了要茶好水好外，对饮茶的环境也非常讲究。良好的环境使人的心情舒畅，饮茶更具雅兴。中唐诗人吕温有一篇《三月三日茶宴序》，文曰：

> 三月三日，上巳禊饮之日也。诸子议以茶酌而代焉。乃拨花砌，爱庭阴，清风逐人，日色留兴。卧借青霭，坐攀香枝，闲莺近席而未飞，红蕊拂衣而不散。乃命酌香沫，浮素杯，殷凝琥珀之色，不令人醉，微觉清思，虽五云仙浆，无复加也。

从这篇序中，可以看到唐人对品茶环境的要求，一是良好的天气，“三月三日”，正值暮春，风和日丽，鸟语花香。二是要有志趣相投的朋友。欧阳修也说：“泉甘器洁天色好，坐中拣择客亦佳。”(《尝新茶》)可见，良好的饮茶环境不仅包括自然景物，还包括有无志同道合的茶友。如苏轼所言：“坐客皆可人，鼎器手自洁。”(《扬州石塔试茶》)可人，即有长处可取之人，茶新、泉甘、器洁、好天气，再有佳客，可以说是最理想的饮茶环境。

当然，静坐一室，独自品茶，亦不失情趣。能否领略品茶的妙处，主要看饮者的心境。一般说，饮茶人宜少不宜多。宜静不宜喧，人一多就失去品茶的氛围了。明人张源在《茶录》中说：“饮茶以客少为贵，众则喧，喧则雅趣乏矣。”士人对饮茶环境的要求是追求高雅的品茗意趣。徐渭在《秘集致品》中说：

> 茶宜精舍，宜云林，宜瓷瓶，宜竹灶，宜幽人雅士，宜衲子（僧人）仙朋，宜永昼清谈，宜寒宵兀坐，宜松月下，

宜花鸟间，宜清流白石，宜绿藓苍苔，宜素手汲泉，宜红妆扫雪，宜船头吹火，宜竹里飘烟。

徐渭还说："饮茶宜凉台静室，明窗曲几，僧寮道院，松风竹月，晏坐竹吟，清谈把卷。"(《煎茶七类》)明末冯正卿在《岕茶笺》提出了品茶的"十三宜"，即十三个条件。将士人品茶的情趣尽数道来。这十三宜是："一无事"，有品茶的时间；"二佳客"，有趣味高雅的茶友；"三幽坐"，心地安适，自得其乐；"四吟诗"，以诗助茶兴，以茶发诗思；"五挥翰"，以濡毫助茶兴；"六徜徉"，在庭院小院信步闲行，时啜佳茗，幽趣无穷；"七睡起"，酣梦初起，以茶醒脑；"八宿酲"，宿醉未醒，以茶解之；"九清供"，有清淡鲜果以佐品茶；"十清舍"，有清洁雅致的茶室；"十一会心"，能够懂得饮茶的真趣；"十二赏鉴"，细细品味茶的色香味；"十三文僮"，有文静伶俐的文僮以供茶役。

此外，冯正卿还提出了品茶的"七禁忌"，即不利于饮茶的七个方面：一是烹茶不如法；二是茶具不清洁；三是主人、客人举止粗鲁，缺乏教养；四是拘束于官场中的礼节；五是水陆荤腥，与茶杂陈、污染茶味；六是忙于俗务，没有时间细细品尝；七是室内环境俗不可耐，使品茶兴致全无。可见，饮茶环境不仅指客观环境，还包括主观心境。

在明清时期茶书中，关于饮茶环境的论述还有很多，再举一例。明人许次纾在《茶疏》中列举了品茶的最佳环境：

心手闲适，披咏疲倦，意绪纷乱，听歌拍曲，歌罢曲

> 终，杜门避事，鼓琴看画，夜深共语，明窗净几，洞房阿阁，宾主款狎，佳客小姬，访友初归，风日晴和，轻阴微雨，小桥画舫，茂林修竹，课花责鸟，荷亭避暑，小院焚香，酒阑人散，儿辈齐馆，清幽奇寺，名泉怪石。

许次纾认为不宜饮茶的环境是："阴室、厨房、市喧、小儿啼、野性人、僮奴相哄、酷热斋舍。"

古代士人对品茶环境的要求不仅要客观环境良好，品茶者的道德修养也是决定品茶趣韵的重要因素。明人屠隆在《考槃余事》中说："使佳茗而饮非其人，犹汲泉以灌蒿莱，罪莫大焉；有其人而未识其趣，一吸而尽，不暇辨味，俗莫甚焉。"他认为，"茶之为饮，最宜精形修德之人"。明人陆树声在《茶寮记》中提及了人品与茶品的关系。他说："煎茶虽微清小雅，然要须其人与茶品相得。"徐渭认为品茶的"茶侣"应该是："翰卿墨客，缁流羽士，逸老散人或轩冕之徒，超然世味者。"(《煎茶七类》)在徐渭看来，真正能与品茶之人，唯有文人雅士与超凡脱俗的逸士高僧。

唐寅《事茗图》

古往今来，茶与文人的生活密不可分，文人通过品茶感悟人生，寻求生活的乐趣。在封建专制时代，社会留给文人的自由空间十分狭窄，许多文人只好从一壶一饮中获取精神的自由，于是茶与酒远远超出了生理效用，具有了充实精神，平衡心态，缓解情绪，寄托情怀，获取快感的特殊功用。

五、士人与药

在中国古代文人的饮食生活中，还要提及的是士人与药。一说到服药，人们自然会想到疾病，只有得病才会吃药。然而，魏晋时期，不少健康的人也吃药，而且吃得很凶，服药被视为时髦的享受，风行一时，药与魏晋许多文人的生活密不可分，这是为什么呢?

魏晋士人服药的主要目的是为了健康强身，同时也为了寻求生活的乐趣。东汉末年以来，政治动荡，士人普遍感到凶吉难测，朝不保夕，感叹岁月如梭，人生短促，咏叹生命可贵的悲凉诗句不断出现在这时的诗文中。感叹人生短促，意味着对死的恐惧和对生的依恋，然而前途渺茫，不可预测，只能让眼下的生活更自在。当时，许多人都相信服用寒食散可以长寿，于是服药之风便盛行起来。此外，据说服药可以美姿容，刺激性功能，增加生活的密度和乐趣，这也是服药之风流行的原因。

魏晋士人中带头吃药的是玄学“贵无论”的创立者何晏。

鲁迅称他为“吃药的祖师”。《世说新语·言语》注引《寒食散论》:“寒食散之方虽出汉代,而用之者寡,靡有传焉。魏尚书何晏首获神效,由是大行于世,服者相寻也。”何晏字平叔,东汉大将军何进之孙,少以才华知名,后随母改嫁曹操,并尚曹操女金城公主,官至尚书。嘉平元年(公元249年)司马懿发动政变,铲除曹氏集团,何晏、曹爽等被杀。何晏被杀之前,已预感到大祸将至,面对正在崛起的司马氏和软弱无能的曹氏集团,他忧心忡忡,“常恐大网罗,忧祸一旦并”。同时又眷恋其豪华的享乐生活,于是,以服药寻求精神的安慰和身心的快感。

据说,寒食散是东汉著名医学家张仲景发明的。主要原料为紫石英、白石英、赤石脂、钟乳石、硫黄,故又称五石散。由于五石散主要治疗不治之症,也叫五石更生散。《抱朴子·金石篇》说常服五石可使人长生不老。唐代医学家孙思邈在《千金翼方》中记载了五石更生散的主治、配方及用法。孙思邈说:“五石更生散,治男子五劳七伤,虚羸著床,医不能治,服此无不愈,惟久病者服之。”魏晋时期,士人有服五石散获得强身的事例。如《全晋文·王羲之帖》:“服足下五色石膏散,身轻行动如飞也。”

然而,如同大多数药物都有副作用一样,寒食散也是一种毒性极大的药。服用此药要冒很大风险。服用寒食散以后,药中的毒性便会发作,产生巨大的内热,必须依照一套极细微烦琐的程序将药的毒性和热性散发掉,方能达到药效。在散发过程中,稍有不慎,便会中毒,轻者身残,重者丧命。可见,散发得当是服药成功的关键。散发的步骤一般是，服药后先喝热酒，必须是上等的醇酒，每日数次，使身体一直处于微醉状态，以诱发药的毒力和热力。绝对不能饮冷酒及劣质酒，否则性命难保。西晋人裴秀就是服寒食散后喝冷酒而丧命的，裴秀曾著《禹贡地域图》，是著名的地理学家，死时年仅 48 岁。其次，饮酒后身体发热，应立即用冷水洗手脚，待药力发作时，再用冷水洗浴全身，这样可使药的毒性和热性较快的发挥。洗浴之后要迎风梳头，切不可穿过暖的衣服。同时还要大量吃冷饭。再次，服药后要静步，不能卧床或静坐，即使病重体弱不能下床，也要由人搀扶着强行散步。

服药后在散发过程中，服药人会出现许多不舒服的症状，像瘙痒、身体局部麻木、头疼、呕吐等，这是毒性发挥的正常现象，只要调理得当，随着散发的结束，症状会随之消失。服药后对穿衣也很有讲究，因为散热，皮肤易磨破，不能穿紧身的衣服，而要穿宽大的衣服；也不能穿新衣，而宜穿旧衣，因不洗，便多虱，“扪虱而谈”竟成为魏晋士人的一种风度。十六国时，桓温北伐入关，著名士人王猛衣冠不整地去见桓温，他纵论天下大事时，“扪虱而谈，旁若无人”(《晋书·王猛传》)。

从以上对服用寒食散后散发过程的介绍，可以看到，魏晋士人服药真如赴汤蹈火，拿自己的生命当赌注。令人不可思议的是，这时的士人竟像着了魔一样，大量服药，其受害者不计其数。

西晋人皇甫谧是服用寒食散受害者之一。皇甫谧字士安，好读书，常废寝忘食，后晋武帝司马炎下诏让他赴京任官，皇甫谧无心入仕，便恳切上疏，陈述理由。其中谈到他因服药后散发不当，所造成的痛苦不堪，直至残废的情景。说："又服寒食散，违错节度，辛苦荼毒，于今七年，隆冬裸袒食冰，当暑烦闷，加以咳逆，或若温疟，或类伤寒，浮气流肿，四肢酸重。"皇甫谧不仅身体受到极大摧残，精神也受到很大刺激，情绪坏到极点："初服寒食散，而性与之忤，每委顿不伦，尝悲恚，叩刃欲自杀，叔母谏之而止。"(《晋书·皇甫谧传》)

自皇甫谧深受寒食散的毒害后，便潜心钻研该药的性能特点，搜集服药人的种种反映，并为一些人治好了服用寒食散的后遗症，成为著名医师。皇甫谧列举服药后的种种后遗症，真令人毛骨悚然：他的族弟舌头萎缩在咽喉，不能讲话；东海王良夫的背上长了个大毒痈；陕西辛长绪的皮肉都溃烂了；蜀郡赵公烈，亲戚中有6人因服药而丧命。《世说新语·规箴》还记载，东晋的殷觊因吃药造成眼睛半失明状态，连人的面孔都看不清。

服药之风不仅盛行于魏晋，到南北朝依然不衰。《梁书·张孝秀传》记载，张孝秀"服寒食散，盛冬能卧于石"。《南史·张邵传》记载了房伯玉服药后经反复折腾，几乎致死，终于又保住性命的故事。

房伯玉服五石散十余剂，浑身发冷，即使夏天也要穿厚衣服。善治病的徐嗣伯为他诊断后，认为房伯玉内热太大，要在冬天用冷水散热。到十一月冰天雪地之时，徐嗣伯命二人将房伯玉的衣服脱下，坐在石头上，"取冷水从头浇之，尽二十斛”。房伯玉被冻得奄奄一息，家里人都哭着请徐快住手，徐根本不听，还让人拿着棍子站在房伯玉旁边，谁上前劝阻就打谁。又浇了百斛冷水，房伯玉开始有知觉，背上也有了热气。一会儿他坐起来，说：“热不可忍，乞冷食。”徐给他端来冷水，一口气喝了一升。从此，房伯玉恢复了健康，他不怕寒冷，冬天还穿单衣裤，像房伯玉这样经百般折磨，竟能生存者，实属罕见。

深山采药图

魏晋士人服药之风的盛行，是病态社会和病态人生的反映，服药严重伤害了士人的身心健康。若不是史料作证，人们实在无法相信历史上还有这么一个自讨苦吃，自我摧残的时代。正如鲁迅所说："那时五石散的流毒就同清末的鸦片差不多。"(《魏晋风度及文章与药及酒之关系》,《鲁迅选集》第2卷，人民文学出版社1983年版)

第五章　士人的住与行

居住与出行是中国古代士人生活中必不可少的两件事。考察古代士人的住与行，能看到他们的思想追求和精神境界，是了解士人生活的重要环节。

一、士人与家居

居室是人们生活的必需。在中国古代，房屋不仅具有遮风避雨的作用，还是身份、地位的象征，居住何等规格的房屋有严格的等级标准，不得逾越。所谓"以贵贱为文，以多少为异，以隆杀为要"(《荀子·礼论》)。中国古代许多士人并不羡慕居堂的豪华、气派，而是追求居室的朴素、清雅，以体现他们思想的清高，人格的不俗。

唐代诗人刘禹锡曾作《陋室铭》，表达了士人的居住观，文曰：

山不在高，有仙则名；水不在深，有龙则灵。斯是陋室，唯吾德馨。苔痕上阶绿，草色入帘青。谈笑有鸿儒，往来无白丁。可以调素琴，阅金经。无丝竹之乱耳，无案牍之劳形。南阳诸葛庐，西蜀子云亭。孔子云:“何陋之有？”

从刘禹锡文中可以看到:他的居室与富丽堂皇的豪宅相比可称为“陋”，但是，却是一派高雅。一是环境雅，青苔浸上了石阶，草色映得室内一片青翠，人与大自然相近相亲，和谐无间，使人有返朴归真之感。二是宾客雅，来往皆饱学之士，谈吐文雅脱俗。三是心境雅，远离市井喧闹，不为官场事务所累。住在这样的居室中，空气清新，心身放松，闲暇时，抚弹古琴，诵读佛经，悠闲自在，何陋之有？刘禹锡对居室的看法很有代表性。古代很多士人所向往的就是这种远离市声，充满自然情趣，精神生活丰富的居住环境。陶渊明也以居住在宁静、淡泊的田园山庄津津乐道，他在著名的《归园田居》中写道：

开荒南野际，守拙归园田。方宅十余亩，草屋八九间。榆柳荫后檐，桃李罗堂前。暧暧远人村，依依墟里烟。狗吠深巷中，鸡鸣桑树巅。户庭无尘杂，虚室有余闲。久在樊笼里，复得返自然。

陶渊明的草屋虽然简陋，但是，屋前屋后，到处是桃树、李树，榆柳成行，绿树成荫。在这样的居住环境中，陶渊明感受到了田园自然之气，体验到了人生的真谛。

唐代诗人杜甫流寓成都时，在亲友的帮助下，盖起了一座草堂。他奔波了半生，终于有了自己的住所，十分高兴。在《堂成》中他写道：

> 背郭堂成荫白茅，缘江路熟俯青郊。
> 桤林碍日吟风叶，笼竹和烟滴露梢。
> 暂止飞乌将数子，频来语燕定新巢。
> 旁人错比扬雄宅，懒惰无心作《解嘲》。

杜甫草堂在城郊之外，锦江边上，这里桤林蔽日，风拂叶吟，丛竹丰茂，晨露重梢；飞鸟在这里暂栖，轻燕频来筑新巢。有人把新筑的草堂错比为西汉扬雄的草玄堂，自己因

杜甫像

为闲散疏懒，不愿辩解，也无心效法扬雄作《解嘲》。杜甫居住在环境优雅、宁静的草堂中，生活十分惬意，他时而下棋垂钓，"老妻画纸为棋局，稚子敲针作钓钩"(《江林》)。时而引水灌园："接缕垂芳饵，连筒灌小园。"(《春水》)时而划船看浴："昼引老妻乘小艇，晴看稚子浴清江。"(《进艇》)时而把酒吟诗："宽心应是酒，遣兴莫过诗。"(《可惜》)

唐代诗人白居易任官时因仗义言事，得罪权贵，被贬到江州（今江西九江）。在江州，白居易为庐山秀美的风光所吸引，特在山上修建了一座草堂。此草堂非常简陋，"斧斫而已，不加丹。墙圬而已，不加白。城阶用石，幂窗用纸，竹帘、贮帏，率称是焉"。由于构思精巧，草堂与庐山的天然秀色融为一体，他在此居住感到心态安然，解除了心中的郁闷。他欣然写下了《庐山草堂记》，文中说：

> 噫，凡人丰一屋，华一篑，而起居其间，尚不免有骄矜之态，今我为是物主，物至致知，各以类至，又安得不外适内和，体宁心恬哉！

中国古代士人乐于在远离城市的山村居住不仅因为这里空气清新，没有喧闹之声，还因为这里远离政治是非之地，人际关系简单、纯朴，也没有那些繁缛的礼节应酬。在这里，他们不仅拥有自己的活动空间，还拥有自己的精神家园。明人陈继儒在《岩栖幽事》中说：

山居胜于城市，盖有八德（得）：不贵苛礼，不见生客，不混酒肉，不竞田宅，不问炎凉，不闹曲直，不征文逋，不谈仕籍。如反此者，是饭侩牛店，贩马驿也。

宋人罗大经在《鹤林玉露》卷4“山静日长”中详细描述了他的山居生活：

余家深山之中，每春夏之交，苍藓盈阶，落花满径，门无剥啄，松影参差，禽声上下。午睡初足，旋汲山泉，拾松枝，煮苦茗啜之。随意读《周易》、《国风》、《左氏传》、《离骚》、《太史公书》及陶杜诗、韩柳文数篇。从容步山径，抚松竹，与麛犊共偃息于长林丰草间。坐弄流泉，漱齿濯足。既归竹窗下，则山妻稚子，作笋蕨，供麦饭，欣然一饱。弄笔窗间，随大小作数十字，展所藏法帖、墨迹、画卷纵观之。兴到则吟小诗，或草《玉露》一两段。再烹苦茗一杯，出步溪边，邂逅园翁溪友，问桑麻，说粳稻，量晴较雨，探节数时，相与剧谈一饷。归而倚杖柴门之下，则夕阳在山，紫绿万状，变幻顷刻，恍可人目。牛背笛声，两两归来，而月印前溪矣。

罗大经这种悠雅、闲适的居家生活表现了古代士人在摒弃了功利、远离了是非之地后心境的恬静悠然，所体现的是“穷则独善其身”的自然人格。他们不追求物质生活的奢华，而追求思想的充实、精神的高雅和身心的自由。明人谢肇淛在《五杂俎》中也谈到了他理想的家居生活：

> 竹楼数间，负山临水，疏松修竹，诘屈委蛇，怪石落落，不拘位置。藏书万卷其中。长几软榻，一香一茗。同心良友，间日过从，坐卧笑谈，随意所适。不营衣食，不问米盐，不叙寒暄，不言朝市，丘壑涯分，于斯极矣。

像谢肇淛这种“不营衣食，不问米盐”的生活显然是有钱又有闲之人才能享受的，或许这只是他的理想。而郑板桥所讲的家居生活似乎更实际，他在给其弟的信中写道：

> 吾弟所买宅，严紧密栗，处家最宜，只是天井太小，见天不大。愚兄心思旷远，不乐居耳。……若得制钱五十千，便可买地一大段，他日结茅有在矣。吾意欲筑一土墙院子，门内多栽竹树花草，用碎砖铺曲径一条，以达二门。其内茅屋两间，一间坐客，一间作房，贮图书史籍笔墨砚瓦酒董茶具其中，为良朋好友后生小子论文赋诗之所。其后住家主屋三间，厨房两间，奴子屋一间，共八间。俱用草苫，如此足。清晨日尚未出，望东海一片红霞，薄暮斜阳满树。立院中高处，便见烟水平桥。

郑板桥对自己家居的设想朴实无华，切合实际，代表了古代士人生活的一般水平。

读书，是古代士人生活中头等重要的事，因此，士人最希望家居中拥有一间优雅、宁静的书斋。书斋是书房的雅称，《说文》曰："斋，洁也。"欧阳修《东斋记》曰："夫闲居平心，以养心虑，若于此而斋戒也，故曰斋。"进入干净、整洁的书斋，会觉得摆脱了尘俗，心神俱净，心灵得到升华。在这里静静地读书、写作、吟诗、绘画，会真切地感悟人生的愉悦。读书宜静，故书斋应建在偏僻之处。四周有树木花草水池环绕，明陈继儒说："书屋前，列曲槛（曲折的栏杆）栽花，凿方池浸月……引活水养鱼；小窗下，焚清香读书，设净几鼓琴，卷疏帘看鹤，登高楼饮酒。"（《小窗幽记·集灵》）张岱也说："高槐深竹，樾（树荫）暗千层……余读书其中，扑面临头，受用一'绿'，幽窗开卷，字俱碧鲜。"（《陶庵梦忆》）

书斋中如何陈设？古代士人各有所好。宋代诗人陆游酷爱读书，到晚年仍手不释卷。他的书房中到处堆放着书，人进去出来都很困难，他给自己的书房取名为"书巢"。

陆游的书房只有随意放置的书，并无其他。而欧阳修的书房则书、琴、棋、酒俱备，显示了主人多样化的生活兴趣。欧阳修自称"六一居士"，特作《六一居士传》，文曰：

> 客有问曰："六一，何谓也？"居士曰："吾家藏书一万卷，集录三代以来金石遗文一千卷，有琴一张，有棋一局，而常置酒一壶。"客曰："是为五一尔，奈何？"居士曰："以吾一老翁，于此五物之间，是岂不为六一乎？"

明清时期，文人对书斋越来越讲究，不仅注意书房的整体设计，还留意细节，对各种文具的摆放都很注意。明高濂在《遵生八笺·起居安乐笺》中说："书斋宜明静，不可太敞。明净可爽心神，宏敞则伤目力。窗外四壁，薜萝满墙，中列松桧盆景，或建兰一二，绕砌种以翠芸草令遍，茂则青葱郁然。"接着，高濂将书斋中的一几一桌、各种摆设都不厌其烦地一一历数，极其细致和认真。他说：在这样的书斋中"承日据席，长夜篝灯，无事扰心，阅此自乐，逍遥余岁，以终天年"。明陈继儒则主张书斋简洁、适意。他在《小窗幽记》中说：

> 余尝净一室，置一几，陈几种快意书，放一本旧法帖，古鼎焚香，素麈挥尘，意思小倦，暂休竹榻。饷时而起，则啜苦茗，信手写《汉书》几行，随意观古画数幅。心目间觉洒洒空灵，面上尘当亦扑去三寸。

清代戏曲家李渔也精心设计书房，他认为书房陈列应不时变化，摆放各种物品错落有致，给人以新鲜感。他在《闲情偶寄》中说：

> 幽斋陈设，妙在日异月新，若使骨董生根，终年匏系一处，则因物多腐象，遂使人少生机，非善用古玩者也。……或卑者使高，或远者使近，或二物别之既久，而使一旦相亲，或数物混处多时，而使忽然隔绝，是无情之物变为有情，若有悲欢离合于其间者。但须左之右之，无不宜之，则造物在手，而臻化境矣。

李渔反对居室布置中的俗气装饰，主张效法古人，效法自然，以获得一种疏雅的感觉。他说："厅壁不宜太素，亦忌太华。名人尺幅自不可少，但须浓淡得宜，错综有致。"他还说"高梧古石中，仅一几榻，令人想见其风致，真令神骨俱冷。故韵士所居，入门便有一种高雅绝俗之趣"。

无论是居室还是书斋，文人都很重视对窗户的设计。在他们看来，开窗不仅具有透光通风的实用需要，还具有审美的意义。

明代学者归有光住房久失修，他对房屋进行了修缮，不再漏雨，又在墙上开一窗，自然光线射入，屋内环境大变。他写道："前辟四窗，垣墙周庭以当南日，日影反照，室始洞然。"他又在庭院中种植了兰花、桂树、竹子及各种花草，从高望去，庭院郁郁葱葱，十分秀雅，他在屋内或读书，或沉思，十分惬意。"借书满架，偃仰啸歌，冥然兀坐，万籁有声，而庭阶寂寂，小鸟时来啄食，人至不去。三五之夜，明月半墙，挂彩斑驳，风移影动，姗姗可爱"。窗户给士人生活带来的不仅是光线，还沟通了人与大自然的隔膜，使他们感到与大自然更接近了。

为了增加居室的美感，有些士人还自己设计各种式样的窗户，使窗户成为艺术品。李渔曾设计了一个梅窗。他先从树上选取一些挺直、粗壮的树干，不加斧凿，把它们连接成窗的边框，再选取两枝略小形状弯曲的小枝，做成梅树的形状，一枝从上往下倒垂，一枝从下往上仰接，都固定在窗上。然后剪彩纸做花，分红梅、绿萼两种，点缀于疏枝细梗之上。从远处看去，

梅窗

宛如雪中盛开的点点红梅，见到的人无不拍手称绝。李渔还设计了宫灯窗，他在糊好的窗纱上画上各种花鸟山水图案，晚上在窗户上悬挂一盏亮灯，从外面看如同挂起了一盏大灯笼。

清代著名书画家郑板桥也很留意从窗户上寻找创作的灵感和情趣，他在一幅竹画上题字曰：

> 余家有茅屋二间，……秋冬之际，取围屏骨子，断去两头，横安以为窗棂，用匀薄洁白之纸糊之。风和日暖，冻蝇触窗纸上，冬冬作小鼓声。于时一片竹影零乱，岂非天然图画乎！凡吾画竹，无所师承，多得于纸窗粉壁日光月影中耳。

经过士人的巧妙构思，窗户的作用已超出了实用功效，而成为居室美感的体现，给生活带来了许多愉悦。

二、士人与园林

中国古代士人喜欢居住在与自然山水接近的环境中，他们认为这样能感受到人与自然和谐相亲、天人合一的意境。元人黄公望《题〈秋山招隐图〉》云："结茅离市廛，幽心幸有托；开门尽松桧，列枕皆丘壑。"明人陈继儒也说："结庐松竹之间，闲云封户，徙倚青林之下，花瓣沾衣。芳草盈阶，茶烟几缕；春光满眼，黄鸟一声。"(《小窗幽记·集景》)

然而，真正能到深山老林居住生活者，除了那些一心隐逸之人外，一般士人很难做到。这是因为山林生活往往要忍受种种艰辛，而且也很难让古代士人完全隐居埋姓，抛弃功名。怎样解决既享受山水自然之趣，又不过艰苦生活的矛盾呢？于是，移天缩地于所居之处的园林便应运而生。

中国古代很早就有了人工营造的园林。商周时代的园林称"囿"，囿内有巍峨的殿阁，高大的楼台，并饲养各种禽兽，栽植名贵花木。囿主要供奴隶主贵族游览观赏和放牧打猎。秦汉以后，囿改称"苑"或"苑囿"，是帝王和官僚贵族的园林。为了显示国家富有和帝王气势，皇家园林规模宏大，景物众多。如秦始皇筑秦宫，跨渭水南北，覆压三百里。汉武帝营造上林苑，"周袤数百里"。苑中有巍峨的南山，浩瀚的昆明池，近百组大型宫苑建筑群，还有无数珍禽异兽，奇花异草。汉代，一些官僚富豪开始建造私家园林，如巨富袁广汉于洛阳北邙山下筑园，东西四里，南北五里，构石为山，高十余丈，蓄禽兽其间。东汉外戚梁冀，"广开园囿，采土筑山”。园内“深林绝涧，有若自然，奇禽驯兽，飞走其间”(《后汉书·梁冀传》)。

与此同时，一些文人追求精神自由，向往恬静的田园生活，如东汉末年仲长统在《昌言·乐志》中说自己理想的住所是：“使居有良田广宅，背山临流，沟池环匝，竹木周布，场圃筑前，果园树后。……踌躇畦苑，游戏平林，濯清水，追凉风，钓游鲤，弋高鸿。”(《后汉书·仲长统传》)魏晋之际，名士嵇康的住所是：“家有盛柳树，乃激水圜之，夏天甚清凉，恒居其下傲戏。”(《世说新语·简傲》)估计有一个不大的园子。西晋最有名的园林是富豪石崇的金谷园。金谷园在洛阳郊外，据石崇自撰《金谷诗叙》，其园内景致非常优美。文曰：

> 有别庐在河南县界金谷涧中，或高或下，有清泉茂林，众果竹柏、药草之属，莫不毕备。又有水碓、鱼池、土窟，其为娱目欢心之物备矣。……余与众贤……昼夜游宴，屡迁其坐。或登高临下，或列坐水宾。时琴瑟笙筑，合载车中，道路并作。

金谷园集山林、清泉、果木药草为一体，并有“金田十顷，羊二百口，猪鸡鹅鸭之类”，是一座规模宏大的豪华园林，与石崇结为“二十四友”的士人们喜欢在那里聚会游宴。金谷园的出现表现了士人园林发展到了新水平，并刺激了士人营造园林的热情。晋灭吴后，世为吴臣的陆机、陆云兄弟隐居华亭之园林十年。《世说新语·尤悔》注引《八王故事》

说:“华亭，吴由拳县郊外墅也，有清泉茂林。”西晋人潘岳，功名心强，仕途却不如意，他自感怀才不遇，心情郁闷，便潜心筑园，以逸民自居。他的园林“筑室穿池，长杨映沼”。园内各种果木、蔬菜齐备。潘岳常常徜徉其中,观赏优美景色，调整内心平衡。他说,在这里只知“人生安乐,孰知其他”(《晋书·潘岳传》)。

东晋时期，文人营造园林风气很盛。东晋文人士大夫几乎无不悉心经营自己的园林。据《晋书》记载：

> (王献之)尝经吴郡，闻顾辟疆有名园，先不相识，乘平肩舆径入。时辟疆方集宾友，而献之游历既毕，傍若无人。(《晋书·王献之传》)
>
> (谢安)于土山营墅，楼馆竹林甚盛，每携中外子侄往来游集。(《晋书·谢安传》)

南北朝时，士人造园林的热情不减。如刘勔效仿谢安“托造园宅，名为‘东山’，颇忽世务”(《南齐书·高帝纪上》)。冯亮“雅爱山水，又兼巧思，结架岩林，甚得栖游之适。……林泉既奇，营制又美，曲尽山居之妙”(《魏书·逸士传》)。

魏晋南北朝士人营造园林之风盛行的原因，首先是由于这时政治形势险恶，士人为避免祸端，除了饮酒服药外，还以园林作为保全自身的理想之所。其次，汉代以来的隐逸之风也助长了文人营造园林。老庄玄学是魏晋以来流行的社会思潮，受这种思想影响，一些任职的士大夫讲究“朝隐”，所谓朝隐，就是不要求遁迹山林，只要在城内或近郊建起园林，便可享受隐士的清闲。如宋齐之际的重臣袁粲“爱好虚远，虽位任隆重，不以事务经怀，独步园林，诗酒自适。家居负郭，每杖策逍遥，当其得意，悠悠忘反”(《南史·袁粲传》)。

这里还应提及陶渊明。与其他士人热衷营造自己或大或小的园林不同，陶渊明选择了到乡村去，过真正与大自然融为一体的田园生活。他在《饮酒》之五写道：

结庐在人境，而无车马喧。
问君何能尔？心远地自偏。
采菊东篱下，悠然见南山。
山气日夕佳，飞鸟相与还。
此中有真意，欲辨已忘言。

在风光秀丽的山村，陶渊明心静如水，以躬耕治园自娱，“采菊东篱下，悠然见南山”，过着悠闲清静的田园生活。他与世无争，自得其乐的生活方式深为后代士人所仰慕，他的田园居式花园，也为后人效仿。

隋唐以后，士人营造园林进入成熟时期。园林已经成为文人士大夫生活中重要的组成部分。据《画墁录》记载，长安“公卿近郭，皆有园池，以至樊杜数十里间，泉石占胜，布满川陆”。著名诗人白居易在洛阳的履道坊家中营造的园林清静幽雅：“五亩之宅，十亩之园，有水一池，有竹千竿。”宋代私人园林非常兴盛，北宋都城开封和洛阳各有名园十多处。南宋时，杭州的名园达四十余处。明清时期，文人营造园林不仅数量多，而且艺术上也达到了很高的水平。明末杰出的造林艺术家计成著有《园冶》一书，书中评述了营造园林的方法和经验，特别对“借景”做了详尽的阐述。这部书对我国的造园艺术有很大的影响。

清初文人李渔是著名的戏剧家和园林家。他的《闲情偶

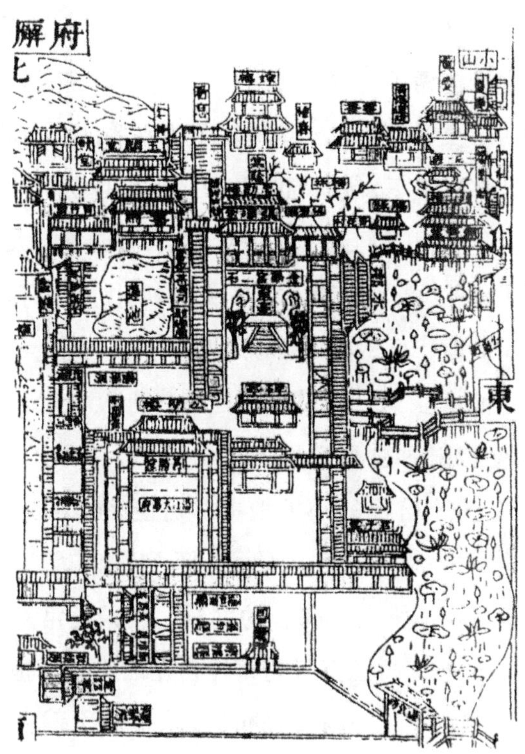

建康园林图

寄·居室器玩部》是继计成《园治》之后关于园林理论的力作。李渔主张造园要“因地制宜，不拘成见，一榱一桷，必令出自己裁，使经其地，入其室者，如读湖上笠翁（即李渔)之书，虽乏高才，颇饶别致”。使人观后有新鲜感。他还对借景、品石、叠山等阐述了独到的见解。清人钱泳主张:“造园如作诗文，必使曲折有法，前后呼应，最忌堆砌，最忌错杂，方称佳构。”(《履园丛话》卷 20)郑板桥则认为园林的妙处在于主人通过离奇的构思，来表达胸中的意蕴。他说:“一亭一池，一楼一阁，一台一榭，一廊一柱，一栏一槛，一花一木，皆主人经营部署，出人意表之旨趣焉。”

明清时代文人园林以江南地区最为兴盛。其中苏州最多，有“江南园林甲天下，苏州园林甲江南”的说法。苏州著名的拙政园、狮子林、随园、留园、网师园、怡园等，大都是明清时建造或重建的。据《苏州府志》记载,明代苏州有园 271 座，清代有园 130 座，可见苏州园林之盛。

从一定意义上讲，园林是中国古代士人在封建专制制度下保持人格相对独立而采取的一种手段，因而，士人在园林——这个属于自己的小天地中尽可能多地融入了个人的情怀。在士人园林中,几乎到处可以看到“求志”、“养真”、“寄傲”、“坦荡”等标举人格完善的题额。士人还常常借园林中的山水石亭、松梅竹兰等景物寄托自己的思想、抱负和多样化的生活情趣。所以园林中的景致总是那么耐人寻味，令人流连忘返。

随园访胜

明清时期，士人园林最显著的特征是空间有限而设计精致。士人们都力图在狭小的空间规划出丰富、完整的园林景观体系，进而体现“万物我赖，亦又何求”的思想境界，以烘托出自己人格的完善，这便是所谓“壶中天地”。如苏州的网师园，原为南宋绍兴年间侍郎史正志的宅邸万卷堂的花园。清乾隆年间，文人宋鲁儒买其地造园。宋鲁儒自号网师，网师即渔父，颇有隐居江湖之意。网师园占地仅九亩，景并不多，但景致幽深，充满清新典雅的诗意。山东潍坊的十笏园，是清代丁善宝的私人花园。在仅有的2000平方米内建有楼、台、亭、榭、书斋、客房等60余间，曲桥、回廊连接，鱼池、假山点缀其间，小巧玲珑，匀称紧凑。清河道总督麟庆罢官回京家居，游山玩水饱览京畿名胜古迹，他请人把自己的生活绘成图画，自己作文说明，书名为《鸿雪因缘图记》，书中有半亩营园图，是他居住的地方。

古代士人营造园林，除了修建各种亭、榭、馆、阁，设计各式叠山、垒石以及引水、聚池、架桥、开路外，还栽种自

半亩营园图

己喜爱的花草树木。其中最受士人喜爱的是竹。竹子清姿瘦节，神态秀美，风韵潇洒，给人无限的审美情趣。它挺拔高傲，虚心自持，刚直不阿，又给人立身处世以众多有益启示。士人从竹子身上看到了自己所追求的高尚品德，因而，士人对竹有深厚的感情。嵇康的园宅中便有竹林。《世说新语·任诞》记载了王徽之（字子猷）借居种竹的故事：

> 王子猷尝暂寄人空宅住，便令种竹。或问："暂住何烦尔？"王啸咏良久，直指竹曰："何可一日无此君？"

《南史·袁粲传》载，南朝人袁粲见"郡南一家颇有竹石"，便"率尔步往，亦不通主人，直造竹所，啸咏自得"。

种竹、赏竹是古代文人生活中的一大雅趣。唐代诗人王维在陕西蓝田修建了一所书斋，周围栽满绿竹，取名"竹里馆"。他写诗云："独坐幽篁里，弹琴复长啸。深林人不知，明月来相照。"（《竹里馆》）表现了他清幽绝俗的心境。

白居易和元稹都喜爱竹子，以竹赠诗唱和。白居易在《赠元稹》诗中以"无波古井水，有节秋竹竿"，称赞元稹刚正不阿的处世态度。后来，两人分别，元稹特在自己的庭院中种了一片竹，表示对白居易的深切怀念。宋代文豪苏东坡也是爱竹成癖，每居一处，便种植翠竹，"朝与竹乎为游，暮与竹乎为朋"。在士人园林中几乎都可以看到一簇簇青翠、挺拔的竹子。苏州最古老的园林沧浪亭以竹闻名。园主人为北宋著名诗人苏

王维《竹里馆》诗意画

舜钦，他在园记中写道：

> 构亭北埼，号“沧浪”焉。前竹后水，水之阳又竹，无穷极，澄川翠竿，光影会合于轩户之间，尤与风月为相宜。

扬州个园据说是清代名画家石涛寿芝园的故址，园内种竹千杆，因竹叶形如“个”字，故名。个园的联语是苏东坡的名句：

“宁可食无肉，无肉使人瘦；不可居无竹，无竹令人俗。”

古代士人中最爱竹的当属郑板桥。他“无竹不入居”，他在题画中说：“余家有茅屋二间，南面种竹，夏日新篁初放，绿荫照人，置一小榻其中，甚凉适也。”还说：

> 茅屋一间，新篁数千，雪白纸窗，微浸绿色。此时独坐其中，一盏雨前茶，一方端砚石，一张宣州纸，几笔折

竹趣园图

枝花，朋友来至，风声竹响，愈喧愈静；家僮扫地，侍女焚香，往来竹荫中，清光映于画上，绝可怜爱。何必十二金钗，梨园百辈，须置身于清风静响中也。

竹子，不仅给文人园林带来了雅韵，还是人格高洁、正直的象征。

古代士人在园林中还常常栽种松柏。松柏的常青和顽强，深为士人景仰，松柏常被喻为君子、大丈夫人格，在园林中栽植松柏表示人格的高尚。明代于谦曾作《北风吹》，描述庭院中的松柏。诗曰：

北风吹，吹我庭前柏树枝，树坚不怕风吹动，节操棱棱还自持。冰霜历尽心不移，况复阳和景渐宜。闲花野草尚葳蕤，风吹柏树将何为。北风吹，能几时。

晚明名士祁彪佳，在家乡绍兴柯山镇筑寓园，园中除山水亭台外，还栽植各种花木，尤以松为突出。“俨焉成列，如冠剑大夫鹄立通明殿上”。祁彪佳特开一“松径”，常在此漫步品玩，“劲风谡谡，入径者六月生寒。迎门一松，曲折如舞，其诧五大夫何妩媚乃尔！”[①]（《寓山注·松径》）祁彪佳立志要像青松那样刚直不阿。后来清军南下，进逼杭州，慕名请他出来做官，被祁一口回绝，为保节操不失，他愤然自沉于寓园梅花阁前的水池中。

---

① 五大夫：相传，秦始皇上泰山，避雨一松树下，后封之为“五大夫”，后世以“五大夫”为松之代称。

古代士人营造园林，总要将自然山水浓缩其间，石便是山的缩影。唐代白居易酷爱奇石，喜欢将石摆于庭院，他曾写诗道：“借君片石意如何，置向庭中慰索居。”一次他得到两块被人嫌弃的怪石，满心欢喜，竟把它们当作自己的朋友。在《双石》一诗中写道：

回头问双石，能伴老夫否。
石虽不能言，许我为三友。

米員外像

米芾像

苏轼也爱石，元丰八年（公元 1085 年）他路过赤壁，在刘氏园中发现了一块石头，酷似麋鹿弯颈点头。苏轼十分喜爱，为了得到此石 ，他在当地临华阁的墙壁上画了一幅《丑石风竹图》，刘氏很高兴，便把奇石送给了苏轼。 北宋人米芾不仅书画出色，搜集各类奇石也闻名遐迩。他藏石颇丰，曾自作一幅《拜石图》，并穿好官服，拜倒在石头面前，称石为兄，为丈，自号“石痴”。宋人叶梦得爱石成癖，在他的园林内，到处是玲珑峰石，并将园子命名为“石林”。叶梦得自号石林居士、石林山人，自己的著作则称为《石林词》、《石林诗话》、《石林燕语》，爱石真

米颠拜石

是到了无以复加的地步。郑板桥不仅爱竹、兰，也爱石。他有一首咏石诗将石做了拟人化的描述：

> 顽然一块石，卧此台阶碧。
> 雨露亦不知，霜雪亦不识。
> 园林几盛衰，花树几更易。
> 但问石先生，先生俱记得。

郑板桥常常将竹、兰、石组合在一幅画上，使三者各显示其特色，他曾题画道：

> 一竹一兰一石，有节有香有骨。
> 满堂君子之人，四时清风拂拂。

古代士人精心营造园林，是为了享受园林美景给精神带来的愉悦，寄托情怀，增加生活的乐趣。北宋著名史学家司马光主持编纂《资治通鉴》长达19年，这段时间，他筑独乐园，为休闲去处。在《独乐园记》中，他叙述了游园之趣：

> 志倦体疲，则投竿取鱼，执衽采药，决渠灌花，操斧剖竹，濯热盥手，临高纵目，逍遥徜徉，唯意所适，明月时至，清风自来，行无所牵，止无所柅，耳目肺肠，悉为己有，踽踽焉、洋洋焉，不知天壤之间复有何乐可以代此也。

北宋著名学者沈括在《梦溪自记》中谈到了自己丰富多彩的园林生活：

> 居在城邑而荒芜古木与鹿豕杂处，客有至者，皆频额而去，而翁独乐焉。渔于泉，舫于渊，俯仰于茂木美荫之间，所慕于古人者：陶潜、白居易、李约，谓之“三悦”。与之酬酢于心目之所寓者：琴、棋、禅、墨、丹、茶、吟、谈、酒，谓之“九客”。

不过，古代士人中能够出资营造、购买园林的只是一部分人，大多数士人的庭院没有官宦之家园林那样精致和气派，而是平淡无奇，也许这更显士人的质朴无华的性格。如郑板桥的园子不大，但他很满足，因为在这里他感受到了大自然的风韵。他说：

> 十笏茅斋，一方天井，修竹数竿，石笋数尺，其地无多，其费亦无多也。而风中雨中有声，日中月中有影，诗中酒中有情，闲中闷中有伴，非唯我爱竹石，即竹石亦爱我也。彼千金万金造园亭，或游宦四方，终其身不能归享。而吾辈欲游名山大川，又一时不得即住，何如一室小景，有情有味，历久弥新乎！

郑板桥还算是能建的起园林的士人，那些没有资财的贫寒士人，则只能望园兴叹了。有人只好构思一座子虚乌有的园林，以做神游。《履园丛话》卷20记载：

> 吴石林癖好园亭，而家奇贫，未能构园，因撰《无是园记》，有《桃花源记》、《小园赋》风格。

营造园林是古代士人生活中的重要组成部分，它集中反映了士人多样化的生活追求和情趣。文人园林以其独特别致的造型和深刻的蕴意为我国园林艺术增添了光彩。

三、士人与游历山川

古代士人之行，多指游历山川，观赏自然风光。游历山川可以开阔眼界，忘却烦恼，调适身心，陶冶情操，这是古代士人生活中最惬意的事。

中国古人很早就发现了山川自然之美。先秦时代的孔子就喜欢高山大川。《论语·先进》记载，一次，孔子与弟子们座谈志向，曾点说：暮春时节，“春服既成，冠者五六人，童子六七人，浴乎沂，风乎舞雩，咏而归”。孔子赞成曾点的想法，喟然叹曰：“吾与点也！”孔子乐于观水，“见大水必观焉”。喜欢登山，“登泰山而小天下”。他认为：“智者乐水，仁者乐山。”（《论语·雍也》）在《诗经》、《楚辞》、汉代诗赋中有不少对山水之美的描写。不过，从先秦到汉代，人们对自然山川的鉴赏态度尚未达到完全自觉，主要表现在人们往往将自然景物与理想人格进行“比德”。如，孔子见大水必观，有人问其道理，他便滔滔不绝地进行论证：君子之所以爱水是因为流水有九种美德：即德、义、道、勇、法、正、察、善、志。其实水本身并非有这些德性，而是孔子对水的感悟。屈原的《橘颂》也是通篇以橘树象征抒情主人公的美德；而《离骚》中的自然景物更是一套庞大的道德象征体系。如“善鸟香草，以配忠贞；恶禽臭物，以比谗佞；灵修美人，以媲于君；宓妃佚女，以譬贤臣；虬龙鸾凤，以托君子；飘风云霓，以为小人”（王逸《楚辞章句·离骚经序》）。

汉代，文学作品中反映自然观照的态度开始发生了一些变化，观照自然已摆脱实用功利的目的以及“比德”的束缚，对自然山水的审美意识趋向自觉，出现了一些细致精工描景状物的文学作品。如枚乘《七发》中对波涛的描写，形象生动，刻写入微；他的另一篇作品《梁王菟园传》，则以生动地描写菟园周围的自然景观而著称。东汉以后，士人对自然山水描写的自觉意识明显增强，如杜笃《首阳山赋》、班固《终南山赋》、张衡《归田赋》等，都是这一变化的表现。汉末，自然景物描写在诗歌中越来越占据重要位置，士人的山水意识明显趋于觉醒。至魏晋，终于形成了自觉的山水审美观。发生这种变化的原因，一是人们在长期与自然接触过程中，逐渐加深了对山川自然景物的感性认识，积累了丰富的山水感性体验和经验。二是汉末社会动荡，人口大量死亡，士人的忧患意识空前突出，严酷的现实逼迫着人们不得不去寻求克服忧患的途径，释解心灵太多的重荷。这时，他们发现在污浊黑暗的现实之外存在着如此清新秀美的自然风光。士人没有足够的勇气和力量去改变现实，为了解脱苦闷，为了充分享受人生的乐趣，他们只好游山玩水了。在学术界，人们往往将魏晋称为“人的觉醒”时期。人的觉醒表现是多方面的，发现了人格之美和自然之美是最突出的表现。(宗白华《美学与意境》，人民出版社 1987 年版)晋人应璩有一段文字道出了徜徉于青山绿水之间给人带来的快感：

逍遥陂塘之上，吟咏苑柳之下，结春芳以崇佩，折若华以翳日。弋下高云之鸟，饵出深渊之鱼……何其乐哉。

虽仲尼忘味于虞韶，楚人流遁于京台，无以过也！（《文选》卷42）

流连山水之乐甚至超过了孔子听韶乐和楚国国君的京台之游，真是人生的一大享受。欣赏山川自然之美成为魏晋士人的一种时尚。《晋书》记载：

（阮籍）或闭户视书，累月不出；或登临山水，经日忘归。（《晋书·阮籍传》）

（羊）祜乐山水，每风景，必造岘山，置酒言咏，终日不倦。（《晋书·羊祜传》）

（孙统）性好山水，乃求为鄞令，转在吴宁。居职不留心碎务，纵意游肆，名山胜川靡不穷究。（《晋书·孙绰传》）

晋室南渡后，许多北方士人也到达了南方。江南的名山胜水使他们感到无比惬意。尤其会稽地区，更是风光旖旎，美不胜收。他们常到各处游览，大开眼界，《世说新语·言语》：

顾长康从会稽还，人问山川之美，顾云："千岩竞秀，万壑争流，草木蒙笼，其上若云兴霞蔚。"

王子敬云："从山阴道上行，山川自相映发，使人应接不暇，若秋冬之际，尤难为怀。"

会稽的好山好水，吸引了许多士人到此居住。《晋书·王羲之传》说："会稽有佳山水，名士多居之，谢安未仕时亦居焉。孙绰、李充、许询、支遁等皆以文义冠世，并筑室东山，与羲之同好。"孙绰在此"游放山水，十有余年"。东晋高门士族谢氏更有纵情山水的传统家风。《晋书·谢安传》记载：

(谢安)尝往临安山中，坐石室，临浚谷，悠然叹曰："此去伯夷何远！"尝与孙绰等泛海，风起浪涌，诸人并惧，安吟啸自若。

谢玄也爱山水，善渔钓。其《与兄书》曰："居家大都无所为，正以垂纶为事，足以永日。此固下有鲈鱼，一出钓得四十七枚。"(《太平御览》卷834)

南朝时，士人游览山川之风更盛。《南史·隐逸传》记载："(孔淳之)居会稽剡县。性好山水，每有所游，必穷其幽峻，或旬日忘归。""(刘凝之)性好山水，一旦携妻子泛江湖，隐居衡山之阳，登高岭，绝人迹，为小屋居之。""(陶弘景)遍历名山，寻访仙药。身既轻捷，性爱山水，每经涧谷，必坐卧其间，吟咏盘桓，不能已已"。

南朝士人中喜游历、爱山水者以著名诗人谢灵运最为突出。谢灵运世居会稽，出身于"百年华族"的谢氏家族。他自幼好学，博览群书，才华横溢。东晋末年，他先后在琅琊王司马德文和刘裕手下任职。他目睹晋末政治黑暗，朝政腐败，加之刘裕代晋后，对高门士族采取贬抑措施，谢氏家族逐渐失去了政治上的优越地位。谢灵运心情郁闷，厌恶仕途，于是专心纵游山水。《宋书·谢灵运传》说他任永嘉太守时，“郡有名山水，灵运素所爱好。出守既不得志，遂肆意游遨，遍历诸县，动逾旬朔，民间听讼，不复关怀”。他游历山川，不畏险阻，“寻山陟岭，必造幽峻，岩嶂千里，莫不备尽”。

谢灵运游历的范围相当广泛，浙江的永嘉、会稽，江西的庐山、鄱阳湖以及东岳泰山都留下了他的足迹。为了观赏山水风光，谢灵运还曾在浙江嵊县石门建一房屋，四周山岩重叠，潭水清澈，树深林密，景色绝佳，令人心旷神怡，如入仙境。谢灵运游历山川，在穿着上颇有讲究。他专门设计了“曲柄笠”，这种笠带有弯曲的柄，可以紧挂在脖颈上，既能遮蔽阳光，又不容易被山风吹掉，看上去既有农人樵夫的野趣，又有高士名

谢灵运像

流的雅致。他还设计了登山的木屐，上山时去掉前齿，下山时去掉后齿，既省力气，又可以保持身体平衡，人称之为“谢公屐”。

谢灵运是个不甘寂寞的人，他游历山水，常常兴师动众。有一次，他带领数百人，外出旅游。从始宁南山出发，浩浩荡荡，“伐木开径、直至临海”。临海郡太守王秀闻报，以为来了打家劫舍的“山贼”，急急率兵前往，临近方知是大名鼎鼎的谢灵运，才放下心来。谢灵运游兴正浓，还邀请王秀一道同游，并赠给王秀一首诗，诗中说：“邦君难地险，旅客易山行。”（《宋书·谢灵运传》）

谢灵运游历，每到一地，都喜赋诗。在现存谢灵运的百余首诗中，描写山水的有60余首。谢灵运是中国诗歌史上第一个大量创作山水诗的诗人，他开创了山水诗创作的新阶段。谢灵运山水诗特点是观察入微，笔法细腻，用语富丽而精巧。他的不少诗宛如一幅山水画，将各种美景一一展示。谢灵运的山水诗中有不少至今仍脍炙人口的佳句，如：

> 池塘生春草，园柳变鸣禽。（《登池上楼》）
> 白云抱幽石，绿篠媚清涟。（《过始宁墅》）
> 鸟鸣识夜栖，木落知风发。（《石门岩上宿》）
> 野旷沙岸净，天高秋月明。（《初去郡》）

隋唐以后，喜欢外出游历的文人非常多。出行时人们多骑马，也有人喜骑驴、骡或牛。如文学家王绩弃官返乡，纵酒自适，

唐人游骑图

他喜欢乘牛到酒肆饮酒或留宿。

唐朝国都长安是士人荟萃之地。长安城南风景优美，有不少名胜园林，杜甫居长安时，经常前去游赏。天宝十二载（公元753年）初夏，杜甫与好友郑虔骑马来城南郊游，他们沿途见到河水清清，草木浓绿，村舍的疏篱上晚花点点。他们来到山间老农家中坐客，解下身上佩带的神龟换酒，老农端来河鱼助兴，并表示不收钱。第二天早上踏上归途时，杜甫兴犹未尽，他被这里优美的景致和淳朴的民风所陶醉，第二年，他竟搬到这里居住了。

白居易非常喜欢游览山水名胜，他任杭州刺史时，醉心于西湖美景，利用公余时间尽情游览。杭州西湖迷人风光给他留下了深刻的印象。在白居易的诗文中，歌咏杭州的约有二百篇左右。白居易晚年闲居洛阳，还时常回忆起游览西湖的情景，他满怀深情写下了著名的《忆江南》：

> 江南好，风景旧曾谙。日出江花红胜火，春来江水绿如蓝，能不忆江南？　　江南忆，最忆是杭州。山寺月中寻桂子，郡亭枕上看潮头，何日更重游？

唐代许多士人都有浏览名山大川的经历。大诗人李白就

王之涣诗意画

是其中之一。他“一生好入名山游”，曾数次漫游天下，西起峨眉，东到天台，北起幽州，南到衡山，其足迹遍及大半个中国，并写下了许多歌咏祖国大好河山的不朽诗篇。

李白25岁时，怀着实现理想和施展才华的志向，“仗剑去国，辞亲远游”(《上安州裴长史书》)。离开家乡四川开始了漫长的游历生涯。他出三峡，沿江东下，到达襄阳。尽情地游览了岘山、习家池、山公楼等古迹。李白还到庐山，他被这里壮美的风光陶醉，热情赞美庐山，写下了流传千古的《望庐山瀑布》：

> 日照香炉生紫烟，遥看瀑布挂前川。
> 飞流直下三千尺，疑是银河落九天。

尔后，李白到楚地，游览了黄鹤楼、鹦鹉洲等名胜。再入长沙、岳阳。在岳阳，正值重阳佳节，李白饱览衔远山、吞长江的洞庭风光，还在洞庭湖上泛舟。又溯湘江，至苍梧(今湖南宁远县)。后来，李白又到江夏，游览了黄州赤壁，鄂城西山，这一带有许多古人的遗迹，李白多次作诗歌咏屈原、祢衡、周瑜、庾亮等历史人物，借古人表达自己的志向。

天宝元年（公元742年)，李白受唐玄宗之妹及贺知章的推荐，入翰林院，以文辞秀异供诏，并未授以正式官职，只是个御用文人，陪唐玄宗游乐作诗而已。李白不甘心受人役使，一年半后，便郁郁不乐地离开长安，开始了第二次长期漫游生活。

李白像

这年四月，李白与杜甫在洛阳相会，并结成好友。不久，李白到梁园（即汴州，今河南开封），杜甫写了《赠李白》作别。在这首诗中，杜甫对李白离开翰林，优游山林，甚为钦慕，并约李白在梁、宋（今河南商丘）再见，一起去寻仙访道。此后，李白以梁园为中心，漫游寻仙约十年之久。

李白一生坎坷，他经历了唐朝由盛到衰的转折，本来满怀报国热忱，“愿为辅弼，使寰区大定，海县清一”。却屡遭不幸，甚至被牵连获罪，流放远方。但是，李白爱山水，喜游历，丰富多彩的漫游生活，使他心胸开阔；广泛地交友、历事，使他增长了见识，丰富了生活经验。李白的诗歌豪迈雄放，博大

夕阳无限好，只是近黄昏

瑰奇，充满了灵气，祖国壮丽的山川也因得到李白的热情赞颂而焕发出更加绚丽迷人的光彩。

唐代文学家柳宗元在遇到挫折时，也通过寄情山水，而化解郁闷和忧愁，使思想得到升华。

柳宗元少聪慧，17 岁中进士，授校书郎，调蓝田尉，贞元十九年(公元 803 年),31 岁时升任监察御史。唐顺宗在位时，柳宗元参与王叔文等人的革新运动，但遭到宦官集团的反对而失败，支持改革的唐顺宗被迫下台，王叔文被杀，柳宗元被贬为邵州司马，行未半路，又加贬为永州司马。

柳宗元像

永州即今湖南零陵县，那时荒僻人稀，到处有火蜂、毒蛇，常常袭击行人。由于生活艰苦，不到半年，老母亲便病逝了，柳宗元心情十分沮丧。永州虽然荒僻，但风景十分壮观，南面有著名的九嶷山，北面是衡山余脉，奔腾的湘江、潇江横越州境，全州山陵起伏，丘壑幽深，河流纵横。柳宗元初到永州时住在龙兴寺，位于城中东山。永州优美的景色使柳宗元感到一些欣慰，烦闷的心情渐渐平静下来。为了观景，他特在居所西面开辟一条有窗的走廊，题名“西轩”，又在东面兴建“东亭”。每当夕阳西下，飞鸟归林，他常在那里观赏城外的山林江流，顿感愁绪全消。

空闲时，柳宗元常和友人远足郊外，观赏秀丽山水，排解心头之郁闷。每遇胜景，便流连忘返。他将游历的山水及感触写成八篇文章，这就是脍炙人口的“永州八记”。这八篇文章各自独立，却前后连贯，构成一个有机的艺术整体，像一幅幅绚丽多彩的图画，将永州奇特秀丽的自然风光展现在人们面前。同时，柳宗元将自己的感情融汇于景物描写中去，以景抒情，生动感人。如“永州八记”第一篇《始得西山宴游记》写他闲暇时游览的情景：“施施而行，漫漫而游，日与其徒上高山，入深林，穷回溪，幽泉怪石，无远不到。到则披草而坐，倾壶而醉。”一日，登上西山峰顶，举目远望，“数州之土壤”仿佛皆在脚下，“萦青缭白，外与天际，四望如一”。第四篇《小石潭记》，通过对小石潭优美风景的描绘和对石潭附近“悄怆幽邃”气氛的渲染，抒发了作者孤寂苦闷的心情。文章写小石潭水之清，极形象逼真：“水尤清冽，全石以为底。”“潭中鱼可数百许头，皆若空游无所依。日光下澈，影布石上，佁然不动，俶尔远逝，往来翕忽，似与游者相乐。”作者置身于潭边，但见四面竹树环合，寂寥无人，感到“凄神寒骨，悄怆幽邃”，“其境过清，不可久居”。

柳宗元的山水游记不仅再现了自然之美，而且文字形象生动，读之如闻其声，如临其境，尤其作者能将自己独特的身世遭遇、思想感情与自然风景的描绘紧密结合起来，水乳交融，自然妙巧，构成深邃高远的意境，达到了相当高的水平。游历山川使柳宗元在孤寂的流放生活中获得了精神上的愉悦，他的山水游记成为文学史上的奇葩。

杜牧诗意画

古代士人钟情山水，是因为秀美壮丽的自然风光能够排遣忧愁，激发对生活的热爱和对人生理想的追求。苏轼也有与柳宗元类似的经历——身处逆境，但他坦然面对生活，潇洒游历山川，体现了旷达的人生观。

宋神宗元丰二年（公元1079年），苏轼因“乌台诗案”被罗织罪名，投入监狱，饱受折磨。年底出狱，被贬到黄州（今湖北黄冈），任团练副使，但“不得签书公事”，实际上剥夺了权力。苏轼到达黄州后，生活困难，在友人的帮助下申请了几十亩荒芜的旧营地，开垦种植。这块地有坡度，面向东方，苏轼便自号“东坡居士”。苏轼在黄州的五年内心是苦闷郁愤

赤壁夜游

的，他不时向老庄佛学求得解脱，也交了不少好朋友，使他感到友情的温暖。而出外旅游则成为苏轼调节心态的最好方式。苏轼遍游黄州附近的古迹。黄州西北江滨有座山，因石色如丹，人称赤壁。苏轼前后两次游览赤壁，写下了震撼人心的前后《赤壁赋》和《念奴娇·赤壁怀古》。这些作品堪称中国古代文学的经典之作。作者将写景与抒情融为一体，既描绘绝妙的赤壁风光，又触景生情，抒写自己对于人生的现实思考和哲理感悟。

在黄州期间，苏轼还有庐山之游。他早慕庐山之名，当他亲眼见到壮丽无比的庐山时，不禁欢呼起来："如今不是梦，真个在庐山。"苏轼被庐山绮丽的风光陶醉了，本来文思泉涌的他，竟感到"平日所未见，殆应接不暇"，"奇胜殆不可胜纪"。他描绘开先寺双瀑"劈开青玉峡，飞出两白龙"，使他"吾来不忍去"，甚至还想"跳下清冷中"。在西林，他写下了著名的《题西林壁》：

横看成岭侧成峰，远近高低各不同。
不识庐山真面目，只缘身在此山中。

中国古代士人中，还有一位热爱山川自然，并立志"周览名山大川，以阔大心胸，增广见闻"。他就是明代著名的地理学家、旅游家徐霞客。

徐霞客名弘祖，字振之，别名霞客。自幼"特好奇书"，每次在书中看到各地壮丽河山和奇峰深谷的描绘，就心向往之，总想亲自探其究竟。他曾说："丈夫当朝碧海而暮苍梧，乃以一隅自限耶？"决心"问奇于名山大川"。万历三十五年（公元1607年），徐霞客21岁时，开始出游。三十多年间，他历尽艰险，北抵幽燕，南达粤闽，西入滇南，足迹遍及大半个中国。每到一地，他都把所见所闻记录下来。徐霞客死后，由他人整理成《徐霞客游记》。这部著作内容丰富，涉及各地的历史地理、民族风情、地形地貌、水文气象等多方面知识。尤以地貌、水文、植物等内容为多，是一部珍贵的科学文献。清代学者钱谦益称之为"世间真文字、大文字、奇文字"。

中国古代士人中像徐霞客这样为考察地形地貌而游历探险的人并不多，大多数士人游历山川，或因为厌烦了都市的喧嚣和名缰利锁的束缚；或为了排遣心头的郁闷而希望走向大自然，获得一份安闲与自在，使自己的精神得到调整，心理得到平衡，养怡性情，陶冶情操。正如北宋郭熙在《林泉高致·山水训》所说：

君子之所以爱夫山水者，其旨安在？丘园养素，所常

蜀山行旅图

处也，泉石啸傲，所常乐也，渔樵隐逸，所常适也，猿鹤飞鸣，所常观也。尘嚣缰锁，此人情所常厌也，烟霞仙圣，此人情所常愿而不得见也。

清代李渔在《闲情偶寄》中也谈到了游历之乐，他归纳了一种“道途行乐之法”。文曰：

“逆旅”二字，足概远行，旅境皆逆境也。然不受行路之苦，不知居家之乐，此等况味，正须一一尝之。予游绝塞而归，乡人讯曰：“边陲之游乐乎？”予曰：“乐。”有经其地而惮焉者曰：“地则不毛，人皆异类，睹沙场而气索，闻钲鼓而魂摇，何乐之有？”予曰：“向未离家，谬谓四方一致，其饮馔服饰皆同于我，及历四方，知有大谬不然者。然止游通邑大都，未至穷边极塞，又谓远近一理，不过稍变其制而已矣。……过一地，即览一地之人情，经一方，则睹一方之胜概，而且食所未食，尝所欲尝，蓄所余者而归遗细君，似得五侯之鲭，以果一家之腹，是人生最乐之事也。”

李渔将旅途中的艰辛视为增加见识、体验社会的一种乐趣，因而更加珍惜生活，热爱人生。

古代士人出游，虽然饱览秀丽山川，与大自然相亲和，但出游多与生活的种种经历有关。或为游宦而出游；或因遭贬谪而沦落天涯；或为了写作而四处探访。无论哪种出游都有苦和乐两种体验，正因为士人出游的背景不同，因而士人出游的思绪是复杂的，有的豪放乐观，有的苦闷孤寂，也有的悠闲自得。马致远的那首脍炙人口的《天净沙·秋思》便真实地表达了游子的一种凄凉心态：

> 枯藤老树昏鸦，小桥、流水、人家，古道西风瘦马，夕阳西下，断肠人在天涯。

第六章　士人与聚会、结社

中国古代士人素来有轻物质享受，重精神追求的传统。孔子说："君子谋道不谋食。"提倡"食无求饱，居无求安"，对弘扬道义提出了很高的要求。同时，孔子也十分注重友情，喜欢与朋友聚会，他说："有朋自远方来，不亦乐乎！"(《论语·学而》)正是他发自内心地对友人的欢迎。孔子的思想对古代士人的生活方式有重要影响。古代士人既有忧国忧民的社会责任感和强烈的社会参与意识，也有对亲朋好友的炽热真情，他们表达感情的方式，除了著文作诗外，还喜欢聚会结社。

一、士人与聚会

聚会，是古代士人交流感情，增进友谊的方式之一，士人在聚会中或高谈阔论，或饮酒赋诗，或弹奏乐器，或共赏美景，聚会使人的身心得到了调适，精神获得了愉悦。

古代士人有名的聚会是东汉末年的"西园之会"。西园是曹操在邺时的园囿。园内风光优美，曹丕、曹植经常与建安诗人王粲、刘桢、陈琳、徐干等在此聚会。后来，曹丕在《与吴质书》中，回忆当时聚会的情景："昔日游处，行则连舆，止则接席……觞酌流行，丝竹并奏，酒酌耳热，仰而赋诗。当此之时，忽然不自知乐也。"西园之会，体现了士人之间的亲密关系。尽管曹丕、曹植与建安士人的地位不同，但就诗歌创作而言，他们都是朋友关系。建安二十二年（公元217年）疾疫流行，数位文士病逝，曹丕非常伤心，他写道："昔年疾疫，亲故多离其灾：徐（干）、陈（琳）、应（瑒）、刘（桢），一时俱逝，痛可言邪！"

魏晋之际，士人常在一起聚会的有著名的"竹林七贤"。七贤指嵇康、阮籍、山涛、向秀、刘伶、阮咸、王戎。他们"相与友善，游于竹林，号为七贤"（《三国志·魏书·王粲传》注引《魏氏春秋》）。《世说新语·任诞》也说："七人常集于竹林之下，肆意酣畅，故世谓'竹林七贤'。"竹林七贤意气相投，追求放达，经常聚在一起饮酒、谈玄。竹林七贤没有共同的政治纲领，也无明确的学术宗旨，因而，当司马氏把持朝政，即将取代曹魏政权时，竹林七贤便在政治抉择上分道扬镳了。

西晋时，一些士人常在富豪石崇的金谷园中聚会，称"二十四友"。其中有著名诗人欧阳建、潘岳、陆机、陆云、挚虞、杜育等。据石崇自撰《金谷诗序》，其聚会的情景是：

> 余与众贤……昼夜游宴，屡迁其坐……遂各赋诗，以叙中怀。或不能者，罚酒三斗。感性命之不永，惧凋落之无期，故列具时人官号、姓名、年纪，又写诗著后。

二十四友的聚会活动虽然不排除攀附朝廷权贵贾谧，以求政治上发达之意图。但从聚会的主要内容看，还是士人的游乐及文学创作活动。“金谷雅集”对后世文人聚会活动产生了直接的影响，最著名的是“兰亭雅集”。

东晋时，文人常常利用“修禊事”聚会。所谓“修禊”，据《周礼》记载，每年三月上巳日，女巫要在河边举行仪式，为人们除灾去病。禊者，洁也。魏晋之后，上巳修禊事定为每年三月三日。这一天，人们除了“洗濯祓除宿垢”，还要举行各种庆祝活动。士人则喜欢在小河边聚会，借流水传递酒杯，饮酒赋诗。这就是曲水流觞。

永和九年（公元353年）暮春，著名书法家王羲之与名士谢安、孙绰等在会稽山阴兰亭举行修禊之会。按照习俗，他们

兰亭寻胜

列坐在宛转的溪水旁，待酒杯顺水流到自己面前即赋诗。参加兰亭聚会的有 42 人，其中有 27 人赋诗，另 15 人不能赋诗被“罚酒各三斗”。事后，王羲之写下了著名的《兰亭序》，记叙了这一充满诗情画意的活动。文曰：

> 永和九年，岁在癸丑。暮春之初，会于会稽山阴之兰亭，修禊事也。群贤毕至，少长咸集。此地有崇山峻岭，茂林修竹，又有清流激湍，映带左右，引以为流觞曲水，列坐其次。虽无丝竹管弦之盛，一觞一咏亦足以畅叙幽情。是日也，天朗气清，惠风和畅，仰观宇宙之大，俯察品类之盛，所以游目骋怀，足以极视听之娱，信可乐也。

兰亭之会对中国古代士人的聚会方式产生了深远的影响。在春光明媚，天晴气朗的日子里，士人们欣然相聚，或饮酒畅谈，或濡毫命笔，在这种“一觞一咏”的氛围中，既感悟了人生的快乐，也激发了创作的灵感。正如苏轼诗云：“流觞曲水无多日，更作新诗继永和。”（《和王胜之》）后世文人聚会常常效仿兰亭故事。清嘉庆二年（公元 1797 年）八月上巳，著名学者阮元曾在兰亭举行过秋禊：“嘉宾在座，簪领既彻，游情共驰，再扬曲水之波，展修秋禊之礼。”（《研经室四集》卷 2）

古代士人聚会主要目的是以文会友，畅叙友情，切磋学术，同时，借聚会游览自然山川，领略人间胜景，也是一大乐趣。南朝著名文学家谢灵运与其族弟谢惠连、东海何长瑜、颍川荀雍，泰山羊旋之“以文章赏会，共为山泽之游，时人谓之四友”（《宋书·谢灵运传》）。

清人绘猗玕流觞

陈朝太建初年，文士李爽与张正见、贺彻、阮卓等为“文会之友”，后来又有蔡凝、刘助等人参加，“皆一时之士也”。他们“游宴赋诗，勒成卷轴”（《陈书·徐伯阳传》），由徐伯阳作序，盛传一时。

二、士人与诗文社

东晋以后，士人在频繁的聚会活动中又兴起了结社。社的含义较为复杂。陈宝良先生在《中国的社与会》(浙江人民出版社 1996 年版)将社分为五种:1. 土地之神;2. 古代乡村基层行政地理单位;3. 民间在社日举行的各种迎神赛会;4. 信仰相同、志趣相投者结合的团体;5. 行业性团体。就士人结社而言,多指信仰相同、志趣相投者结合而成的进行各种文化活动的团体。

士人结社较早的是东晋的“白莲社”。“白莲社”成立于太元十一年(公元 386 年),是僧俗合一的宗教性团体,主持人为僧人慧远。参加者有周续之、雷次宗等 6 位士人,还有 12 位僧人,共计 18 人,号称“十八贤”。据《宋书・周续之传》记载,周续之精通玄学,“既而闲居读《老》、《易》,入庐山,事沙门释慧远”。可知,白莲社的出现也反映了当时儒、玄、佛相结合的情况。白莲社开启了后世文人与僧人结诗文社的先河。

唐宋以后,因实行科举制,士人之间接触、交往增多,聚会结社更为频繁。宋代士人结社较有名气的是“江西诗社”。江西诗社为一诗歌流派团体,在社者有著名诗人黄山谷及陈师道、潘大临、谢逸、洪明、洪刍、吕本中等 25 人。黄山谷即黄庭坚,字鲁直,自号山谷道人,分宁(今江西修水)人,以诗文著称,与张耒、晁补之、秦观并称“苏门四学士”。他的诗以杜甫为宗,讲究修辞造句,强调“无一字无来处”(《答洪驹父书》),主张熔铸故实,“脱胎换骨”、“点铁成金”而出新意,反对陈言熟滥。以黄庭坚为首的江西诗社对于活跃诗坛,促进诗歌创作起了一定作用。在江西诗社的 25 人中,大多数不是江西人,称江西主要是黄庭坚的关系。

文人以诗会友

元代士人也常常以诗文会友、结社，如元人袁桷在《清容居士集》中说:“余尝会文于同志，反复力议，而卒以自病。”(《曹邦衡教授诗元序》卷 3)元末,在福建兴化府,士人组织“壶山文会”，以文字为乐。据载，壶山文会,“月必一会，或赋诗瑟弈、清谈雅歌以为乐，一时风流文雅有足尚者”(《古今图书集成·方舆会编·职方典》“兴化府部”)。元代诗社很盛行，其中活动规模最大的是“月泉吟社”。其倡导者是吴清翁,即吴渭。清人高士奇在《天禄识余》(卷下)记载了月泉吟社组织的赛诗活动:

浦阳吴清翁尝树月泉吟社，延乡之遗老方凤、谢翱、吴思齐辈主于家，至元丙戌小春望日，以春日田园杂兴为题，预以书告浙东西以诗名者，令各赋五七言律诗，至丁亥正月望日收卷。月终得诗二千七百三十五卷，属方、谢诸公品评之，中选者得二百八十人。

这是一次颇具规模的文人赛诗活动，参加者达 2735 人，有 280 人中选，堪称惊动东南诗坛。元末，诗社多而且活动频繁。《明史·张简传》载："当元季，浙东、西士大夫以文墨相尚，每岁必聊诗社，聘一二文章巨公主之，四方名士毕至，宴赏穷日夜，诗胜者辄有厚赠。"

明代，士人聚会及以文会友的风气更趋普遍。明代不少都市及名胜之地都有诗社活动。如无锡有"碧山吟社"，据邵宝《碧山吟社图记》载："其会则惟论诗。诗成，有燕（宴），肴珍数盘，饭一盂，酒八九行而已。"嘉靖年间，结诗社之风极为盛行。浙江有"湖社"、"越山诗社"；杭州有著名的"西湖八社"，即紫阳诗社、湖心诗社、玉岑诗社、飞来诗社、月岩诗社、南屏诗社、紫云诗社、洞霄诗社。西湖八社定期聚会，并定有"社约"。诗社活动的内容主要是饮酒赋诗，清谈"山水道艺"。自万历末年至明亡，文人结诗文社之风仍盛而不衰。这时文人结社一般以地方性的郡邑为界限，但也有跨地域的文社。北京、南京为各地士子文人聚集之地，这类文社较为普遍。崇祯年间，会稽徐介眉"纠合四方之士聚辇下者"，成立"因社"，后成员扩大，改名为"广因社"。艾南英路过南京，与王慎五、沈眉生等结成"偶社"。

雪天访友

清初，封建统治者为巩固统治，对士人推行高压政策，曾禁止士人结社，使士人结社之风一度消沉。清中期以后，士人结社之风又有所抬头。扬州、杭州文人雅士荟萃，诗文社最为兴盛。如扬州的马氏小玲珑山馆、程氏篠园、郑氏休园是清代文人雅集的主要场所。每次雅集，多为写诗、听曲，并品尝佳肴。清人李斗在《扬州画舫录》卷8记载：

到会期，于园中各设一案，上摆笔二，墨一，端砚一，小注一，笺纸四，诗韵一，茶壶一，碗一，果盒茶食盒各一。诗成即发刻，三日内尚可改易重刻，出日遍送城中矣。每会酒肴俱极珍美。

杭州有西湖山水之胜，为文人士大夫所向往之地，明清两代，杭州诗文社事一直很盛。清中期，有著名的“南屏吟社”，主持其事者为史学家杭世骏、厉鹗等人。还有“湖南吟社”，与会者达20人。嘉庆、道光年间，有“潜园吟社”、“汪氏东轩吟社”等。

由古代士人聚会而形成的诗文社，是带有消闲性质的文化团体，经常参加聚会活动的既有准备进科场的举子，也有官场致仕、下野的士大夫，他们在各种聚会活动中获得了精神上的享受，增进了士人之间的情谊，也繁荣了文化事业。正如明人方九叙在《西湖八社诗帖序》中所说：

夫士必有所聚。穷则聚于学，达则聚于朝，及其退也，又聚于社，以托其幽闲之迹，而忘乎阒寂之怀。是盖士之无事而乐焉者也。古之为社者，必合道艺之志，择山水之胜，感景光之迈，寄琴爵之乐，爰寓诸篇，而诗作焉。

志同道合，是士人相聚的基础，而吟诗诵词又是士人的雅兴，结诗社便成为士人聚会的主要形式。

文人琴会图

三、士人与其他形式的社

中国古代文人不仅以诗文聚会结社，消遣时光，还有其他方式的聚会。如一些耆年硕德的文人士大夫，或致仕闲居乡里，或在政事之暇，互相交游，结成各种老年人的团体。唐代诗人白居易于会昌五年（公元 845 年）设立“九老会”，包括九位 70 岁以上的老人，他们是李元爽、僧如满、胡杲、吉顼、刘爽、郑璩、张浑、卢真，其中最年长的李元爽 136 岁，白居易最年少 74 岁。自此以后，历代皆有九老会一类的老年团体，宋代最多。如宋至道年间，有九老集于京师；至和年间，又有“五

宋人绘会昌九老图

老会”；庆历六年（公元1046年），吴兴有“六老会”。明成化年间，蒋性中引归乡里松江，“合乡之高年行谊之人，月一酒食”，名为“莺湖九老会”。弘治初年，夏邑有“十老会”，经常相聚，“弈棋、弹琴、赋诗，时形图绘”(《枣林杂俎》和集)。清康熙年间，江苏武进有“醉乡十老会”。据说，十老并不善饮，不过“托于酒而逃”，故号称“醉乡”。(陈玉基《学文堂文集》卷8)乾隆十四年（公元1749年），在武进，庄柏承仕归后，与“里之宗人为唱酬雅集”，称“南华九老会”。其孙庄宇逵辑九老会唱酬之诗，为《南华九老会诗谱》。(王先谦《虚受堂文集》卷6)

文人士大夫的怡老消闲之会，除九老会、十老会等名称外，还有的称“耆英会”或“真率会”。耆英会始于宋。元丰五年（公元1082年），大臣文彦博在洛阳时，仰慕白居易的九老会，“悉聚洛中士大夫贤而以老自逸者于韩公第，置酒相乐”，谓之“洛

阳耆英会”。参加者有富弼、司马光等 13 人。后来，耆英会改为“真率会”。(周密《齐东野语》卷 20)

史载，司马光辞官后，与耆老六七人，“时相会于城中之名园古寺，……命之曰‘真率会’”。“真率”一词出自《晋书·羊曼传》:“论者以(羊)固之丰腼,乃不如(羊)曼之真率。”“真率”，有质朴、简素之意。此后，成为士人结社的名称。

元末，学者陶宗仪避兵乱隐居泗水之滨时，结交文人高士，仿司马光故事，亦结成“真率会”。明代大学士杨士奇求归致仕田里，没有被朝廷获准，他便与馆阁内同僚结为“真率会”，此会“约十日就阁中小集,酒各随量,肴止一二味,蔬品不拘取，为具简而欢数也”(焦竑《玉堂丛语》卷 7)。

除此之外，见诸史籍的怡老性质的团体还有许多。如逸老会、叙情会、怡情会、嘉乐会、颐年会、初服会、崇雅会、冠裳会、林间社、击壤会、耆年会、鼎社、寿俊会等。传统的文人士大夫生活十分消闲恬适，因而他们的生活情趣多种多样，文人中自娱自乐游戏式的会社也很多。

在饮食方面，宋人鲁应龙在《闲窗括异志》中记载，当时有人好食鳖，便“招宾友聚会而食”，号称“团鱼会”。蜀地盛产荔枝，每当荔枝熟时，李升便“设宴以会左右”，号称“荔枝会”。明万历年间，徐勃与好友作食荔枝之会，并取一雅名，称“红云社”。还有人喜欢食蟹，明末人张岱，在每年十月蟹肥之时，邀请友人及族中兄弟辈，组成“蟹会”，共同食蟹。此外，还有各种酒会、茶会。

在消遣娱乐方面，唐代有避暑之会。据《开元天宝遗事》

记载，长安人刘逸、李闲、卫旷，家世巨富，好接待四方之士，每年暑伏，“各于林亭内植画柱，以锦绮结为凉棚，设坐具，召长安名妓间坐，递相延请，为避暑之会”。宋元时，有初伏会。此会始于文彦博，他“以伏日为避暑”，每当早宴罢后，“泛舟池中，复出就厅晚宴，观者临池张饮，尽日为乐”。此会一直延续到元代。清代，在北京陶然亭时有“消寒社”活动。每年冬季，士大夫数人围炉饮酒，迭为宾主，称之为消寒社。此会有九人，定为九日，“取九九消寒之义”。

唐以后，士人喜欢赏花。士人在各种花卉中，尤爱牡丹。宋人张镃喜与士大夫交游，他曾于南湖园作“牡丹会”，人们观赏娇艳无比的牡丹，恍如仙游。文人赏花不忘作诗，明代的“玉堂赏花会”，赋诗者达40余人。清人李日华组织“竹懒花鸟会”，此会以赏花为主，一年中各季均有花会，兼及饮食、觞咏、翰墨之事，其目的是为了“月月常在花香鸟语中，作翰墨散仙”(李日华《紫桃轩又缀》卷2)。此外，喜欢琴棋书画的士人还组织各种琴会、诗社与画社。

从以上所述古代士人所结成的各种非政治性的会社可以看出，古代士人生活的情趣是极其广泛的，他们追求清雅、真率的生活方式，聚会不讲排场，不尚奢华。如清人狄亿所结菊社，其会具很简素：“为具不过五肴，十二小榼，以明俭也。……酒茗兼设，不能饮者，以茗代之。”此外，文人在聚会时，往往不以官衔高低为次序，而是以年龄大小为次序，即“序齿不序官”，而且不拘礼节，不讲虚文，如尤侗《真率会约》规定：“见只一揖，夏之日，不衣冠则拱，不看席，不告茶，不举杯箸。后至不迎，先归不送，虽迎送，不远。客或静坐，或高卧，或更衣小便，主不陪。主无文，仆亦朴，不扇、不帚、不巾栉，无责焉。虚文者罚。”清人狄亿《菊社约》也规定：“升堂一揖之外，尽除苛礼。”这些规定使文人聚会在自然、平等的氛围中进行。

在这类消遣性的士人聚会结社活动中，士人随心所欲，自娱自乐。或读书赋诗，或弹琴对弈，或清谈经史，或论禅悟道，一般都不涉及现实政治。如尤侗《真率会约》规定有三事不准谈：一“不谈官长”，二“不谈阿堵（指钱）”，三“不谈帷薄事”。张瀚所结怡老会，也规定：“若官府政治，市井鄙琐，自不溷及。”

第七章　士人与琴棋书画

在中国古代士人生活中，琴棋书画是最能代表士人特殊文化素质的生活方式。许多士人多才多艺，琴棋书画无所不能。如东晋王导弟王廙“少能属文，多所通涉，工书画，善音乐、射御、博弈、杂伎”(《晋书·王廙传》)。刘宋时，王微“少好学，无不通览，善属文，能书画，兼解音律、医方、阴阳术数”(《宋书·王微传》)。吴郡张永“涉猎书史，能为文章，善隶书，晓音律，骑射杂艺，触类兼善，又有巧思”(《宋书·张永传》)。古代士人之所以热衷琴棋书画，是因为琴棋书画不仅能表现士人的艺术水平和文化修养，还可以陶冶情操，宣泄情绪，平衡心态，结交知己，故士人对此情有独钟。

一、士人与琴

琴是中国古代最重要的乐器，琴也泛指音乐。在士人生活中，抚琴听曲是美妙的精神享受，也是表达情感的重要方式。早在先秦时期，人们就对乐器的表现力有深刻的理解。荀子在《乐论》中指出:“君子以钟鼓道志，以琴瑟乐心。”钟鼓为金石之声，雄浑优美，适于言志；琴瑟则平淡雅和，不追求声响，不追求技巧高妙，适于养心。悠扬的琴声能把人带入神奇、美妙的意境，使精神世界得到升华。许多古人都赞美过琴。西汉刘向在《琴说》中写道：

> 凡鼓琴，有七利，一曰明道德；二曰感鬼神；三曰美风俗；四曰妙心察；五曰制声调；六曰流文雅；七曰善传授。

桓谭在《新论》中说："八音之中，惟弦为最，而琴为之首。"宋代朱长文说："天地之和，其先于乐。乐之趣，莫过于琴。"(《琴史》)

古代士人中有许多善弹琴的高手，他们以琴交友，以琴传情，以琴励志，充分展示了音乐的魅力。相传春秋时俞伯牙善弹琴，钟子期则善于听琴，当俞伯牙弹奏表现高山的乐曲时，钟子期便赞美说："善哉，峨峨兮若泰山！"当伯牙弹奏表现流水的乐曲时，钟子期又赞扬道："善哉，洋洋兮若江河！"通过琴声，俞伯牙和钟子期结成知心好友。钟子期死后，俞伯牙无比悲伤，"破琴绝弦，终身不复鼓琴，以为世无足复为鼓琴者"(《吕氏春秋·本味篇》)。这就是流传久远的俞伯牙摔琴谢知音的故事。

西汉人司马相如长于辞赋，善于弹琴。在临邛，他以优美的琴声赢得了才貌双全的卓文君的爱慕。二人私奔成都，卓文君不嫌相如"家徒四壁"，一贫如洗，借资开一小酒馆，沽酒当垆。(《汉书·司马相如传》)东汉人马融，"性好音乐，善鼓琴吹笛，笛声一发，感得蜻蛚出吟，有如相和”(《续助谈》卷四《殷芸小说》)。东汉末年的蔡邕，博学多才，经史、书法、琴艺无所不通，尤善弹琴，曾创作著名琴曲《游春》、《渌水》、《幽居》、《坐愁》、《秋思》，合称“蔡氏五弄”。还撰著《琴赋》等论述琴乐的文章。蔡邕深谙乐器制作之道。在南方一次听到吴人烧饭时一块木材爆裂之声不同寻常，当即将其抢救出来，制作成琴，音质果然优美动听，因为琴尾部尚留炊火烧焦的痕迹，故称“焦尾琴”。蔡邕的女儿蔡琰也极富音乐才华，“博学而有才辩，又妙于音律”(《后汉书・列女传》)。

魏晋是音乐理论和音乐演奏全面兴盛的时期。在音乐理论上，嵇康提出了《声无哀乐论》，对传统的儒家音乐观提出了挑战。

在中国古代，儒家一向强调音乐的政教功能，认为音乐中寓含着人民对政治得失的感受之情。《礼记・乐记》说：“治世之音安以乐，其政和；乱世之音怨以怒，其政乖；亡国之音哀以思，其民困。声音之道，与政通矣。”儒家认为，统治者可以根据音乐中所反映的人民情绪来调节统治方法：“是故审声以知音，审音以知乐，审乐以知政，而治道备矣。”这种审乐知政的音乐观，后来被进一步夸大，认为圣人能够从音乐声中推测出吉凶祸福等信息。儒家的音乐观对音乐赋予了过多的政治伦理内容，不利于人们用音乐表达“自然之音”，抒发真实感情。这种音乐观对人有很强的束缚作用。以嵇康为代表的士人则反对儒家的音乐观。他在著名的《声无哀乐论》中提出了自己的见解。

嵇康认为,“音乐无系于人情”,“无主于哀乐”,只是一种自然之声的表现。他说:

> 夫天地合德,万物贵生,寒暑代往,五行以成。故章为五色,发为五音。音声之作,其犹臭味在于天地之间。其善与不善,虽遭遇浊乱,其体自若,而不变也,岂以爱憎易操,哀乐改度哉?

嵇康强调音乐的自然性质,反对儒家用教化的内容来禁锢音乐,同时,嵇康也要求用音乐抒发人的内心情绪。他在《与山巨源绝交书》中说,“今但愿守陋巷,教养子孙,时与亲旧叙阔,陈说平生,浊酒一杯,弹琴一曲,志愿毕矣”。嵇康的“声无哀乐论”主张将人的自然情感融入音乐,具有强烈的反礼教精神。

嵇康在《琴赋序》中进一步阐述了琴乐功能在于使人畅言达神。他所推崇的是一种超脱现实、与道合一的精神美。他在一首诗中写道:“目送归鸿,手挥五弦。俯仰自得,游心太玄。”(《兄秀才公穆入军赠诗十九首》)“太玄”指道家的“道”。嵇康的审美观明显地受到了道家的影响,追求淡泊优雅的精神境界。嵇康还认为,音乐可以导养人的精神,使人的精神处于平和宁静的“太和”境地,这对人的身心健康是十分有益的。他在《琴赋》中说:“怡养神气,宣和情志,处穷独而不闷。”嵇康的音乐观反映了他的人生观和价值观,在中国音乐史上占有重要地位。

琴承载了嵇康的生活追求和理想。在政治动荡，“天下多故”的魏晋时期，琴成为嵇康的忠实伴侣和感情依托。他一生都没有离开琴。《晋书·嵇康传》称他：“常修养性服食之事，弹琴咏诗，自足于怀。”嵇康创作的《长清》、《短清》、《长侧》、《短侧》四首琴曲，被称为“嵇氏四弄”。与“蔡氏五弄”被合称为“九弄”。隋代曾把弹奏“九弄”作为取士的条件之一。

据《晋书·嵇康传》，嵇康因对司马氏不满，引起了司马氏集团的嫉恨，终于借故将嵇康杀害。“将刑东市，太学生三千人请以为师，弗许。(嵇)康顾视日影，索琴弹之，曰：‘昔袁孝尼尝从吾学《广陵散》，吾每靳固之，《广陵散》于今绝矣！’”嵇康的死是悲壮的，其最震撼人心之处是临刑前仍坦然抚琴，潇洒告别人生，充分显示了嵇康高洁的人格。《广陵散》也因此成为中国音乐史上最为动人心魄的名曲。

嵇康像

嵇康之所以如此喜欢琴，与他生活环境险恶有直接关系，《晋书·阮籍传》说：“魏晋之际，天下多故，名士少有全者。”嵇康性格刚烈，但是满腔愤慨无以发泄，只有借助琴声了。阮籍也有与嵇康相同的心态。他除了借酒消愁外，也用琴来排遣自己的沉郁。史书说他“能啸，喜弹琴”，阮籍在《咏怀诗》中写道：“夜中不能寐，起坐弹鸣琴。”当然，悠扬的琴声也能给他们的生活带来欢乐，使他们暂时忘记忧愁，如嵇康有诗曰：“托好松乔，携手俱游。朝发太华，夕宿神州。弹琴咏诗，聊以忘忧。”他还写道：“琴诗自乐，远游可珍。含道独往，弃智遗身。”（《赠秀才入军诗》）“临川献清酤，微风发皓齿。素琴挥雅操，清声随风起”（《酒会诗》）。这全然是一副在幽雅悦耳的琴声中，低吟浅酌，悠然自得的神情。

嵇康抚琴

魏晋时期，很多士人爱琴，至死琴不离身。《世说新语·伤逝》载，名士顾荣死，家人知道他平日最爱弹琴，便把琴放在他的灵床上，以示祭奠。顾荣的好友张翰前来凭吊，失声痛哭，又走上灵床，拿起琴弹奏，弹了几支曲以后，用手抚摸着琴说："彦先（顾荣字）还能欣赏吗？"说完又伤心地大哭，然后没有同孝子握手慰问便出门而返。同书还记载，王子猷在得知弟弟子敬病逝的消息后，"不悲"，前去奔丧的路上也没哭。他知道子敬好琴，"便径入坐灵床上，取子敬琴弹，弦既不调，掷地云：'子敬，子敬，人琴俱亡！'因恸绝良久，月余亦卒"。王子猷把对弟弟的思念以及失去亲人的痛苦都寄托在琴声上，哪知实在无法控制自己的悲痛，调不好琴弦，愤然将琴掷地。在王子猷看来，琴是子敬生命的组成部分，子敬亡，琴也没有必要存在了，可见琴在士人心目中的地位何等重要！

魏晋时期，士人爱乐尚音之风极为盛行，善演奏喜歌唱的士人不胜枚举。《晋书·乐志》载："魏晋之世，有孙氏善弘旧曲，宋识善击节唱和，陈左善清歌，列和善吹笛，郝索善弹筝，朱生善琵琶，尤发新声。"据高华平先生统计，魏晋史籍中有姓名可考的知音、爱乐或解音律的士人达140余人（《玄学趣味》，湖北教育出版社1997年版）。这时期，有的整个家族成员皆通晓音律，如陈留阮氏、建安七子之一阮瑀，"善解音，能鼓琴"。其子阮籍"嗜酒，能啸，善弹琴"。阮籍的侄子，与他同列于竹林七贤的阮咸也是"虽处世不交人事，惟共视知弦歌酣宴而已"。他"妙解音律，善弹琴，人闻其能，多往求听，不问贵贱，皆为弹之"。著名的琅玡王氏和陈郡谢氏家族中多雅善音律，擅长乐器之人。爱乐之风至南朝更为盛行。颜之推在《颜氏家训·杂艺》中说："洎于梁初，衣冠子孙，不知琴者，号有所阙。"琴成为士人身份的象征。

南朝文人士大夫能歌善舞者比比皆是。《南史·王俭传》记载：一次，南齐皇帝萧道成在华林园设宴，令与宴文武大臣"各效伎艺。褚彦回弹琵琶，王僧虔、柳世隆弹琴，沈文季歌《子夜来》，张敬儿舞"。这时的士族之家，更因其优越的家庭环境和较高的文化素养，其子孙许多人精通音乐。如陈郡谢氏中的谢尚，多才多艺，精通数种乐器，能够边弹边唱。谢尚的堂弟谢安，也酷好音乐，善弹琴，他经常使用的一把鸣琴保留至齐代。

魏晋士人对音乐的理解是很深的。他们常以琴会友，讨论音律，显示出高雅的情趣。东晋人戴逵，琴、书、画无所不善，隐居会稽剡山，《世说新语·雅量》称：

> 戴公（逵）从东出，谢太傅（安）往看之。谢本轻戴，见，但与论琴书。戴既无吝色，而谈琴书愈妙，谢悠然知其量。

当时，谢安正在朝廷担任要职，地位比戴逵高许多。但是由于讨论琴书而从不了解到感情相通，可见其时士人生活情趣相投，音乐使他们成为知音。对于迷恋音乐的士人而言，音乐是心灵的符号，是感情的纽带，可以使人与人之间达到神交的地步。《世说新语·任诞》载：

> 王子猷出都，尚在渚下。旧闻桓子野善吹笛，而不相

> 识。遇桓于岸上过，王在船中，客有识之者云："是桓子野。"王便令人与相闻云："闻君善吹笛，试为我一奏。"桓时已显贵，素闻王名，即便回下车，踞胡床，为作三调。弄毕，便上车去，客主不交一言。

王子猷和桓子野没有任何功利目的，双方只是以乐会友。王子猷出于欣赏美好音乐的愿望，将礼节放在一边；而桓子野为满足子猷听笛的愿望，也并未考虑身份名位等问题，在美妙的笛声中，二人精神得到沟通，甚至连交谈都不需要了。这种高雅脱俗的情趣是魏晋风度的生动体现。

抚琴听曲已成为魏晋时期士人生活的一部分，《世说新语·言语》载：谢安对王羲之说："人到中年，不免伤于哀乐，每次与亲戚朋友别离时，常常数日心情不好。"王羲之说："晚年光景，自然如此，正该需要用丝竹管弦娱情养性，排遣胸怀。"正因为琴有调解情绪的作用，甚至连"不解音乐"的陶渊明也"畜素琴一张，无弦，每有酒适，辄抚弄以寄其意"(《宋书·陶渊明传》)。

竹林抚琴

中国古代喜爱音乐的士人不可胜数。唐代大诗人白居易也是一位。他酷爱音乐，善弹琴，每天清晨打扫庭院及诵读之后，总要把《秋思》弹奏一遍，然后才开始会客办事。外出时，也随身携带乐器，每当夜寂人静时，便入迷似地弹奏起来。他在《船夜援琴》中写道：

鸟栖鱼不动，月照夜江深。
身外都无事，舟中只有琴。
七弦为益友，两耳是知音。
心静即声澹，其间无古今。

白居易不仅爱弹琴，还爱听琴，他说：

白居易像

琴中古曲是《幽兰》，为我殷勤更弄看。
欲得身心俱静好，自弹不及听人弹。

《幽兰》是中国古老的琴曲之一，相传是梁朝丘明所作，音调优美，技巧高深，此曲一直流传至今。白居易对琴曲《渌水》也很喜欢，他在《听弹古〈渌水〉》中写道：

闻君古《渌水》，使我心和平。
欲识慢流意，为听疏汛声。
西窗竹阴下，竟日有余清。

白居易听琴曲《渌水》，有如领略了优美的自然风光，心境舒坦，使情绪有清新之感。白居易一生喜琴，直到晚年，仍陶醉在音乐之中。他在《好听琴》诗中写道：

本性好丝桐，尘机闻即空。
一声来耳里，万事离心中。
清畅甚消疾，恬和好养蒙。
尤宜听《三乐》，安慰白头翁。

在白居易看来，听了清畅而恬和的音乐既可解除疾病，忘却烦恼，又可保养心性，有益于身心健康。

古人抚琴听曲，非常讲究幽雅的环境和恬静的心情。松下泉边，高天皓月，是抚琴的好去处；净室焚香一炷，正襟危坐，更使抚琴平添几分雅兴。前引唐代诗人王维的诗《竹里馆》

所表现的就是诗人在清幽的竹林中，在明亮的月光陪伴下，一边弹琴，一边长啸，沉浸在安闲自得，尘虑皆空的意境中，令人心驰神往。常建在《江上琴声》中描绘了在江边抚琴的感受：

江上调玉琴，一弦清一心。
泠泠七弦遍，万木澄幽阴。
能使江月白，又令江水深。
始知梧桐枝，可以徽黄金。

在江边抚琴，心灵得到净化，感到江月更明亮，江水更

临溪抚琴

深沉。琴声营造出脱俗的氛围，使弹琴者从中领悟到心旷神怡的愉悦。

宋代大文学家欧阳修，晚年退居颍川，过着悠闲自适的生活，琴成为最钟爱之物，他讲究弹琴时的心境，在《赠无功军李道士》诗中曰：

> 无为道士三尺琴，中有万古无穷音。
> 音如石上泻流水，泻之不竭由源深。
> 弹虽在指声在意，听不以耳而以心。
> 心意既得形骸忘，不觉天地愁云阴。

陶醉在悠扬琴声的欧阳修，心灵与琴弦融为一体，甚至忘记了自己的存在，在琴声中寄托着对精神自由的追求。为获得精神上的高妙享受，古代士人对弹琴的环境有很高的要求，明代琴家杨表正在《弹琴杂说》中说：

> 凡鼓琴，必择静室高堂，或升层楼之上；或于林石之间；或登山巅；或游水湄；或观宇中。值二气高明之时，清风明月之夜，焚香静室坐定，心不外驰，气血和平，方与神合，灵与道合。如不遇知音，宁对清风明月、苍松怪石、巅猿老鹤而鼓耳，是为自得其乐也。

在各种适宜抚琴的场所中，环境优雅、静谧的园林无疑是理想环境。陶渊明的园林中，“花药分列，林竹翳如，清琴横床，浊酒半壶”。这里，琴、酒和园林浑然一体，景曲交融，充满了生活情趣。陶渊明认为，在园林中抚琴是一大乐事。他在《和郭主簿二首》中写道：

蔼蔼堂前林，中夏贮清阴。
凯风因时来，回飙开我襟。
息交游闲业，坐起弄书琴。

唐代大诗人白居易在洛阳的园林中，有一宽阔的水池，他在池北建书库，因为“无书不能训也”；池西筑琴亭，因为“无琴酒不能娱也”。他在《池上篇序》中，描述他在园林中弹琴听曲，悠闲自得的乐趣：

每至池风春，池月秋，水香莲开之旦，露清鹤唳之夕，拂杨石、举陈酒、援崔琴、弹姜《秋思》，颓然自适，不知其他。酒酣琴罢，又命乐童登中岛亭，合奏《霓裳散曲》，声随风飘，或凝或散，悠扬于竹烟波月之际者久之；曲未竟，而乐天陶然已醉，睡于石上矣。

由于琴在士人心中的特殊地位，故士人在营造园林时总要在园中筑琴台、琴室、琴亭，以示高雅。苏州的网师园、怡园中均有琴室；保定古莲花池有响琴榭和听琴楼。在上海嘉定的古漪园，有五座形态各异的太湖石峰一字排开，石峰正中置放一座琴形石桌，细看五石，宛如五位老者做专心听琴状，故题名“五老操琴”。显然这是园主人以奇石表现琴趣。

古代士人爱琴，并非人人精于琴艺，而主要是喜欢琴的韵趣，这与苏轼、袁宏道虽不善饮酒，但深知酒中之趣相同。《晋书·陶潜传》载：

(陶渊明)尝言夏月虚闲，高卧北窗之下，清风飒至，自谓羲皇上人。性不解音，而畜素琴一张，弦徽不具，每朋酒之会，则抚而和之，曰："但识琴中趣，何劳弦上声。"

性不解音，却能得琴中之趣，琴在陶渊明那里显然富有象征性。陶渊明凭借自己特有的生活感悟，从内心体验到古琴深刻的蕴意。晋末，陶渊明与周续之、刘遗民并称"浔阳三隐"，时人评论他们的生活时说："性之所遣，荣华与饥寒俱落，情之所慕，岩泽与琴书共远。"(《宋书·周续之传》)清代士人张宜泉对琴的看法与陶渊明相同，他在《春柳堂诗稿》中有诗云：

槐树阴深庭昼长，闭门独坐笑焚香。
棋虽有子何须着，琴即无弦亦不妨。

琴是古代士人生活中的好伴侣，白居易称琴为"老伴"。在悠扬悦耳的琴声中，士人更具风采，生活更富情趣。

二、士人与棋

围棋和琴一样，也是中国古代士人生活中一项重要的精神文化活动。琴是通过美妙动听的乐曲打动人心，使人获得精神的享受；棋则是通过静默和沉思以调节情绪，并汲取智慧的。

围棋也称“弈”，相传尧舜时期便有围棋了。西晋张华所著《博物志》云：“尧造围棋以教子丹朱，或曰舜以子商均愚，故作围棋以教之。”此传说虽无可靠根据，但说明自古以来下围棋不仅是娱乐，还具有教育功能。孔子曾对学生说过：“饱食终日，无所用心，难矣哉！不有博弈乎？为之犹贤乎已。”（《论语·阳货》）孟子也曾以下棋做比喻教育学生。有个棋艺高超的棋手叫弈秋，他教两个学生下棋，其中一个专心致志；另一个虽然听讲，心里却想着窗外将有大雁飞过，如何用箭射下来，两人虽然都跟弈秋学习，但效果却相差悬殊，这并不是智力的差别，孟子认为：“弈之为数，小数也，不专心致志，则不得也。”（《孟子·告子》）

对弈图

围棋所表现的是军事方面的智力游戏，不仅具有刺激性和挑战性，还包含着极丰富的艺术性和创造性的因素。东汉人马融在《围棋赋》中说："略观围棋，法于用兵，三尺之局，为战斗场。陈聚士卒，两敌相当，怯者无功，贪者先亡。"围棋以其巨大魅力深为古代文人士大夫喜爱。

魏晋南北朝时期，围棋活动空前繁荣。南朝著名文学家沈约在《棋品序》中说："汉魏名贤，高品间出，晋宋盛士，逸思争流。"这时，喜爱围棋的人数众多，高手迭出。曹操是汉末著名的政治家和军事家，他的棋艺水平高，与关中围棋名手山子道、王子真、郭凯等不相上下。近年在安徽亳州曹操祖父曹腾墓中出土了石制围棋，可知曹氏还是围棋世家。"建安七子"中不少人精通棋术。王粲最为突出。他记忆力超群，能够观棋复局。《三国志·王粲传》记载：他曾"观人围棋，局坏，粲为覆之。棋者不信，以帊盖局，便更以他局为之，用相比较，不误一道。其强记默识如此"。若没有高超的棋艺，是不可能熟练掌握复盘技术的。王粲还著有《围棋赋序》。建安七子之一应瑒所作《弈势》，流传至今，在这篇文章中，应瑒把战争与围棋联系在一起，从棋法看兵法，认为两者是相通的。围棋是棋拟战争，"有像军戎战阵之纪。旌旗既列，权虑蜂起。骆驿雨集，鱼鳞雁峙"。应瑒还用历史上战争的事例来说明围棋的棋理。

魏晋时期，围棋风靡一时，不少士人痴迷弈棋并通过下棋陶冶情操。这时文人名士追求脱俗放达的风度，下围棋也表现出别具一格的"名士棋风"。《晋书·阮籍传》记载，有一次，阮籍正与人下棋，忽然有人来告诉他母亲故去了，对方忙起身告辞，阮籍却拉住他，“执意留与决赌，既而饮酒二斗，举声一号，吐血数升”，然后才踉踉跄跄地跑回家去。阮籍在丧母之后表现似乎不合情理，其实恰恰表明他是感情真挚的孝子，他是借下棋和饮酒控制感情，驱散自己因丧母所造成的内心巨大的悲痛，尽管是短暂的片刻，却有稳定情绪的作用。

西晋人裴遐酷爱下棋，有时到了忘我的程度。《世说新语·雅量》记载：

> 裴遐在周馥所，馥设主人，遐与人围棋，馥司马行酒。遐正戏，不时为饮。司马恚，因曳遐坠地。遐还坐，举止如常，颜色不变，复戏如故。王夷甫问遐：“当时何得颜色不异？”答曰：“直是暗当故耳！”

“暗当”即默默承受之意。裴遐下棋入迷，以至被人拉倒在地，回到座位上，仍举止如常，依旧下棋，这不仅表现了他的棋瘾之大，还表现了他宽宏的雅量——这正是魏晋士人风度的表现。

东晋南朝著名的王谢家族中有许多人精通棋术。王导一家都喜爱围棋，他在家里常同长子王悦下棋。王悦孝顺听话，但下棋却很认真，寸步不让。一次，为了一着棋与王导争执起来，硬是按着王导的手不让落子，王导笑着说：我们都是一家人，何必如此呢？王导的次子王恬，“性傲诞，不拘礼法”，“多技艺，善弈棋，为中兴第一”(《晋书·王导传》)。

东晋名相谢安也是围棋高手，他常与王羲之、王坦之、僧人支遁一起下棋。谢安以棋控制感情，稳定情绪的故事在中国历史上传为美谈。公元383年，前秦大举进攻东晋，双方决战于淝水。东晋以谢安为征讨大都督，总领朝政，他的侄儿谢玄为前部都督，率军迎战。东晋军队不过8万，而前秦却有83万大军，双方力量悬殊，形势严峻，“京师震恐”，决战结果难以预料。谢安认识到国人的恐惧心理有可能导致严重后果，尽管他内心对战局揣测不安，但表面却很平静，“夷然无惧色”。为稳定军心，他特地在别墅与客人下棋，显得异常镇静。正在下棋时，谢玄派人送来战报，谢安“看书既竟，便摄放床上，了无喜色”。同他下棋的客人忍不住询问战斗结局，谢安淡然地说：“小儿辈遂已破贼。”其实，晋军大捷的消息早已使谢安无比欣喜，只是表面平静如常。《晋书·谢安传》记载，谢安回屋时，“过户限，心喜甚，不觉屐齿之折”。谢安在战局的关键时刻弈棋，表现了“矫情镇物”的大将气度和不凡的涵养，也表明下棋可以使人清心寡欲，控制感情冲动，排遣焦虑、紧张、激动等情绪，这就是谢安在形势险峻的情况下不选择其他活动而弈棋的主要原因。

魏晋士人尚玄学清谈，而围棋又甚玄妙，变幻莫测，颇合士人雅趣，故围棋又称“手谈”。《世说新语·巧艺》说，晋代名僧支遁，“以围棋为手谈”。又因为下围棋能使人有超脱凡世之感，故围棋又称“坐隐”，即无论身处何地，只要一坐在棋枰之前，便能摆脱世俗牵挂，与隐士无异。《世说新语·巧艺》：

“王中郎（坦之）以围棋是坐隐。”颜之推《颜氏家训》：“围棋有手谈、坐隐之目，颇为雅戏。”宋代黄庭坚在诗中写道：“坐隐不知岩穴乐，手谈胜与俗人言。”（《弈棋两首呈任公渐》）在古人看来，“坐隐”是比避世的身隐更高出一筹的心隐，手谈则比挥动麈尾的清谈更高雅。晋代，有人还将围棋比作“忘忧”，《晋书·祖纳传》：祖纳酷迷围棋，他的朋友王隐劝他，“禹惜寸阴，不闻数棋”。祖纳对曰：“我亦忘忧耳。”从魏晋士人对围棋的这些比喻可知他们下棋实际上是为追求内心安宁，人格独立，使生活更富情趣。

南朝时，围棋活动空前活跃，由于南朝的不少皇帝喜欢围棋，并亲自加以提倡，从而使围棋活动在全社会传播开来。南朝宋文帝是个棋迷，黄门侍郎羊玄保也爱下棋，一次，宋文帝与羊玄保下棋打赌，若羊玄保获胜，可任宣城太守，结果羊玄保赢棋，以补宣城太守。宋文帝还让“妙于斗棋”的褚思庄与羊玄保下棋，褚思庄与羊玄保会战后，把棋谱记下，带回京城，在文帝面前复盘进行研究。

南朝在位时间最长的梁武帝萧衍嗜弈成癖，《梁书·武帝纪》说他“性好弈，每从夜达旦不辍”。梁武帝赏识有棋才的人，不少棋手因弈见幸。当时棋界高手到溉、朱异、陈庆之、陆云公常陪梁武帝下围棋。梁武帝有时还与臣下赌棋为戏。散骑常侍到溉家中的园林中有奇石，梁武帝与他戏赌山石，到溉输棋后，将石献给梁武帝。“移石之日，都下倾城纵观，所谓‘到公石’也”（《南史·到溉传》）。

南朝围棋兴盛的重要标志是“品棋”，即评定棋手的品位。

早在三国时期，魏人邯郸淳在《艺经·棋品》中就曾将围棋棋艺分为九品，他说："夫围棋之品有九：一曰入神，二曰坐照，三曰具体，四曰通幽，五曰用智，六曰小巧，七曰斗力，八曰若愚，九曰守拙。"围棋等级制的出现和推行，刺激了棋手竞争，有利于围棋的发展。南朝时，将棋手定品，如"羊玄保，善弈棋，品第三"(《南史·羊玄保传》)。《南齐书·萧惠基传》载："琅琊王抗第一品，吴郡褚思庄、会稽赤松子并第二品。"梁代弈棋之风大盛，梁武帝曾两次评定棋品。《梁书·柳恽传》载："恽善弈棋，帝每敕侍坐，仍令定棋谱，第其优劣。"《南史·柳恽传》也载："梁武帝好弈棋，使（柳）恽品定谱，登格者，二百七十八人。第其优劣，为《棋品》三卷。"能够登格的围棋高手如此之多，可见梁朝围棋之盛。梁武帝大同末年，"(陆)云公受梁武帝诏校定棋品，到溉、朱异以下并集"(《南史·陆云公传》)。这次是对过去已定的棋品进行校定。定品后，还要将棋手的品级造册登记，记录在案。南朝时，还设立了专门管理围棋的机构。《南齐书·王谌传》："明帝好围棋，置围棋州邑，以建安王休仁为围棋州都大中正，(王)谌与太子右率沈勃、尚书水部郎庾珪之、彭城丞王抗四人为小中正，朝请褚思庄、傅楚之为清定访问。"这里的中正官与访察各地人品的中正不同，是主要负责察访举荐各地围棋名手的官员。

这时，北朝围棋虽不如南朝兴盛，但仍有不少围棋高手。史载北齐有二绝，一为画圣杨子华，一为善棋的王子冲。南北围棋高手也有过交流。北魏孝文帝太和年间，北方国手范宁儿曾随使团来到南朝，齐武帝命国手王抗对阵，王抗竟然落败。

(《北史·范宁儿传》)可见北朝棋艺水平不低。

两晋南北朝时，围棋棋盘更趋完善，出现了纵横十九线的棋盘，这种棋盘一直沿用至今。

唐代，围棋活动更为普及。唐朝皇帝中不少喜欢围棋。唐玄宗时，特设棋待诏官职，官阶九品，与画待诏、书待诏同属翰林院。棋待诏虽然官品不高，但这一制度却确立了围棋在中国古代文化史中的地位。

唐代著名的棋待诏有王积薪、顾师言、王叔文等人。王积薪棋艺高超。开元初，围棋高手冯汪号称天下无敌，在太原尉陈九言府邸“金谷园”摆下擂台，连续击败各路名将，王积薪也来应战，他与冯汪大战九局，最终取得胜利。王积薪把这九局棋都记录下来并加以评注，名为《金谷园九局谱》，这部棋谱在唐代棋界影响很大，宋代后亡佚。唐末诗人韩偓在一首诗中写道:“手风慵展八行书，眼暗休寻九局图。”可见这九盘棋棋势复杂,眼花的人不容易看清楚。王积薪还著有《棋势图》、《凤池图》、《棋诀》等棋书。他精深的棋艺来自于平日的勤奋，每次出游总是带着围棋，一路上以棋会友，即使平民百姓与他对弈,他也不推辞。由于他手不离棋,勤于思考,棋艺不断提高,“为唐时第一人”。

由于围棋活动得到了唐政府的支持，文人士大夫几乎无人不会下棋，唐代又是诗歌的黄金时代，许多士人写下了歌咏围棋的诗篇。杜甫喜爱围棋，常与朋友对弈。他晚年曾写诗追忆青年时代与棋友旻上人对弈的情景。诗中写道:“棋局动随幽涧竹，袈裟忆上泛湖船。”安史之乱后，杜甫经过数年的流亡生活，来到了环境优美的成都郊外浣溪畔，在这里，他靠亲友故旧的资助修建了草堂，获得了安居的栖身之所。他在《江村》中描述自己悠闲的生活。

清江一曲抱村流，长夏江村事事幽。
自去自来梁上燕，相亲相近水中鸥。
老妻画纸为棋局，稚子敲针作钓钩。
但有故人供禄米，微躯此外更何求？

这首诗中，杜甫的妻子亲自画棋盘，老夫妻从容对弈，孩子则在一旁敲敲打打，做钓鱼钩，可谓其乐融融。

白居易也精通棋艺。他以诗酒琴棋为四友，认为棋是最好的消闲娱乐方式。他说："送春唯有酒，销日不过棋。"(《官舍闲题》)"兴发饮数杯，闷来棋一局"(《孟夏思渭村旧居寄舍弟》)。他常与棋友通宵达旦地下棋。在江州，他结识了棋友郭虚舟，二人"晚酒一二杯，夜棋三数局"。后来，又结识棋友刘十九，更是棋逢对手。他在《刘十九同宿》中写道：

红旗破贼非吾事，黄纸除书无我名。
唯共嵩阳刘处士，围棋赌酒到天明。

白居易与好朋友元稹，互相敬重，交情很深，二人以诗齐名，并称"元白"。他们都酷爱围棋。长庆元年（公元821

年）元稹邀请好友到家中举行棋会，棋会进行了一夜，“眠床都浪置，通夕共忘疲”。直到金鸡报晓，残月西坠，仍然兴致不减。在元稹看来，下棋的乐趣非一般人所能理解。“此中无限兴，唯怕俗人知”。元稹的《酬段丞与诸棋流会宿弊居见赠二十四韵》，全诗48句，记录并热情歌咏了这次围棋盛会。

晚唐著名诗人杜牧，棋艺高超，他与国手王逢关系甚好，常在一起切磋棋艺。他在《送国棋王逢》中写道：

> 绝艺如君天下少，闲人似我世间无。
> 别后竹窗雪夜月，一灯明暗复《吴图》。

《吴图》是三国时代的棋谱。杜牧在风雪之夜，独自在竹窗下研究棋谱，可见他对围棋的痴迷。他在另一首《送国棋王逢》中表示“得年七十更万日，与子期于局上消”。“更万日”约30年，可知杜牧写此诗当在不惑之年，他希望自己如果能活70岁的话，还可以有一万天能与王逢手谈消日，此生足矣。

五代时期，战乱频仍，许多士人归隐山中，以下棋打发时光。郑云叟隐居少室山，“好棋塞之戏，遇同侣则以昼继夜，虽逆风大雪，亦临檐对局，手足皲裂亦无倦焉”（《旧五代史·郑云叟传》）。五代画家李成不仅擅长绘画，而且“善琴弈”，隐居乡里，终日“放荡酣饮，慷慨悲歌，与缙绅弈棋终日”。当时，在士人中曾流行弈棋赌钱的风气。后唐进士陈保极棋风不正，与人弈棋，“败则以手乱其局，盖拒所赌金钱，不欲偿也”（《旧五代史·陈保极传》）。

南唐绘画中的围棋图

宋代围棋更加普及。许多政治家、文学家、科学家都是围棋爱好者。欧阳修好围棋，晚年尤甚。他自号六一居士，其中就有一局棋，说明围棋是他生活中不可缺少的内容。他的《梦中作》曰：

> 夜凉吹笛千山月，路暗迷人百种花。
> 棋罢不知人换世，酒阑无奈客思家。

欧阳修最钟情的五件事是琴、棋、书、酒和金石遗文，这五者给他带来了艺术享受和精神愉悦，对此，他在《六一居士传》中深有感触地说：

> 吾之乐可胜道哉！方其得意于五物也，泰山在前而不见，疾雷破柱而不惊，虽响九奏于洞庭之野，阅大战于涿

鹿之原，未足喻其乐且适也。

宋代著名的政治家和文学家王安石将下棋作为一种休息方式，以此调适自己的情绪，他在《棋》诗中写道：

莫将戏事扰真情，且可随缘道我赢。
战罢两奁收黑白，一枰何处有亏成。

在王安石看来，下棋最终的结果还是要将棋子放回原来的盒子中，因此，胜负并无得失，大可不必“扰真情”。透过王安石对围棋的看法，不难发现作者旷达通脱的人生态度。宋代著名诗人黄庭坚也是一个围棋迷，他有《弈棋两首呈任公渐（其一）》，诗曰：

偶无公事负朝暄，三百枯棋共一樽。
坐隐不知岩穴乐，手谈胜与俗人言。
簿书堆积尘生案，车马淹留客在门。
战胜将骄疑必败，果然终取敌兵翻。

从此诗可见诗人着迷围棋到何等程度，公文上已积满了灰尘，车马在门外滞留已久，可是他全然不顾，定要在棋盘上拼个高低。在此诗其二，黄庭坚写道：

偶无公事客休时，席上谈兵校两棋。

心似蛛丝游碧落，身如蜩甲化枯枝。

这里表现了诗人下棋意志集中，已达到忘我境界。若不精围棋，是不会有此体验的。

陆游也酷爱围棋，他写下了许多咏棋的优美诗句。如“畦地闲栽药，留僧静对棋”(《用短》)。“午枕为儿哦旧句，晚窗留客算残棋”(《闲中书事》)。“消日剧棋疏竹下，送春烂醉乱花中”(《书怀》)。“懒爱举杯成美睡，静嫌对弈动机心”(《幽居》)。透过这些诗句，可以看到下棋为陆游的生活增添了许多乐趣。

明清时期，由于商品经济的发展，城市日益繁荣，商人和市民阶层发展壮大，围棋也进入了市民文化，受到了他们的喜爱。而文人士大夫阶层善弈棋者更是不可胜数。弈棋、观棋、评棋成为士人生活的重要内容，是表现他们才智的重要方式。

明代大才子唐寅常与画家文征明、沈周等一起弈棋、赋诗，他在《棋诗》中描写一痴迷的弈棋者：

杨柳阴浓夏日迟，村边高馆漫平池。
邻翁挈盒乘清早，来决输赢昨日棋。

明代著名小说家、《西游记》作者吴承恩，不仅擅长诗文，对围棋也很精通。他喜与围棋国手交往，以提高棋技。他的长诗《围棋歌赠鲍景远》、《后围棋歌赠小李》等，热情称颂国手鲍一中（即鲍景远）、李釜的高超棋艺，同时也表达了他们之间深厚的友谊。由于明代围棋高手众多，棋艺各有特色，于是出现了专门品评围棋人物的棋书。如王世贞的《弈旨》、冯元仲的《弈旦评》等，这些棋书综合评述了历代围棋名家，列入品评的明代围棋高手就有 30 多人。在明代围棋家中，最有名的是明末的过百龄。过百龄名文年，无锡梁溪人。天资聪颖，爱好读书，11 岁时便通晓围棋，经常与成人棋手对弈，而且战绩不俗。曾战胜过“弈品居第二”的叶向高。后来，过百龄进京，大败老国手林符卿，确立了“天下第一国手”的地位。过百龄曾著《官子谱》、《三子谱》、《四子谱》等棋书，为围棋技艺的提高起了推动作用。

清代是中国围棋史上的鼎盛时期。此时，新老棋手交相竞逐，围棋高手不断涌现，继过百龄之后，黄龙士又成为一代新棋王。黄龙士名虬，又名霞，字月天，江苏泰县（今泰州市姜堰区）人。自幼天资过人，16 岁便成为国手。他可称天才棋手，曾与誉满棋坛的围棋高手盛大有鏖战七局，连战皆捷，震惊棋坛。后又战胜各路高手，威震棋坛，可惜英年早逝，是棋界的一大损失。

就一般士人而言，他们的棋技自然不能与那些专业围棋国手相比，士人下棋主要目的是为了消遣娱乐，调适情绪，增加生活中的乐趣。如南宋人王十朋，绍兴二十七年（公元 1157 年）中进士，官至龙图阁学士，晚年致仕还乡，修葺祖传房屋，特辟一室，用来读书、待客、下棋。他著有《梅溪集》，其中有《弈棋》诗曰：“光景老尤惜，忍销枰弈间。娱宾欠丝竹，一局战清闲。”王十朋认为，虽然老年时间宝贵，但还是要手谈棋枰之间。朋友来了，有音乐弹奏，并摆开棋局开战，共同享受清闲。

下棋固然充满了乐趣，观棋也乐在其中。古代许多士人喜欢观棋。宋代大文学家苏轼曾说自己平生有“三不如人”，即下棋、喝酒和唱曲，但他喜欢观棋，喜欢看别人喝酒，以此感受棋酒之乐。他有《观棋》诗，其序云：

予素不解棋，独游庐山白鹤观，观中人皆阖户昼寝，独闻棋声于古松流水之间，意欣然喜之。

在古松流水之间对弈，无论弈者还是观者，皆能净化心灵，忘却生活中的烦恼，苏轼写道：

五老峰前，白鹤遗址，长松荫亭，风日清美。我时独游，不逢一士。谁欤棋者，户外屦二。不闻人声，时闻落子，纹枰坐对，谁究此味？

苏轼观棋追求的是精神愉悦，并不在乎胜负。他说：“胜固欣然，败亦可喜，优哉游哉，聊复尔耳。”

清初李渔也认为观棋是与己无关的消闲活动。他在《闲情偶寄》中说：“善弈不如善观，人胜而我为之喜，人败而我不必为之忧，则是常居胜地也。”清代不少士人都喜观棋，感受坐山观虎斗的快感。如郭登：“怕死贪生错认真，无筹多少费精神。看来总是争闲气，笑杀旁观袖手人。”王夫之：“胜负如儿戏，闲情壁上观。……旁观有明眼，一著谁争先。”这些咏棋诗对弈棋持壁上观态度，在一定程度上反映了士人无意卷入人事纠纷，追求超脱、恬淡的人生理想。

不过，纵观古代士人观棋诗会发现，许多士人还是将棋局视为人生和世途的象征，通过观棋体验人生的哲理和社会的兴衰变化。宋代著名理学家邵雍有一首《观棋大吟》，全诗180韵，1800字，字数比古代著名长诗《孔雀东南飞》还多。邵雍学识渊博，精通天文数术之学，曾以八卦图像、天干地支来对应和解释自然和社会变化。《观棋大吟》则是将对弈与历史事件相联系，视世事如棋局，观棋即可知世，“死生共抵两家事，胜负都由一著棋”。该诗涉及古今重大历史事件70余起，提到50多位历史人物，可谓洋洋大观。邵雍通过论棋表达了自己的社会历史观。

清代钱谦益喜爱观弈，遇有高手对弈，“看棋竟日夜”。他写作了大量观棋诗。如《观棋绝句六首为汪幼青作》、《金陵后观棋绝句六首》、《武陵观棋六绝句》等。钱谦益的观棋诗，有的显示其闲情逸致；有的则借棋抒情。钱谦益生活在明清之际，时值清代江山已定，朱明天下一去不复返，王朝的易代使钱谦益十分伤感，只有借写观棋诗来表达内心的哀怨和对故国的思念。如他的《后观棋绝句六首》：

寂寞枯枰响泬寥，秦淮秋老咽寒潮。
白头灯影凉宵里，一局残棋见六朝。

如同抚琴讲究清悠的环境，古代士人下棋也要求有良好的氛围。好友如约而至，酒棋交错，在谈笑风生中摆下棋局，会令人豪兴大发，无比畅快。白居易常邀朋友相聚，饮酒对弈。明代吴宽有诗曰：

> 江州司马（即白居易）不爱官，笑领诸客来盘桓。
> 棋枰书卷各有适，适意岂在陈杯盘。
> 酒酣耳热忽起舞，戏折名花斜插冠。

酒与棋往往如影相随，有朋友，有好酒，棋兴会更浓。唐杜荀鹤有诗曰：

> 酒入杯中影，棋流局上声。
> 不同桃与李，潇洒伴书生。

下棋是一种高强度的思维活动，对弈是双方心灵的交流，无声的语言沟通。需要凝神静气，深思熟虑，故“静”是弈者追求的理想棋境。唐代杜荀鹤用“对面不相见，用心如用兵”来形容双方完全沉浸在棋局中，几乎达到了忘却对手，忘却自我的境界。白居易的《池上二绝之一》也描绘弈棋之静：

> 山僧对弈坐，局上竹荫清。
> 映竹无人见，时闻下子声。

竹林深处，只闻棋声，不见棋人，在幽静清爽的环境中，以弈消时，实在是一大乐事。对弈之静，不仅要环境幽雅安静，弈棋人的心态也要宁静，这才是和谐之静。明初高启《围棋》诗曰：

偶与消闲客，围棋向竹林。
声敲惊鹤梦，局罢转桐阴。
对坐忘言久，相攻运意深。
此间原有乐，何用橘中寻。

竹林对弈，敲棋脆响，惊醒鹤梦，局罢已是夕阳西下，二人冥思苦想，不发一言，此中快乐，旁人不知，只有他们自已感受得到。这里虽然境静、心静，然棋盘上却是金戈铁马，拼杀得难解难分。可谓静中见动，动中有静，动静相宜，妙然成趣。

在幽静的环境中，棋声如同乐声，清脆悦耳，给人以美妙的享受。清人张潮在《棋论》中对一年四季的自然声音进行了描绘，也包括棋声。

春听鸟声，夏听蝉声，秋听虫声，冬听雪声。白昼听棋声，月下听箫声，山中听松声，水际听欸乃声，方不虚生此耳。若恶少斥辱，悍妻诟谇，真不若耳聋也。（《幽梦影》）

古人弈棋，最理想的弈棋环境不仅静，还要美。优美的环境与幽静的气氛相契合才能衬托出弈棋的高雅情趣。美景秀色其实就是自然的山川和自然的生活。前引杜甫的《江村》便是吟唱棋境之美的经典之作。杜甫的名句："楚江巫峡半云雨，清簟疏帘看弈棋。"则是作者在观棋时所感受到的山川之美与弈棋之雅。

许多士人喜欢到大自然中去，一边徜徉于秀丽的景色之中，一边弈棋，其心境十分畅快。白居易诗云："何处春深好，春深博弈家。"明代张以宁："松风冉冉羽衣轻，石上谈棋笑语清。"(《题观弈图》)古代士人在不同气候、不同的时间对弈均有特殊的感受。下雨时，屋外的雨声和室内的棋声两相交错，动静合谐，别有一番情趣。如杜牧："王子纹楸一路饶，最宜檐雨竹萧萧。"(《送国棋王逢》)温庭筠："一局残棋千点雨，绿萍池上暮方还。"(《春日访李十四处士》)韦庄："十亩野塘留客钓，一轩春雨对僧棋。"(《长年》)赵师秀："黄梅时节家家雨，青草池塘处处蛙。有约不来过夜半，闲敲棋子落灯花。"(《约客》)雨给大自然带来的是生机，给人们带来的往往是好心情，雨天弈棋，别有一番乐趣。清人张潮深有感触地说："春雨宜读书，夏雨宜弈棋，秋雨宜检藏，冬雨宜饮酒。"雪天弈棋亦有情趣。郑谷："烟蓑春钓静，雪屋夜棋深。"(《郊园》)黄滔："句成苔石茗，吟弄雪窗棋。"(《题友人山斋》)士人还喜欢在静谧的夜晚弈棋。白居易："晚酒一两杯，夜棋三数局。"(《郭虚舟相访》)许浑："夜棋留客宿，春酒劝僧倾。"(《赠高处士》)

总之，小小的围棋包容了广阔的历史时空，也折射出人生的沧桑，古代士人醉心弈棋，往往感悟的是历史，体验的是人生。在秀美风景映衬下，对弈成为士人的高雅享受。正如苏轼在《司马君实独乐图》中所描绘的：

> 青山在屋上，流水在屋下。中有五亩园，花竹秀而野。花香袭杖屦，竹色侵盏斝。樽酒乐余春，棋局消长夏。

三、士人与书法

书法艺术是我国古代文化中的瑰宝。在古代士人生活中的四件雅事中，书法占有特殊位置。这是因为士人抚琴、下棋、绘画的水平不高，尚可说得过去，然而字写得不好，不仅脸上无光，甚至连科举考试都难以通过。隋唐科举取士的标准之一是书法，应考者书写水平的高低，是评定成绩好坏的因素。唐代科举考试中有“明字”一科，《新唐书·选举制上》：“唐制，取士之科……有明字。”唐代一个士子通过礼部考试，只是取得了做官的资格，还要到吏部应试，通过以后方能授官。吏部考试的内容是“身、言、书、判”四方面，其中的“书”就是书法。唐代规定：“凡书学，先口试，通，乃墨试《说文》、《字林》二十条，通十八为第。”吏部铨选官员时，特别要看“书”的水平，“楷法遒美”者人选。著名书法家还可以受到特别使用，在中央任职。虞世南就曾担任唐太宗的侍书，即高级书法顾问。他死后，唐太宗叹息道：“虞世南死，无与论书者！”著名书法家褚遂良、柳公权都曾任过侍书。

由于书法水平关系到士人的前途，故古人很重视书法训练。唐代专门设立书法学校进行书法教育，称“书学”，由书学博士授课。学习内容“以《石经》、《说文》、《字林》为专业，余字书亦兼习之”(《唐六典》卷21)。除了在专门学校学习外，在其他学校学习的学生也有“学书”的训练。著名书法家虞世南、柳公权都曾在贵族子弟学校弘文馆内教授楷书。

学习书法具有明显的功利性和实用性，历代士人学习书法的风气很盛，许多人孜孜不倦，刻苦练字。东汉人张芝，自幼好学，为提高书艺，终日练字不辍，他家门前有一池塘，每天练字后都在池塘中洗涤笔砚，年复一年，池塘的水都变黑了，成为“墨池”。张芝创造了“今草”的书体，其字多一笔写成，又称“一笔书”，张芝被尊为“草圣”。唐代大书法家怀素因家境贫寒买不起纸，便植万余株芭蕉，以叶充纸，苦练不已，仅用废的笔就有好几箩筐，他将其掩埋，称“笔冢”。

中国古代士人在习书写字过程中发现并创造了书法的艺术之美，使书法更具观赏性，富有陶冶情操、美化生活的作用。在古代书法史上，名家辈出，流派纷呈，无数士人为发展、光大书法艺术贡献出自己的才智。学书习字，以字交友，以字表达自己的情感，成为士人生活中不可缺少的一部分。

在中国书法史上，公认的第一位书法家是秦朝李斯。秦统一中国以后，推行了一系列巩固和加强中央集权的制度和措施，其中对字体进行了统一规范，“罢不合秦文者，于是天下行之”。李斯以周代以来的大篆为基础，“删其繁冗，取其合宜”，开创了一种新的字体“秦篆”，即“小篆”，成为全国统一用的标准文

李斯峄山刻石

字。李斯的书法流传至今的有他随秦始皇巡游时书写的泰山石刻。李斯的字形式简洁明快，整齐端庄又生动有力，被视为“学者之字匠”，对后世书法产生了深远的影响。

秦代的小篆是官方的规范字体，但这种文字装饰性很强，在生活中并不实用，故难以推广。从出土的秦代的竹简看，民间普遍流行的是隶书。关于隶书的起源，东汉许慎《说文解字·叙》认为秦始皇时“初有隶书”，起因是当时“官狱职务繁，”小篆书写繁难，而隶书书写简易。据说，隶书是程邈发明的。程邈是秦代衙吏，因犯罪而被关在云阳监狱中。他在监狱中，经过十年的深思熟虑，对篆书进行了研究和改造。“益小篆方圆而为隶书”。并把这种新书体上奏给秦始皇，秦始皇很高兴，放程邈出狱，并被擢升为御史，掌管文书及记事。

汉代，隶书在日常生活中广为使用，汉隶的显著特点是质朴自然，既严整精密，又不纤巧做作，具有一种雄浑的气魄。汉代已出现了专以书法闻名的人。有人专门收藏书法名家的墨宝。《汉书·陈遵传》:(陈遵)“性善书，与人尺牍，主皆藏去以为荣。”这说明书法已成为一门独立的艺术。

魏晋南北朝时期，书法有很大发展，汉魏之际人钟繇是著名的书法家。他精通各种字体，并锐意创新，在前人的基础上改变了隶书的体势，使隶、楷分流，别为两体，从而完成了楷书的最后定型。钟繇被后人称为楷书的“鼻祖，”并把他与东汉的草书名家张芝合称为“钟张”，又与东晋王羲之并称为“钟王”。

在中国书法史上，东晋人王羲之是声望最高、影响最大的书法家。

王羲之字逸少，是东晋士族首领王导之侄，官至右军将军，人称王右军。他七岁学书，师从书法名家卫夫人，13 岁就已

王羲之像

知名。他在吸取前代、当代书法家和民间“俗字”精华的基础上，创造出一种“新体行书”。他的字“飘若浮云，矫若惊龙”，体现出一种平和自然，含蓄俊逸之美，观赏王羲之的墨迹，会感到他像在漫不经心地挥毫自娱，但一切又浑然天成，了无雕饰。他的字在当时就为人珍视。《晋书・王羲之传》记载，王羲之喜欢鹅，山阴一道士想求他的字，便特意养了一群漂亮的鹅，果然，王羲之看到这些羽毛洁净，姿态优美的鹅时，非常高兴，想把鹅买下来，道士说:“为写《道德经》，将群鹅相赠耳。”王羲之爱鹅心切,“欣然命笔，笼鹅而归，甚以为乐”。这就是王羲之书成换白鹅的故事。

羲之饲鹅

代表王羲之书法最高水平的是《兰亭序》。《兰亭序》书于东晋永和九年（公元 353 年），是王羲之与 40 余位名士在会稽山阴雅集盛会时所作。《兰亭序》的书法意境融彻而深邃，是众多美实质的和谐统一，被誉为“天下第一行书”。王羲之的书法以其高妙的艺术水平深为后人赞赏。他被誉为“书圣”。梁武帝说：“羲之书字势雄逸，如龙跳天门，虎卧凤阁，故历代宝之，永以为训。”唐太宗李世民对王羲之的书法十分崇拜，在编纂《晋书》时，亲自为王羲之传作赞辞。说：“详察古今，研

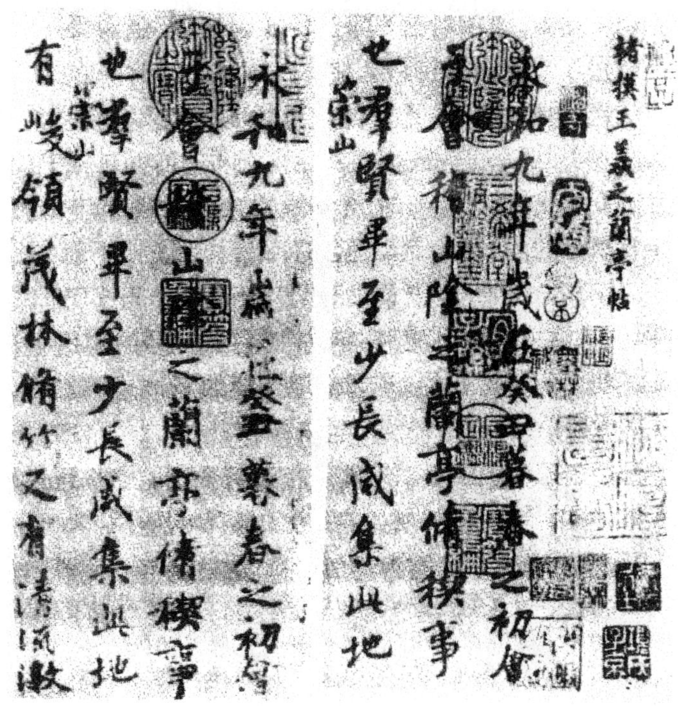

王羲之《兰亭序》

精篆素，尽善尽美，其惟王逸少乎！”唐太宗还将《兰亭序》真迹搜罗到手，反复欣赏，临终前遗命将《兰亭序》真迹陪葬昭陵。今日所见《兰亭序》是古代喜欢《兰亭序》者的摹本。

王羲之出身于东晋高门琅邪王氏，王氏家族中能书者颇多，在王羲之的七个儿子中，有五人善书法。其中最有成就的是小儿子王献之。王献之自幼随父学书，非常认真。一次，他正在写字，王羲之悄悄到他身后，猛然去拔他手中的笔，不料献之握笔很紧，王羲之没有拔动，于是感叹道："此儿后当复有大名。"(《晋书·王羲之传》)王献之不仅工正、行书，还学张芝，精于草书。他的草书笔势飞动，神纵自如，每个字往往一笔而成，还有两个字一气呵成的。梁武帝萧衍对王献之的字非常赞赏，在《书评》中说："王献之书，绝众超美，无人可拟。"

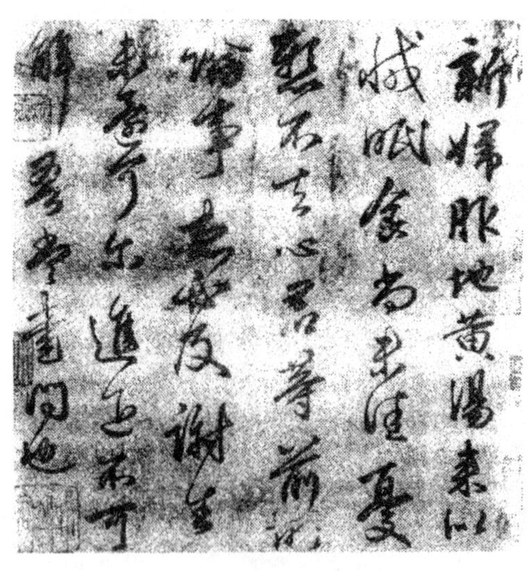

王献之《地黄汤帖》

唐张怀瓘在《书断》中称他的行书“兴合如孤峰四绝，迥出天外，其峻峭不可量”。王献之的书法与父亲齐名，并称“二王”。王氏父子对中国书法艺术的发展起了重要的推动作用。

唐代是书法艺术十分兴盛的时代，其特色是诸体皆精，名家辈出。初唐时，士人书法皆宗师“二王”。欧阳询的行书即深受王羲之书体的影响，他又融合魏晋南北朝碑刻，其书风自成一家，创造了“欧体”这一新书体。欧阳询学书十分刻苦。一次出行，他发现了西晋书法家索靖所写的古碑，深为其骨势峻迈的笔力所折服。驻马站在碑前，反复观赏，良久而去。刚走数步，又转回身仔细观摩，累了就把毯子铺在地上，坐着揣摩。他在碑边旁住了三天，直到把索靖的笔势完全掌握了才离去。

颜真卿像

从书法的历史发展看，书法风格常常受到时代风气的影响。唐前期，从“贞观之治”到“开元盛世”，政治局面稳定，社会经济高度发展，对外经济文化交流频繁，士人阶层的思想开放，在书法上则表现出雄浑壮阔、刚健挺拔的特征。颜真卿、柳公权的楷书和张旭、怀素的狂草颇能体现这一特征。

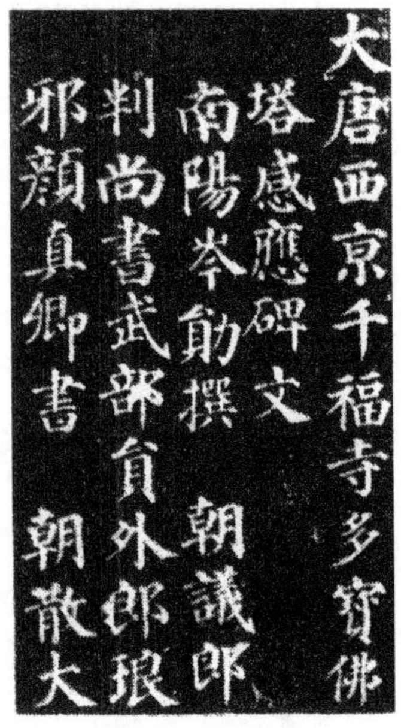

颜真卿《多宝塔碑》

颜真卿是继王羲之之后在书坛上产生巨大影响的又一位书法大师。他的书法正而不拘，从容于法度之中，而有闲雅自得之趣。他的字左右基本对称，每个字都以正面形象对人，显示出庄重正大的气度。颜体的楷书字与字、行与行之间都比较紧密，有一种满篇满幅茂密充实的气势。

唐代另一位楷书大师柳公权书法造诣很高。他的书法初学王羲之，又兼收并蓄，将颜书、欧书和魏碑的长处融注到自己的笔法中，最后形成了自己的风格，世称“柳体”。柳体楷书以劲健为主，字形趋于清瘦，偏重骨力而予人以俊俏英伟的美感，后人把他和颜真卿的字誉为“颜筋柳骨”，共同代表了唐代书法艺术的典型风格。

唐代在各体书法中，成就最高的是草书。草书是由章草发展而来。相传，东汉章帝时，齐相杜度上奏章时嫌隶书写起

柳公权《神策军碑》

来速度慢，就用比隶书更为简捷、书写速度更快的草体来写。汉章帝很喜欢这种字体，于是，这种字体便被称为“章草”。也有人认为，草书早在秦汉时便在实际生活中使用，只是汉元帝时，史游写《急就章》，非常著名，故称章草。后来，章草又被今草所代替，擅长草书的士人汉代有张芝，晋代有王献之，唐代有张旭、怀素等。

草书是一种非定型的字体，其笔画汪洋恣肆，人的性情、情感都在龙飞凤舞的乘兴挥洒中得到充分表现，获得一种宣泄的快感。张旭曾是颜真卿的老师，有深厚的楷书功底，然而，他最有成就的是狂草。张旭平日注意观察各种自然现象和动植物的变化，并在其草书的艺术风格中体现出来。他的草书笔法纵恣，笔势连绵，变化莫测，但节律分明，形成一泻千里的壮美气势。后来，人们把李白的诗歌，斐旻的剑舞，张旭的狂草称为唐朝“三绝”，流传后世。

唐朝另一位草书名家怀素，曾是张旭的学生，其书法如骤雨旋风，曲若惊蛇。相传李白有一首《草书歌行》，称赞怀素“少年上人号怀素，草书天下称独步”。与怀素同时的御史李舟说：

张旭像

“昔张旭之作也，时人谓之张颠；今怀素之为也，余实谓之狂僧。以狂继颠，谁曰不可？”后人把怀素与张旭并称“张颠素狂”或“颠张狂素”。

宋代以后，书法名家不断涌现，为后人留下了不少书法精品。黄庭坚是宋代最有名的书法家。他的书法颇受颜真卿的影响，又有所创新，求“神似”而不求“形似”。他的字在结体上成聚字心之势，长笔伸展，疏密对比强烈而巧妙，豪宕中流露出韵趣，被称为“辐射式”书体。元代最负盛名的书法家是赵孟頫。他练字刻苦，据说，他学古人书法10年不曾下楼，后书技精通，下笔神速，一日能写万字，而无一笔失度。他的书法用笔圆转流美，骨力秀劲，也称“赵体”。

明朝初期，封建统治者对士人采取笼络和控制并用的政策，文网严密，动辄加罪，文坛流行以点缀升平的“颂圣”之作，此种诗文称“台阁体”。台阁体文风也浸染到书风。“台阁体”的书法，端正、清丽、漂亮，成为规范性的字体，却无个性，缺乏强劲的生命力。至明中后期，由于商品经济的发展，人们对个性自由的渴望日益增强，在文学中，出现了

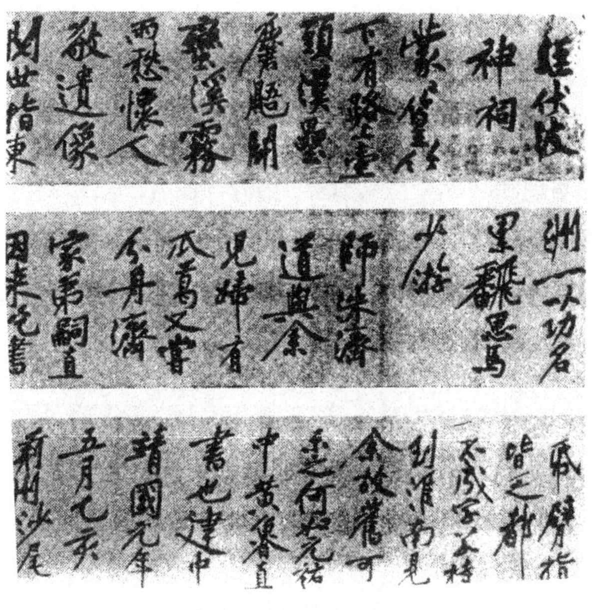

黄庭坚《伏波神祠诗》

大量反映市民追求自由生活的作品，在书法上，士人则注重展示个人的情怀，与束缚手脚的“台阁体”形成了鲜明对比。在当时人文荟萃的苏州，出现了以祝允明、文征明为代表的吴门书派。

祝允明字希哲，因右手拇指旁有枝指，自号枝山。他与徐祯卿、唐寅、文征明称“吴中四才子”。祝允明生性豪爽，举止倜傥，不拘礼法。他学习书法范围广泛，对晋唐以来重要书法家的作品都能吸收其长处，并融合到自己的创作中来，形成了独特的风格。祝允明成就最高的是草书。他的狂草纵横挥斥，奔放直前，无拘无束，甚至突破行与行之间的阻隔，为笔画构造出一种新形式。他被称为“明代草书第一人”。

文征明是明代杰出的书画家，在书法上楷书、行书尤其精好。他的楷书师承晋唐诸名家，笔锋挺秀，结体端庄。他82岁时书写前后《赤壁赋》，清劲雅秀，没有一笔松懈，给人以炉火纯青的观感。

清代，一些书法家在字体上讲究变化，与众不同，形成了个性鲜明的书体。清初傅山严厉批评呆板毫无生气的“台阁体”:“好好笔法，近来被一家写坏，晋不晋，六朝不六朝，唐不唐，宋元不宋元，尚暖暖姝姝。”他有针对性地提出“四宁四毋”的主张:“宁拙毋巧，宁丑毋媚，宁支离毋轻滑，宁真率毋安排。”傅山追求刚劲雄浑的书风，他的行草书，若干个字一笔写成，连绵直下，如龙飞凤舞，运笔迅疾流畅，又有顿挫跌宕，全无柔媚、靡丽之气。

清初八大山人朱耷是一位书画奇人。他是明皇室后裔，明亡入清，一度为僧又曾做道士。他的书画都很有特色。他款署“八大山人”，常常连写，像“哭之”、“笑之”，寄寓故国之痛。他写行草书，常用秃笔，以圆转藏锋来书写粗细均匀的点画，结体匀称，字与字之间很少连笔，表现出雄浑圆健、傲岸刚劲的艺术风貌。

清代扬州八怪之一郑板桥是一位怪字专家。他擅画兰竹，书法掺杂正、草、隶、篆、行，自称“六分半书”，其行款布局如“乱石铺街”，却乱中有致，自有一番情趣图。与郑板桥同时代的诗人蒋士铨在一首诗中写道：

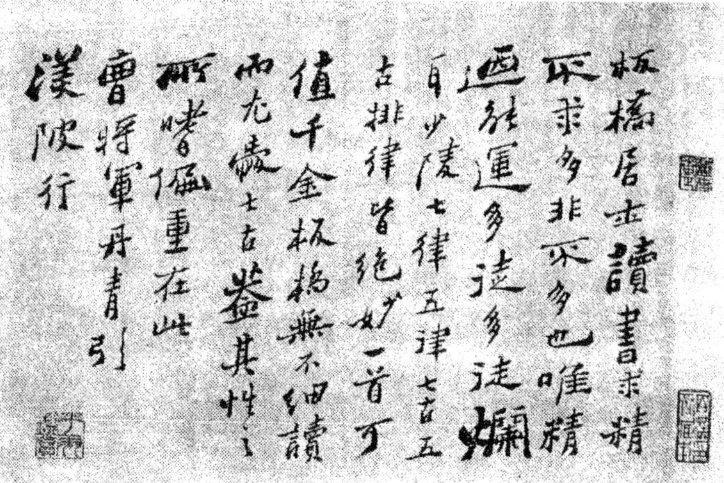

郑板桥《板桥自序》

板桥作字如写兰，波磔奇古形翩翻。

板桥写兰如作字，秀叶疏花见委致。

常言说，言为心声，书为心画。书法在很大程度上是士人心灵的体现。士人常常将自己的情感倾注于笔墨之间，乘兴挥洒，而形成佳作。

唐代著名书法家颜真卿的侄子颜季明被安史叛军杀害，颜真卿闻讯后，极度悲愤，挥笔写下了《祭侄季明文稿》，他书写时任凭激情澎湃，不加修饰，一气呵成。文中多有涂改之处，成为作者真挚痛切之情的结晶。据说此文还有手抄搞，但不见流传，可能手抄搞不及草稿情意酣畅，故不被人重视。

郑板桥曾在山东任十几年县令，目睹官场腐败，社会黑暗。任潍县县令时，有一年闹灾，他擅自开仓救济灾民，得罪了上司，一怒之下，挂冠而去。回到扬州，终日写字作画，抒发心内不平。他的书画常常洋溢着落拓不羁、高雅脱俗之气。乾隆二十六年（公元1761年），郑板桥作《巨石兰竹图》并题字：

> 终日作字作画，不得休歇，便要骂人。三日不动笔，又想一幅纸来，以抒其沉郁之气。

这幅画的题字，在突兀峻嶒的山石上部，随石势布局，或大或小，长扁不一，错落歪斜，如大海的波涛，奔腾跳跃，势不可挡，将郑板桥一腔沉郁之气，尽情泄出。

古代士人生活中离不开酒，人在欢乐时，酒是良友；人在悲伤时，酒是知己。酒可以助诗兴，借酒挥毫，亦可使书法更加飘逸、洒脱。

被称为"天下第一行书"的《兰亭序》是王羲之在"天朗气清，惠风和畅"的环境中，心情舒畅，并得酒兴相助之时书写的。事后，王羲之对如此美妙的作品也惊叹不已。他多次重写，终达不到原先的艺术高度。可见，临摹与创作在书法艺术中是完全不同的两件事。离开了特定的气氛、环境和心境，即使作者本人也难以再现书法作品的神韵。

以酒助兴，赋诗作书，是唐代士人的时尚，士人皆视之为雅事。流传千古的《滕王阁序》便是"初唐四杰"之一王勃在酒酣耳热之后，凭借酒力，"对客操觚，顿刻而成，文不加点"。《新唐书·王勃传》载："勃属文，初不精思，先磨墨数升，则酣饮，引被覆面卧，及寤，援笔成篇，不易一字，时人谓勃为腹稿。”唐代两大草书家张旭和怀素都是以酒后作书闻名。张旭性情放纵，酷爱饮酒，醉酒后，总呼叫奔走，并喜欢趁醉执笔疾书，激动时以头濡墨而书。酒醒后，自视为神力所使，不可复得。唐代诗人李颀在《赠张旭》诗中生动描绘了张旭酒后挥毫的神态：

张公性嗜酒，豁达无所营。
皓首穷草隶，时称太湖精。
露顶据胡床，长叫三五声。
兴来洒素壁，挥笔如流星。

张旭的学生怀素虽是僧人，但不拘佛礼，喝酒吃肉，放纵不羁，人称“醉僧”。马宗霍《书林纪事》载：怀素“每酒酣兴发，遇寺壁、里墙、衣裳、器皿，靡不书之。尝自叙云：‘醉来得意两三行，醉后却书书不得。’”事实证明，酒能使人暂时摆脱精神束缚，进入无拘无束的境界。而草书汪洋恣肆，纵情挥洒，最能体现个性和

东坡先生品砚图

抒发情感。故酒后乘兴奋笔疾书,人的情感能得到畅快地宣泄。正如怀素所说:“饮酒以养性，草书以畅志。”

中国古代士人中喜欢酒后挥毫的还有宋代大文学家苏轼。苏轼虽喜欢饮酒，但酒量有限，常常几杯下肚便醉卧而眠，醒来之后，下笔好似风雨一般，他说:“兴来一挥百纸尽，骏马倏忽踏九州。”此处之“兴”，不仅有酒后的灵感，更有他平时艰苦磨炼的结果。黄庭坚有诗云:“东坡老人翰林公，醉时吐出胸中墨。”(《题子瞻画竹石诗》)南宋诗人陆游，自号放翁，也喜醉中狂书。陆游酒后作书，常为抒发忧国情怀，排遣胸中块垒。他有诗云:“平生嗜酒不为味，聊欲醉中遗万事。酒醒客散独凄然，枕上屡挥忧国泪。”

清初八大山人朱耷,性情狂怪,杯中之物,随身不离。据说,他见酒必饮,一饮必醉,醉后必书,书之必佳。因而,爱其书者,常设酒宴招待他，并预先备好纸墨，朱耷酒后，便卷袖操笔，狂呼大叫，即兴挥毫，数幅佳作，立时便就。

古代士人酒后挥毫，虽然能产生传世佳作，但是，上乘的艺术品绝非靠酒精刺激才能产生的。艺术创作需要不懈地努力和刻苦地钻研，而古代士人饮酒往往有多种原因:有生活的适宜和欢乐;有壮志难酬的愤懑;有对现实政治的不满;还有以酒避祸存身。总之,人的喜怒哀乐均可以通过酒来尽情宣泄,酒后挥毫便是释放内心种种情绪的方式之一。士人并非为创作佳品而饮酒，酒后有佳作，乍看似乎漫不经心，信手拈来，实则是由其深厚的艺术功底所决定的，酒不过是一种媒介。正如明人张丑说:“借酒助气，自是（张)旭（怀)素遗风，非深于书学者不能道耳。”(《清河书画舫》未集)

习书写字是古代士人生活中的重要内容，学习书法不仅可以调节心态，排除杂念，增加审美情趣，还是一项有益于身心健康的活动。写字需要手、眼、心、气相配合，腕、臂、肩乃至全身协调，运笔时要聚精会神，讲究力度，因此对身心产生微妙的“养生”功效，促进身体健康。清周星莲在《临池管见》中说：

> 作书能养气，亦能助气。静坐作楷书数十字或数百字，便觉矜躁俱平；若行草，任意挥洒，至痛快淋漓之时，又觉灵心焕发。

古往今来，大多数书画家都能高寿，性情亦以率真、平和、散淡者居多，可见其修身养性之功效。

四、士人与绘画

绘画是中国古代文人生活中的四件雅事之一。历代文人中，曾出现过许多技艺精湛的绘画大师，他们的杰作为中华艺术宝库增添了光彩。

画龙点睛

东晋人顾恺之是中国画史上最早有画流传至今的著名画家。他的名作《女史箴图》是我国现存的最

顾恺之像

吴道子像

早的卷轴画。顾恺之作画重在“传神”，尤其注意人物面部表情的刻画。相传他画人物，常常数年不点睛，人问其故，他说:“人的躯干四肢不是主要的，画像传神，关键在眼珠。”唐代，最杰出的画家是被称为“画圣”的吴道子。吴道子擅画人物，他笔下的人物比例准确，形象逼真，笔墨线条细腻，笔势圆转，而衣服飘举，好似轻风拂衣一般。这就是闻名画史的“吴带当风”。中国古代著名的画家不可胜数，如宋代有董源、范宽、米芾;元代有赵孟頫;明代有董其昌等。

不过，就一般士人而言，作画主要是为了消遣，调整情绪，丰富精神生活，获得美的享受。故宋代士人称书画为“清玩”、“墨戏”。也有不少士人通过作画寄托个人的喜怒哀乐和理想抱负，表达对社会、人生的思考。

在绘画内容上，古代士人对山水画情有独钟。山水画自六朝成为独立画科以来，一直兴旺不衰。士人画山水并非简单地对自然的描摹，而是凝聚着画家的多种情感。在古代士人眼中，山水自然之景是极富感情和意境的。欧阳修有诗云："清风明月本无价，远水近山皆有情。"南北朝的王微在《叙画》中写道："望秋云，神飞扬；临秋风，思浩荡。"清代恽寿平在《瓯香馆画跋》中说："春山如笑，夏山如怒，秋山如妆，冬山如睡。"在他们看来，秋云、秋风和一年四季之山不仅是自然的存在，还是主观的自然，人化的自然，充满了感情色彩。可以说，中国山水画是心灵的艺术，传神的艺术。

古代士人通过山水画常常表现出对超越世俗、实现自由人格的向往。宋代山水画大师郭熙在《林泉高致》中说：

> 林泉之志，烟霞之侣，梦寐在焉，耳目断绝。今得妙手郁然出之，不下堂筵，坐穷泉壑；猿声鸟啼，依约在耳；山光水色，滉漾夺目。此岂不快人意，实获我心哉？

郭熙提出山水画要能表现出"可行"、"可望"、"可游"及"可居"的特点。可见，山水画为士人提供了一个独特的精神家园，理想的栖息之地。士人从山水画中感受到的快感从他们题画诗词中可常常见到。如宋代画家米友仁的《题董源夏山图》：

> 崇山过新雨，苍翠浓欲滴。

林深不通人，溪回有吟客。
日落古道青，天青暮云碧。
何处一声蝉，幽栖仍自得。

元代画家黄公望《为袁清容长幅》：

入山眺奇壑，幽致探何穷。
一水青岑外，千岩绮照中。
萧森凌杂树，灿烂映丹枫。
有客茅茨里，居然隐者风。

明唐寅自题《春山伴侣图》：

春山伴侣两三人，担酒寻画不厌频。
好是泉头池上石，软莎堪坐静无尘。

这些山水画所表现的意境，都是古代士人的理想去处。这里“静无尘”，在此“幽栖”做“隐者”，可以远离尘世的名利和烦恼，回归自然，实现人与自然合一的理想。

中国古代士人作画很少为艺术而艺术。他们画山水，寄托自己的理想和情怀；他们还喜欢画被誉为“四君子”的梅、兰、竹、菊，以此象征人格的高洁。

梅花生长于隆冬，傲霜斗雪，不畏严寒，一直为画家所钟爱。元代画家王冕擅长画梅。自称“平生爱梅颇成癖，踏雪行穿一

王冕像

双履"(《题月下梅花》)。他写了大量的咏梅诗。在其编著的《竹斋集》中，有各种体裁的咏梅诗近90首。王冕尤善画墨梅。他曾画"墨梅图"，图中一枝含苞欲放的梅花横斜在画幅中间，枝干苍劲有力，长达数尺。在画的左上角，王冕自题一诗：

吾家洗砚池头树，个个花开淡墨痕。
不要人夸好颜色，只留清气满乾坤。

诗画交相辉映，借物抒情，表达了作者的情怀心志。王冕还著有《梅谱》，其中记载了北宋僧人华光画梅的故事：

> 老僧画时，必先焚香默坐，禅定意静，就一扫而成。人或难戏之曰："昔子猷好竹，师何僻于梅乎？"老僧正色曰："真趣安许轻薄子所知耶！"问者悚然。

这"真趣"便是画家心目中的精神寄托，或自勉，或抒胸中之逸气，这也许正是一些"轻薄子"所无法知晓的。

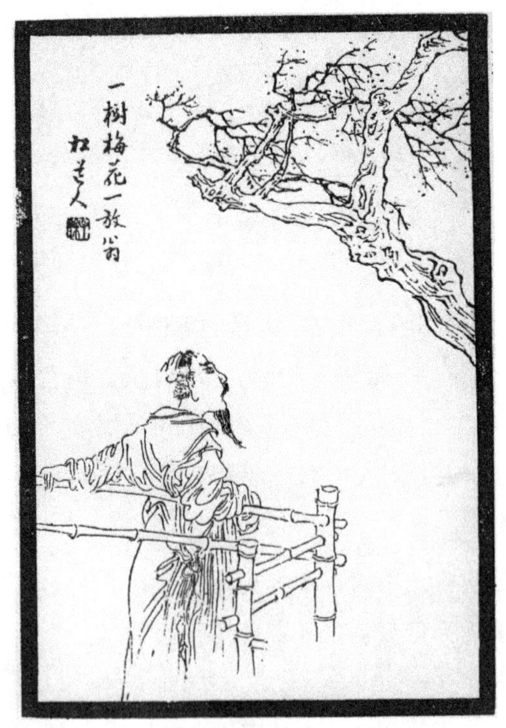

一树梅花一放翁

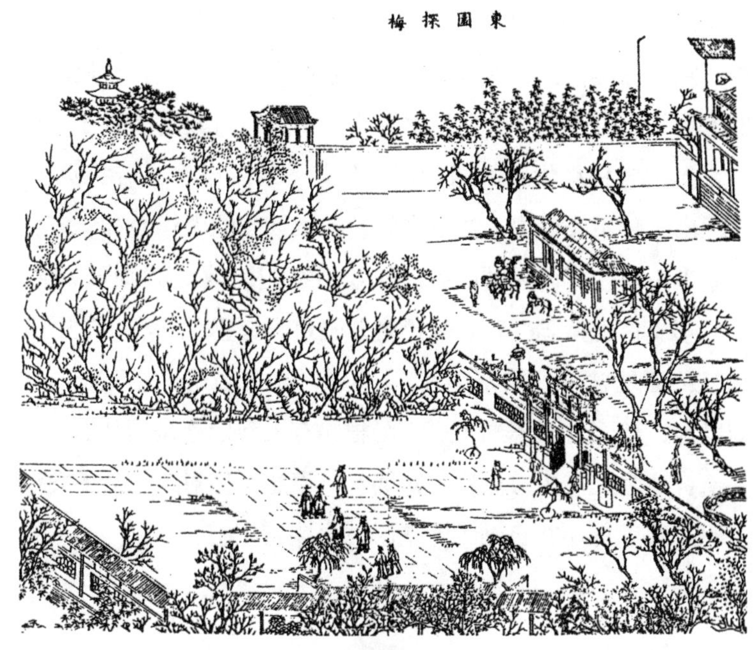

东园探梅

清代“扬州八怪”之一汪士慎也善画梅，他曾有一幅《疏香图》，以墨笔画出梅干粗放、劲挺，并自题诗一首：

> 小院栽梅一两行，画空疏影满衣裳。
> 冰华化水月添白，一日东风一日香。

好友罗聘补题道：“唯恐脂粉污颜色，写出佳人浅淡妆。”

兰草也是中国古代文人画家关注的题材。在中国古代，兰草被视为美好事物的象征，《易·系辞》说：“同心之言，其臭如兰。”用兰的芳香比喻同心。中国人自古以来贵重兰花。《左传·宣公三年》:“兰有国香。”黄庭坚说:“兰之香盖一国，则曰国香。”(《书幽芳亭》)屈原对兰十分钟爱，将其喻为君子。后世文人也竞相用优美的语言讴歌兰草，借兰自喻，借兰明志。体现出一种不染红尘，洁身自好，孤傲清高的人格精神。宋代画家米芾是较早画兰的画家。他曾将兰、梅、松、菊画于一纸。元代郑思肖也擅画兰草。郑思肖曾画过一幅墨兰长卷,长丈余，题云:“纯是君子，绝无小人。”郑思肖是宋之遗民，元统一中国以后，他画兰常不画土，不画根，有人问他这是为什么，他答道:“地为人夺去，汝犹不知耶？”表达了他对宋亡后的复杂情感。郑思肖还在自画的无根墨兰上题诗一首：

郑思肖像

向来俯首问羲皇，汝是何人到此乡？
未有画前开鼻孔，满天浮动古馨香。

诗中的“羲皇”即羲皇上人，太古之人，代指古雅的墨兰。作者有感于宋朝国土沦丧，向无土无根的兰草发问，你是何人，为何来到没有存身国土的“此乡”？后面两句是说，画家在未作画之前，张开鼻孔，便能闻到兰花那满天浓郁的芳香，这种香味还带有古意。显然，诗中的兰香已不全是自然属性，而是被赋予了社会属性，是高洁、坚贞的人格象征，对“古馨香”的追求，表现了作者对故国的怀念。古与故有谐音双关之意。

郑思肖《墨兰图》

在古代士人的绘画中，菊也是常见到的题材。菊开花晚，在春光明媚，百花盛开时节没有菊的身影。但在肃杀凋零的秋天，菊花却昂首挺胸，一枝独秀。因此，颇受文人画家的推崇和赞美。

渊明爱菊

晋人成公绥写《菊颂》赞扬菊花:“绿叶黄花,菲菲彧彧,芳逾兰蕙,茂过松柏。”赏菊是文人生活的雅兴之一。陶渊明的名句“采菊东篱下,悠然见南山”。“菊花”、“南山”均成为作者品格的自况。

元代画家郑思肖曾画菊并自题诗:

花开不并万花丛,独立疏篱趣未穷。
宁可枝头抱香死,何曾吹堕北风中!

此诗与前引郑思肖咏兰诗一样,作者通对菊的赞赏表达了自己要坚持气节,不屈服蒙元统治的决心。

在古代士人绘画中最常见到的是竹。青竹，直且有节，象征正直有气节，竹心空，又象征谦虚，竹秀美挺拔，象征潇洒俊逸，竹经冬不凋谢，欺霜傲雪，又象征不屈不挠的顽强意志。早在先秦时，竹就与“君子”的称号联系在一起了。《诗·卫风·淇奥》：

瞻彼淇奥，绿竹猗猗，
有斐君子，如切如磋，
如琢如磨，赫其烜兮。

古代士人从竹子身上看到了君子的多种性格，故喜养竹、画竹者很多。白居易喜养竹，他写有《养竹记》，文曰：

竹似贤，何哉？竹本固，固以树德，君子见其本，则思善建不拔者；竹性直，直以立身，君子见其性，则思中立不倚者；竹心空，空以体道，君子见其心，则思应用虚受者；竹节贞，贞以立志，君子见其节，则思砥砺名行，夷险一致者。夫如是，故君子人多树之为庭实焉。

这就是竹子的“四大美德”。士人欣赏竹子的坚贞、挺拔，喜以画竹自喻、自励者不可胜数。唐人萧悦善画竹，曾赠送白居易一幅竹画，白居易非常高兴，特地写了一首《画竹歌》：

植物之中竹难写，古今虽画无似者。

萧郎笔下独逼真，丹青以来唯一人。
人画竹身肥臃肿，萧画茎瘦节节竦。
人画竹梢死羸垂，萧画枝活叶叶动。
不根而生从意生，不笋而成由笔成。
…………
举头忽看不似画，低耳静听疑有声。

由此诗可知萧悦画的竹子不仅形似而且神似，形象逼真，富有动感，达到了很高的水平。宋代有不少竹画家，据说闫世安画竹能表现风、雨、雾、雪中的不同势态。苏轼也是一位画竹大家，他画的竹线条和笔力都很强劲。

郑板桥

中国古代士人中酷爱画竹者当属郑板桥。板桥名燮，扬州兴化人，生活于康熙、乾隆年间。他在生活中处处离不开竹，他爱吃鲜竹笋，尤其爱吃“江南鲜笋趁鲤鱼”。种的是竹，“余家有茅屋二间，南面种竹，夏日新篁初放，绿阴照人，置一小榻其中，甚凉适也”。看的是竹："晨起看竹，烟光日影露气，皆浮动于疏枝密叶之间。"尤爱画竹。郑板桥画竹是从窗纸上描绘日光、月辉所投射的庭中竹影开始的。他曾在一则画题中自言："凡吾画竹，无所师承，多得于纸窗粉壁日光月影中耳。"后虽入仕，曾任山东范县、潍县县令，仍未忘画竹。他景仰青竹的高洁、豪迈，曾自题《竹石图》，将竹做了人格化的比喻。文曰：

> 盖竹之体，瘦劲孤高，枝枝傲雪，节节干霄，有似乎士君子豪气凌云，不为俗屈。故板桥画笔，不特为竹写神，亦为竹写生。瘦劲孤高，是其神也；豪迈凌云，是其生也；依于石而不囿于石，是其节也；落于色相而不滞于梗概，是其品也。竹其有知，必能谓余为解人；石如有灵，只当为余肯首。

郑板桥故居

郑板桥特别赞赏竹子的那种坚贞顽强的品格，他写诗赞美道：

> 咬定青山不放松，立根原在破岩中，
> 千磨万砺还坚劲，任尔东西南北风。

郑板桥不独爱竹，对兰亦一往情深，竹下常添几笔兰，顿使画面活泼起来。他对兰草的评价也很高：

郑板桥《竹石图》

> 四时花草最无穷，时到芬芳过便空。
> 唯有山中兰与竹，经春历夏又秋冬。

郑板桥还将竹兰相比较，指出它们的相似之处：

> 竹干叶皆青翠，兰花叶亦然，色相似也；兰有幽芳，竹有劲节，德相似也；竹历寒暑而不凋，兰发四时而有蕊，寿相似也。

郑板桥画竹兰时，喜以石点缀其

间，并在画上题诗留言。他的字体貌疏朗，笔力劲峭，与画相配，十分和谐。在一幅竹兰石画中，郑板桥题诗说：

> 四时不谢之兰，百节长青之竹，万古不移之石，千秋不变之人，写三物与大君子为四美也。

可见，郑板桥是借竹兰石抒发个人情怀，表现自己的胸襟节操，寓人格之美于绘画的意象笔墨之中。郑板桥的画不媚俗，不趋势，他画竹还包含着同情人民疾苦之情。他曾说："凡吾画兰、画竹，画石，用以慰天下之劳人，非以供天下之安享之人也。"

古代士人不仅通过画梅兰竹菊寄托情感，还喜画花鸟表达自己的心境。清初八大山人朱耷，系明宗室后裔。少年时聪明过人，8岁能诗，善书法，工篆刻，尤精绘画。凭其杰出的才华和家庭背景，当前途无限量。然而，明清易代，使他美好的前程化为泡影。入清以后，他为避免政府的迫害，装聋作哑，在家门口贴了一个大大的哑字，整日作画写诗，宣泄胸中的郁闷和满腹牢骚。八大山人的画多是"残山剩水"，满目凄凉。他画的鱼、八哥、鸭子、猫，总爱用淡墨绘出形体，而将眼睛部分夸张，眼珠点得又黑又大，有时甚至画成方形的。如他的《荷花水鸟图》，画幅中间是一块倒立的孤石，上蹲一只孤零零缩脖翻白眼的水鸟，下面是斜出的残荷，一片冷落、孤寂、萧条。这幅画实际抒发了一种乾坤颠倒而又无可奈何的愤世之情。

朱耷的画

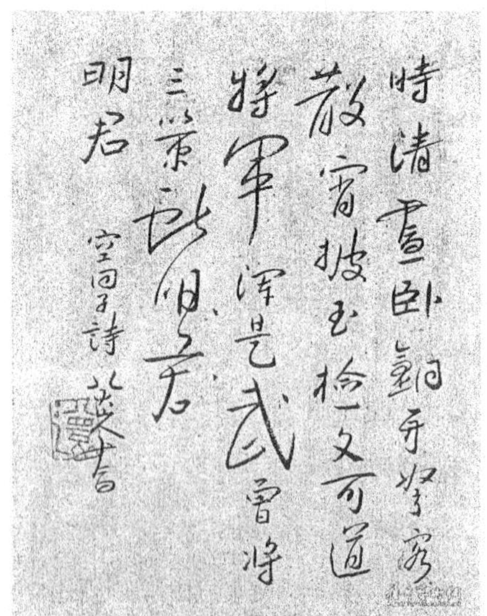

朱耷的书法

八大山人还有一幅《牡丹孔雀图》，这本来是表现富贵吉祥的题材，而八大却画得一片凄惨。画面的上半幅是山石悬崖，下垂一丛牡丹和几片竹叶；下半幅是两只孔雀，交叉站立在一块下尖上圆、颇不稳定的笋形石块上，令人奇怪的是孔雀尾巴上只有三根羽翎。原来，他是用三翎孔雀来代表那些头戴“三眼花翎”(清朝头品官帽)的清朝官员，那两只孔雀一缩肩，一伸颈，神情丑陋，毫无美感可言。下面那块尖头倒立的石头，暗示他们坐立不稳，迟早垮台。这幅画较明显地透露出八大山人对当时统治者的态度，是一幅颇具政治讽刺意义的作品。

八大山人

古代士人作画常常喜欢在画上题款、钤印，这也是一种表达情怀的方式。宋元以前，题款一般“补画之空处”，画不碍题，题不侵画，题款是独立部分。至明清时，题款方式有所突破，题款形式多样，变化多端。如石涛的题款长于奇制，题款往往从画面穿过，别开生面。他在《淮扬洁秋图》的上端加了数百字的题跋，叙述扬州的历史变迁，抒发个人感慨，画与字交相辉映，十分壮观。

在画中题款，布局巧妙的当属郑板桥。他的题款在位置上常与画掺杂在一起，似画似题，浑然合一，既弥补了画面的不足，又丰富了题跋形式，使构图新颖别致。郑板桥擅画竹兰石，他往往将题款写在石头上。如他有一幅《兰竹石图》。画面主要部分是一块巨石，石中下部以兰竹弥缝分布其间，在石上部留下大片空白之处，郑板桥在上面题诗一首：

老去仍然作画工，题诗题上石玲珑。
远看却似磨崖刻，藏在兰条竹叶中。

郑板桥的字古朴厚重，确有摩崖石刻的韵味。这一题款不仅稳定了画面的构图，调整了疏密关系，同时也丰富、拓展了画的意境。

钤印最初只是作为证信，表明画为何人所作，随着题款的发展，印章也复杂起来，以自身不同的形态和字体，表明文人画家的艺术风格和生活情趣。还有一种“闲章”,内容灵活多样，有如题款，可多达一二十字。如明代唐寅，自刻“江南第一风流才子”。石涛的印为“搜尽奇峰打草稿”，郑板桥则刻写“恨不得填满了普天饥债”。这样的题款式钤印是画家情志的表白，直接对观画者说明作画的用意。

在中国古代，许多士人作画主要是以画抒情或赠友应酬，他们通过画表达感情，抒发对理想人格的赞美与追求。文人作画与职业画工不同，绘画的清规戒律对他们的束缚较少，可以随心所欲地泼墨挥毫，为生活增添了许多情趣。

第八章　士人与青楼女子

考察中国古代士人的生活，不能不提及他们与青楼女子的交往。青楼女子即娼妓。青楼一词最初指阀阅之家，曹植《美女篇》:“青楼临大路，高门结重关。”唐代以后，“青楼”逐渐广泛地用指妓女所居。元人夏庭芝的《青楼集》，便是为妓女立传的著作。

在中国古代，妓女有官妓、营妓、私妓和家妓等不同类型。相传，春秋时齐国相管仲设“女闾”，是最早的官妓。闾是门的意思，在宫中以门为市，使女子居之，这是官营娼妓业的最早形式。汉武帝时设营妓，即军妓，“以侍军士之无妻室者”(吴自牧《梦粱录》卷20)。唐宋以后官营娼妓十分兴盛，元明两代依旧持续不衰，至清代始被革除。至于私妓，一般认为至迟在唐代即已出现。唐人

宋代家妓

孙棨所著记载长安妓女的《北里志》中就有关于私妓的内容。如“王团儿”条记王“已为假母，有女儿数人”，这些“女儿”中有的就是王团儿所调养的私妓。宋代，私妓有了进一步发展。周密《武林旧事》记南宋杭州熙春楼等18家酒楼皆有私妓招徕客人：“每处各有私名妓数十辈，皆时妆袨服，巧笑争妍。夏月茉莉盈头，春满绮陌。凭槛招邀，谓之‘卖客。’”《梦粱录》卷20亦记载：

自景定（公元1260—1264年）以来，诸酒库设法卖酒，官妓及私名妓女数内，拣择上中下者，委有娉婷秀媚，桃脸樱唇，玉指纤纤，秋波滴溜，歌喉宛转，道得字真韵正，令人侧耳听之不厌。

明清时期，私妓一直不绝，并出现了以出卖肉体为业的下等妓女。家妓是王公贵族家中所蓄养的女子，魏晋南北朝隋唐时，一些官僚贵族的家妓多达数百，宋明以后，家妓人数减少。

各种类型妓女的合法存在，使古代士人狎妓之风盛行，士人与妓女交往常常被视为风流佳话。士人宴游集会，外出游赏，都喜欢携妓女随从助兴。东晋名士谢安，曾携妓女作东山之游，后世文人对此事常津津乐道，视为心怡神往的乐事。如李白写道：“谢公自有东山妓，金屏笑坐如花人。”“我今携谢妓，长啸绝人群”。李白还有一首《江上吟》，诗曰：

木兰之枻沙棠舟，玉箫金管坐两头。

美酒樽中置千斛，载妓随波任去留。

在古代诗词歌赋中，以妓女为题材的数不胜数。据统计，《全唐诗》共收诗 49403 首，其中有关妓女内容就占了 2000 余首。《全唐诗》还收录妓女作者 21 人，136 首诗。

应该指出的是，古代士人狎妓并非都是后来的那种以性交为主要内容的活动，而常常是一种富有感情色彩的交往。唐以前，娼妓亦写作“倡伎”，并非专指女性卖淫。《说文解字》释“倡”：“倡，乐也，从人，昌声。”伎的本意是伴侣的意思，《广韵·纸韵》：“伎，侣也。”故倡伎是指以出卖声色为主兼及卖身的人。古代妓女，尤其是官妓和一些高级妓女，不仅姿色出众，还多才多艺，有一定的文化修养，或能歌善舞，或长于辞令，如唐代长安的妓女：“多能谈吐，颇有知书言语者。”(《北里志·序》)因此，古代大多数士人与妓女交往主要是观看她们唱歌跳舞，或与她们喝酒、聊天、调情、外出游览。比如，唐代参加科举考试中第者除了在慈恩寺塔上题名，参加欢宴庆典外，还可以到平康里一游。平康里即唐代长安妓女聚集之所。《开元天宝遗事》记载：

长安有平康坊，妓女所居之地，京都侠少萃集于此，兼每年新进士，以红笺名纸游谒其中，时人谓此为风流薮泽。

长安进士郑愚、刘参、郭宝衡、王冲、张道隐等十数辈，不拘礼节，旁若无人。每春时，选妖妓三五人，乘小犊车，指名园曲沼，藉草裸形，去其巾帽，叫笑喧呼，自谓之“颠隐”。

从古代士人与妓女的交往看，越是有较高文化修养而精神世界丰富的男性，他同女子交往中就愈少肉欲的成分，他会更看重友谊和感情的交流。清朱锡绶说:“真好色者必不淫，真爱色者必不滥。”(《幽梦续影》)古代不少士人在与妓女交往中结下友谊，有的还由互相爱慕而结为终身之好。《太平御览》卷274记载了欧阳詹与太原妓生死不渝的故事。

欧阳詹于唐德宗贞元年间中进士，中举后，游太原，与一青楼女子相识,“情甚相得”，将离去时，与妓盟誓，表示待他回到京都，安排停当后，即迎娶她。欧阳詹回京师后，任国子监四门助教。这位女子“思之不已”，竟一病不起。病危中，她强撑起身体，剪下一绺头发放入匣中，对女伴说:“吾且死矣，苟欧阳生使至，可以是为信。”又遗诗一首:“自从别后减容光，半是思郎半恨郎。欲识旧时云髻样，为奴开取缕金箱。”不久，欧阳詹派人迎接这位女子，女伴将情况告诉了来人，来人携匣归京,“具白其事,(欧阳)詹启函阅之，观其诗，一恸而卒”。

唐代著名诗人元稹和白居易交往很深，他们年轻时都有偕游青楼的经历。元稹与名妓薛涛有过一段恋情。薛涛原籍长安，父亲早逝，后寓居成都。她自幼聪明多才智慧，8岁能吟诗，16岁入乐籍。薛涛的诗题材广泛，文笔清新，不少文人学士均与她有过酬唱。元稹任东川监察御史入蜀，与薛涛相识，这时薛涛40岁，两人诗来诗往，感情加深。元稹有诗赞美薛涛：

锦江滑腻峨眉秀，幻出文君与薛涛。
言语巧偷鹦鹉舌，文章分得凤凰毛。
纷纷词客多停笔，个个公侯欲梦刀。
别后相思隔烟水，菖蒲花发五云高。

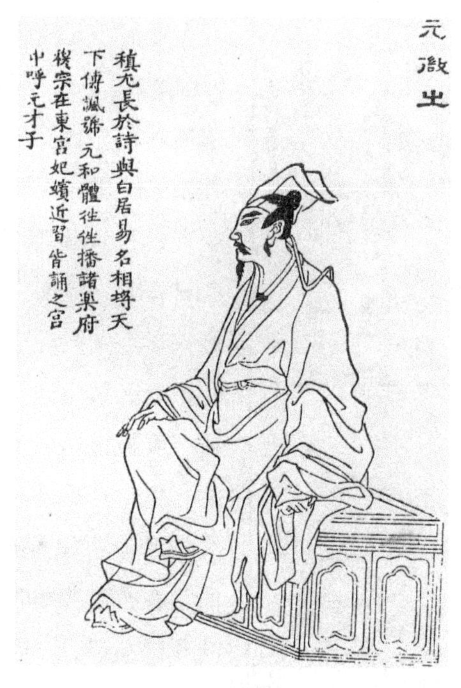

元稹像

薛涛也有诗赠元稹，感情十分真挚：

诗篇调态人皆有，细腻风光我独知。
月夜咏光怜暗淡，雨朝题柳为欹垂。

薛涛

长教碧玉藏深处，总向红笺写自随。

老大不能收拾得，与君开似教男儿。

然而，元稹后来在浙东任官时又结识了另一位风尘女子刘采春，而中断了与薛涛的往来。元稹的轻佻、薄情使薛涛深感失望，她在《春望诗》中写道："风花日将老，佳期犹渺渺。不结同心人，空结同心草。"

浔阳妓

与元稹相比，白居易对妓女的态度显得坦诚、直率。白居易的一生，几乎是与妓女声色相始终的。他不仅蓄有众多的家妓，而且在游宦各地时，结识了众多的青楼女子。白居易在不少地方都留下了与妓女们盘桓燕乐的诗篇。如在苏州，他有一首《郡斋旬日假始命宴呈座客示郡寮》诗云："侑食乐悬动，佐欢妓席陈。风流吴中客，佳丽江南人。"白居易晚年，身边仍有陈结之、小蛮、樊素等家妓。在白居易所写的有关妓女的诗歌中，思想性、艺术性水平最高的是《琵琶行》。

这首诗写于元和十年（公元 815 年），白居易因要求变革而遭受权贵排斥，从长安贬至九江，他心情苦闷，在船上，听到了一位长安故倡弹奏琵琶，诉说自己由光华荣耀到凄凉的身世，激起了作者强烈的感情共鸣。白居易把自己流寓他乡的孤独之感与琵琶女的托今追昔之痛联系起来，感悟到“同是天涯沦落人，相逢何必曾相识”的人生哲理，不禁热泪潸然而下，湿透青衫。

晚唐诗人杜牧与妓女的关系也十分密切。唐文宗大和七年（公元 833 年），杜牧应淮南节度使牛僧孺之邀，来到扬州，掌书记之职。扬州是唐代南北交通的枢纽，城市繁荣，商业兴旺，青楼林立，妓女云集。每到夜间，“倡楼之上，常有绛纱灯万数，辉罗耀列，九里三十步街中，珠翠填咽，邈若仙境”(《唐阙史》)。“美恣容，好歌舞”的杜牧每天晚上都出入歌楼妓馆，沉迷女色。后来杜牧赴长安任职，牛僧孺为他饯行，提醒他不要风情不节，影响身体。杜牧矢口否认，牛僧孺使命人取出一小箧，拿出士兵的密报，上书，“某夜，杜书记宴某家，无恙”。或“某夜，杜书记过某家，无恙”。原来，牛僧孺发现杜牧晚上常去青楼，便派卒吏暗中跟踪保护，每次都有记录，故牛僧孺对杜牧的举动了如指掌。杜牧见此，羞愧难言。杜牧离开长安后，依然怀念扬州美女。他写下了《赠别二首》，表现了他的缠绵情感。其一曰：

多情却似总无情，唯觉樽前笑不成。

蜡烛有心还惜别，替人垂泪到天明。

杜牧和妙龄妓女爱得太深，分别时候，两人凄然相对，好像彼此无情，想笑也笑不出来，蜡烛好似懂得这对情人的心思，默默地替他们流泪，直到天明。应该说，杜牧所流露的感情是真挚、热忱的。杜牧晚年在一首《遣怀》诗中反省了在扬州这段浪漫生活，似乎有所醒悟。诗曰：

落拓江南载酒行，楚腰纤细掌中轻。
十年一觉扬州梦，赢得青楼薄倖名。

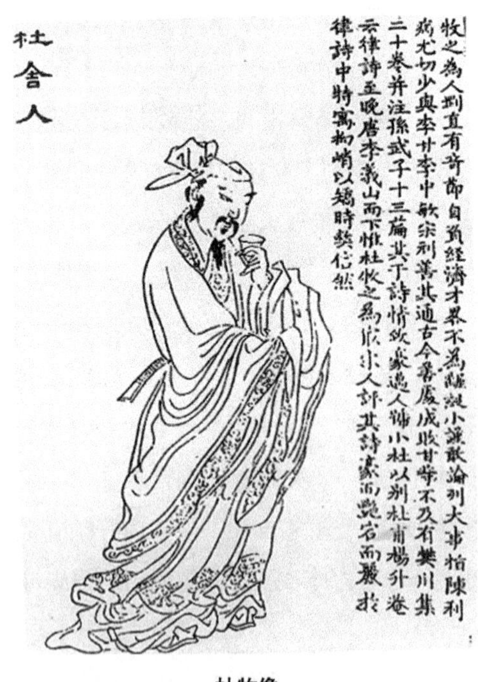

杜牧像

古代士人喜欢狎妓，是因为在色艺俱佳的妓女面前，可以获得精神的松弛，暂时忘却种种失意和不快。同时，士人常常把自己的诗词新作交给妓女传唱，而妓女也愿意率先唱出名士的新作，以显示时髦，提高身价。

北宋的柳永便是擅长为妓女作词的士人。柳永字耆卿，初名三变，因排行老七，又称柳七。他多次应科举未中，于是长期流连于青楼，在依红偎翠中解脱仕途不顺的烦恼。由于柳永和妓女接触较多，他与那些风尘女子同有天涯沦落人之感，所以他能抛弃礼俗的束缚，流露出真实的感情。他能以自己对妓女的理解与同情写出他们的不幸，反映她们的思想感情与对幸福的追求。如柳永有一首《迷仙引》，词曰：

宋代妓女

才过笄年，初绾云鬟，便学歌舞。席上尊前，王孙随分相许。算等闲、酬一笑，使千金慵觑。常只恐、容易舜华偷换，光阴虚度。　　已受君恩顾，好与花为主。万里丹霄，何妨携手同归去，永弃却、烟花伴结。免教人见妾，朝云暮雨。

这首词真实地反映了那些歌妓舞女渴望摆脱强颜卖笑的

柳永《雨霖铃》词意画

生涯，获得有尊严的常人生活的心愿。与一般公子哥狎妓只是花钱买笑，寻欢作乐不同，柳永以平等的态度与妓女相处，所以他的红颜知己很多，相见时，欢悦无比，如胶似漆；离别时，难分难舍，黯然销魂。柳永有一首著名的《雨霖铃》生动地表现了这一情景：

寒蝉凄切，对长亭晚，骤雨初歇。都门帐饮无绪，方留恋处，兰舟催发。执手相看泪眼，竟无语凝噎。念去去、千里烟波，暮霭沉沉楚天阔。

多情自古伤离别，更那堪，冷落清秋节！今宵酒醒何处？杨柳岸、晓风残月。此去经年，应是良辰好景虚设。便纵有、千种风情，更与何人说？

这首词真实地写出了柳永与他所爱恋的女子离别时难分难舍的心情。或写景，或叙事，或抒情，曲折回环、重重叠叠地渲染气氛，使人感到确有其事，并非虚构，显示了柳永高妙的艺术手法。柳永的词，长于白描，浅近如话不避俚俗，如他的另一首怀念远方恋人的《蝶恋花》，词曰：

独倚危楼风细细，望极春愁，暗暗生天际。草色山光残照里，无言谁会凭阑意？　　拟把疏狂图一醉，对酒当歌，强乐还无味。衣带渐宽终不悔，为伊消得人憔悴。

柳永词中所表现出的对恋人的思念，十分感人。词的最后两句被王国维在《人间词话》中引用，以喻古今成大事业、大学问者所必经的一种境界。

由于柳永以平等的态度与妓女交往，加之他的词从形式到内容都富有特色，故柳词在当时风靡一时，不仅妓女喜欢，社会各界人士都争相传唱，叶梦得在《避暑录话》中说："凡有井水饮处，即能歌柳词。"柳永晚年穷困潦倒，死于羁旅中，是群妓集资将他埋葬的。

北宋著名文学家欧阳修也常与妓女交往，他很珍视与妓女建立的情谊。《宋稗类钞》卷 17 记载了一则欧阳修与妓女交往的故事：

小红低唱我吹箫

> 欧阳修闲居汝阴时，二妓甚颖，而文公歌词尽记之，筵上戏约他年当来作守。后数年公自维扬果移汝阴，其人已不复见矣。视事之明日，饮同官湖上，有诗留撷芳亭云："柳絮已将春色去，海棠应恨我来迟。"

宋代文坛上的"苏门四学士"即黄庭坚、秦观、晁补之、张耒，文词俱佳，也都酷爱声妓，浪迹青楼。如黄庭坚，是著名的“江西诗派”的开创者。他的词有格调高雅的佳作，也有一些描写妓女生活的香词艳语。李昌龄《乐善录》说：“黄鲁直好作艳语，诗词一出，人争传之。”有一次，他路经衡阳，遇营妓陈湘，喜其善歌舞，知诗书，特赠《阮郎归》一首：

> 盈盈娇女似罗敷，湘江明月珠。起来绾髻又重梳，弄妆仍学书。　　歌调态，舞功夫，湖南都不如。它年未厌白髭须，同舟归五湖。

黄庭坚在词中表达了与陈湘结百年之好的意愿。后黄庭坚至宜州又寄《蓦山溪》一阙表达心意：“江上一帆愁，梦犹寻，歌梁舞地。如今对酒，不似那回时，书谩写，梦来空，只有相思是。”

士人与青楼女子虽然萍水相逢，但有时也会撞激出爱情的火花。然而，士人若真想娶妓女为妻妾，也并非易事，家庭的责难和社会的非议使他们不敢贸然行事，只得将与妓女交往的风流韵事深深埋藏在心中，留下无穷的回味和深深的思念，这是古代诗词中相思的内容特别多的原因之一。

“苏门四学士”中的秦观就写下了不少羁愁别绪、伤感凄迷的相思词篇。秦观字太虚，后改字少游，号淮海居士，文名甚著。在人们心目中，秦观是一位风流多情的才子，在话本中有秦观与苏小妹的爱情故事，而《红楼梦》中写贾宝玉“神游太虚境”时，在秦可卿房中看到的则是“宋学士秦太虚写的一副对联”。在秦观的词中，写相思最有名的是《鹊桥仙》：

纤云弄巧，飞星传恨，银汉迢迢暗度，金风玉露一相逢，便胜却人间无数。　　柔情似水，佳期如梦，忍顾鹊桥归路。两情若是久长时，又岂在朝朝暮暮。

作者把人间的爱情搬到了天上，从星汉迢迢联系到爱情的天长地久，再想象牛郎织女七夕相会，难舍难分。最后又向生活在现实的人们提出了一个严肃的问题，人生有限，人情易变，如何才能永保两情的缱绻和长久？对此，作者用反问的句式作了回答：“两情若是久长时，又岂在朝朝暮暮？”两情的久长与否并不在朝暮相会。这首词热情地歌颂了专一、真挚的爱情，又暗中流露了自己与恋人不能相会的痛苦心情。

秦观对妓女往往倾注真情，因而赢得了妓女的爱慕。他有一首《虞美人》，是赠妓女作，写得颇为动人。词曰：

碧桃天上栽和露，不是凡花数。乱山深处水萦回。可惜一枝如画、为谁开。　　轻寒细雨情何限，不道春难管。为君沉醉又何妨。只怕酒醒时候，断人肠。

杨湜《古今词话》记载了这首词的写作缘起：

秦少游寓京师，有贵官延饮，出宠妓碧桃侑觞，劝酒

> 惓惓，少游领其意，复举觞劝碧桃。贵官云:“碧桃素不善饮。”意不欲少游强之。碧桃曰:“今日为学士拚了一醉！”引巨觞长饮。少游即席赠《虞美人》，词曰:碧桃天上栽和露。……阖坐悉恨。

从秦观作词的经过和词的内容可以看到，他对妓女碧桃寄予了深切的同情和怜爱。在词的上片，作者以特有的敏感和深情，揭示了碧桃的内心世界，他用双关语感叹“碧桃”生性高洁却沦于乱山腻水之间,“碧桃”虽美艳无比，却因生不得其所而无人见赏，只好寂寞独开，幽极凄绝。作者在词的下片以碧桃的内心独白道出矛盾而又痛苦心情。碧桃与意中人(秦观)虽然情投意合，恨不能携手而去，但无奈自身早有所属，伤心至极，只能以酒解忧。一声“为君沉醉”包含了碧桃多么复杂的感情！词的最后一句,“只怕酒醒时候断人肠”，既是碧桃痛苦的哀鸣，也是作者的无奈之叹。在当时环境下，一介文弱书生与一个风尘女子是很难结为眷属的，他们除了感慨人生之不幸，相互倾诉相思之苦，还能做什么呢?

秦观的词写情极为深挚，青楼女子争传其作，有的人因喜欢秦观的词而推爱其人,甚至以身相殉。清赵翼《陔余丛考》中记载了这样一个故事。

> 秦少游南迁至长沙，有妓女平生酷爱秦学士词，至是知其为少游,即请于母,愿托以终身。少游赠词,所谓“郴江幸自绕郴山，为谁流下潇湘去”者也。念时事严切，不

> 敢谐往贬所。及少游卒于藤，丧还，将至长沙，妓前一夕得诸梦，即诣于途，祭毕归而自缢以殉。

古代士人喜欢与色艺俱佳的青楼女子交往主要是为了获取精神的愉悦和身心的放松，清人卫泳称此为“色隐”。他认为“借一个红粉佳人作知己”，甚至胜过买山而隐者。此说颇能代表古代士人狎妓的心态。其《悦容编》曰：

> 谢安之屐也，嵇康之琴也，陶潜之菊也，皆有托而成其癖者也。古未闻以色隐者。然宜隐孰有如色哉！一遇冶容，令我名利心俱淡。视世之奔蜗角蝇头者，殆胸中无癖，怅怅靡托者也。真英雄豪杰，能把臂入林，借一个红粉佳人作知己，将白日消磨。有一种解语言的花竹，清宵魂梦，饶几多枕席上烟霞。须知色有桃源，绝胜寻真绝欲，以视买山而隐者何如？

平心而论，这种“色隐”之论，多半是多情士人的一厢情愿。那些有家室的士人欲“借一个红粉佳人作知己”——如同今日之“婚外恋”或“包二奶”，谈何容易？“红粉佳人”需要金钱供养，一般士人恐怕承担不起；既使养得起，还要顾及家庭和自己的身份。所以，除了那些有权势的达官贵人外，“色隐”对一般士人而言不过是桃花梦而已。

明清易代之际，政治斗争激烈，民族矛盾突出，社党名流十分活跃，他们讽议朝政，裁量人物，彪炳气节，震惊朝野。

唐寅画官妓

一些识忠奸，明大义的青楼女子乐于结纳清流名士，由钦慕名士风采，进而以身相许。

明末名士陈贞慧，字定生，江苏宜兴人。其父为东林党人，因触怒魏忠贤而被免官。陈贞慧正直刚烈，疾恶如仇。崇祯六年（公元1633年），他到南京参加会试，结识秦淮名妓李贞丽，成为红尘知己。李贞丽虽为烟花女子，但颇有豪侠之气，她崇敬东林、复社人士，对陈贞慧亦早有耳闻，十分仰慕。二人相见后，倾诉衷肠，大有相见恨晚之感，经友人撮合，定下终身。

侯方域与李香君的故事也十分感人。侯方域字朝宗，出身世宦之家，父、叔皆为东林党骨干，在与阉党斗争中不怕

李香君像

破家丢官，为世人敬仰。崇祯十二年（公元1639年），侯方域在南京结识了“秦淮八艳”之一的李香君。李香君身材不高，肤理玉色，慧俊婉转，调笑无双，人名之为“香扇坠”。侯方域和李香君相见后，畅谈许久，二人有相见恨晚之感。临别时，侯方域为李香君题诗留念：“南国佳人佩，休教袖里藏。随郎团扇影，舞动一身香。”侯方域表面歌咏扇坠，实则赞美李香君。后来，侯、李喜结良缘。吉日那天，在贺喜的来宾中，有一个叫阮大铖的也送来了礼品。此人原是东林党人，后投靠魏忠贤，残害忠良，臭名昭著。侯方域认为阮已有悔过自新之意，并未在意，而李香君却十分愤怒，她痛斥阮大铖，并拒收礼品。李香君的傲然正气，使侯方域对她益发敬重。

后来，阮大铖为报羞辱之仇，罗织罪名将侯方域投入牢狱，并逼李香君改嫁。香君不服，痛骂阮大铖是“魏家种”。阮羞恼成怒，毒打李香君，并将其丢在雪中，后被多方义士解救。

侯方域和李香君的爱情故事后来由清初作家孔尚任写成《桃花扇》一剧，广为流传。

明清之际的著名文人钱谦益对秦淮名妓柳如是一往情深，结为伉俪后，二人共同探求学问，相得益彰。柳如是还代钱谦益接待甚至造访友人。一代名士钱谦益与名妓柳如是的结合，是因其思想、情趣、识见、抱负多有契合之处，且相互敬重，平等相待，这在古代是难能可贵的。

明末文坛才子冒襄，字辟疆，在南京期间，结识了秦淮佳丽董小宛，后在钱谦益的帮助下，除去了董小宛的乐籍，使有情人终成眷属。婚后，他们生活合美，其乐融融。据张明弼《冒姬董小宛传》载：

> 日坐画苑书圃中，抚桐瑟，赏茗香，评品人物山水，鉴别金石鼎彝，闲吟得句与采辑诗史，必捧砚席为书之。……相得之乐，两人恒云天壤间未之有也。

不过，在封建时代，妓女毕竟是一个处在社会底层，被男性玩弄，遭受屈辱的群体，士人中亦有对妓女抱轻薄态度者。如唐代妓女李端端长相一般，文人崔涯便写诗嘲戏她：“鼻似烟窗耳似铛。”李端端非常伤心，为求生计，只得在道边哀泣，拜求崔涯。于是崔又写诗夸饰她。

士人中也不乏玩弄妓女感情的薄情郎。除了前面提到的元稹，唐代《北里志》的作者孙棨也是一个负心汉。孙棨认识一位多情的妓女名叫福娘。她体态风韵，举止适度，为人通情达理，孙棨对福娘颇有好感。一次在酒宴上，福娘郁郁寡欢，心事重重。酒客们不明其意，孙棨问之，福娘回答说：“青春易老，像这样的场面能维持多久呢？”说罢，不禁悲伤落泪。

有一天，福娘送给孙棨一红笺，上有一诗，大胆地表达了对孙棨的爱慕之情。诗曰："日日悲伤未有图，懒将心事话凡夫。非同覆水应收得，只问仙郎有意无？”然而，孙棨却认为，与妓女往来，不过是寻欢作乐，真与之结合，会有辱门楣。他写道：

> 余因谢之曰："甚知幽旨，但非举子所宜，何如？”又泣曰："某幸未系教坊籍，君子倘有意，一二百金之费耳。”未及答，因授予笔，请和其诗。予题其笺后曰："韶妙如何有远图？未能相为信非夫。泥中莲子虽无染，移入家园未得无。”览之因泣，不复言，自是情意顿薄。

在孙棨看来，福娘虽是颗出淤泥而不染的莲子，但也不宜移至家园。后来，孙棨又几次去青楼寻访福娘而未见。有一次在朋友家的宴会上与福娘不期而遇，却没有机会与她攀谈。后福娘之妹将福娘所作之诗出示于孙棨，诗曰："久赋恩情欲托身，已将心事再三陈。泥莲既没移栽分，今日分离莫恨人。”这时福娘已嫁入豪门，孙棨阅后，若有所失，怅然而归。

像孙棨这样的薄情郎历代皆有。在宋人笔记小说中，出现了一系列抨击这类负心汉的故事。如话本《王魁》：说的是山东济宁府秀才王魁，进京赶考，遇一妓女敫桂英，二人一见钟情。敫桂英出资帮助王魁应试，王魁一举中为状元，未想王魁变心，聘崔相国之女为妻。敫桂英激愤不已，自刎而死。王魁闻信暗喜，谁知敫桂英显灵，将王魁追索到了阴间。

此故事是士人对妓女始乱终弃的典型，它和孙棨之事一样，反映了一部分士人对妓女轻蔑的心态，王魁的故事还告诉人们一个道理，无论何人，玩弄妓女而不负责任，都要付出相应的代价。

第九章　魏晋士人的生活

考察中国古代士人的生活，不能不关注魏晋士人。魏晋士人以其独特的生活态度和生活方式在士人生活史上占有非常突出的地位，魏晋士人在生活中所展示的精神风貌在一定程度上代表了中国古代士人的典型形象。

一、魏晋士人“贵适意”的生活观

《世说新语·识鉴》载：

> 张季鹰（翰）辟齐王东曹掾，在洛，见秋风起，因思吴中菰菜羹、鲈鱼脍，曰：“人生贵得适意尔，何能羁宦数千里以要名爵！”遂命驾便归。

这是人们熟知的一条材料。尽管有人认为当时张翰见洛阳乱象已明，为保全自身，借思念家乡的美味而离去，致使在“八王之乱”中得以幸免。(《晋书·张翰传》)但结合魏晋士人的生活观和行为方式，我们认为，张翰此举无疑是魏晋士人“贵适意”生活态度的典型表现。

魏晋士人“贵适意”生活观的形成具有深刻的社会背景。首先，汉末以来的持续动乱造成了人口大量死亡，人们深切地感到生命的短暂，忧生成为汉末以来一股浓浓的社会思潮，在士人的诗文中到处可见。如被学术界公认为东汉中后期士人之作的《古诗十九首》，主要内容为游子之歌和思妇之词。联系桓灵时期的社会背景，可知这些诗作者多是到各地、主要是到京都游学的士人。

在《古诗十九首》中，充盈着士人的哀愁和感伤、牢骚和怨愤。诗人以自己亲身的感受，坦率地将生与死这类人生最重大的问题图解在人们面前。如《驱车上东门》写的是一位在洛阳的游子,看到北邙山坟墓而触发的人生慨叹。诗中说：“驱车上东门，遥望郭北墓。白杨何萧萧！松柏夹广路。”在郊外诸多景物中，诗人看到的是垒垒丘墓，古墓间白杨萧萧，松柏郁郁，是那样的凄凉、阴森。诗人从眼前的坟墓想到的是：“下有陈死人，杳杳即长暮；潜寐黄泉下，千载永不寤。”诗人感到，任何人的归宿都将如此，谁也不能超越这一自然规律。等待死亡是可悲的，服食求仙也无济于事。“服食求神仙，多为药所误”。还是赶快享受生活吧,“不如饮美酒，被服纨与素”。

《古诗十九首》值得我们细细品味的不仅是诗人熟练的写景抒情的笔法，而是诗歌触及的人生最本质的东西——生与死。诗歌最能打动人心的是强烈的忧生意识。作者抛弃了“君子忧道不忧贫”的说教和“富贵不能淫，贫贱不能移”的信条，大胆地坦露自己的内心世界，表现了对传统道德规范的背弃和对人的天性和欲望的肯定。既然生命如此短促而珍贵，既然疾疫和死亡常常不期而至，应该抓紧有限的人生而尽情享受生活，甚至昼夜游乐，也乐此不疲。“生年不满百，常怀千岁忧，昼短苦夜长，何不秉烛游？”(《生年不满百》)生命本已朝不保夕，若还爱惜钱财这样的身外之物，是何等可怜可笑？“愚者爱惜费，但为后世嗤”(《生年不满百》)。即使经济生活拮据，也可以“斗酒相娱乐，聊厚不为薄”(《青青陵上柏》)。用不着过分约束，还是让情志奔放一些吧。“为乐当及时，何能待来兹？”(《生年不满百》)欣赏“燕赵多佳人，美者颜如玉”，也足以使人“思为双飞燕，衔泥巢居屋”(《东城高且长》)。总之，饮美酒、饰盛服、伴佳人、享富贵，成为桓灵时期士人追求的理想生活，以往这些对于他们来说是不屑一顾或难以启齿的，现在却如此坦率，毫无遮掩，足见士人在理想破灭之后其价值观发生的巨大变化。

古诗作者的忧生之嗟以及由此而引发的及时行乐的思想，实际上蕴含了对生命的无限眷恋，这是自秦汉以来士人们第一次如此集中而情绪强烈地体会到了时空无限中的生命短暂和脆弱，并使之化为生命之流中的日常生存感受和经验，进而促进了人的生命意识的觉醒，这种思想对魏晋士人生活观的形成产生了直接的影响。

东汉王朝自黄巾农民起义失败之后，董卓进京，独揽朝政，各地军阀，拥兵自立，并互相攻打，黄河流域战火连绵，社会陷入空前的混乱之中。战乱造成人口大量死亡，战乱极大地破坏了社会生产，经济衰退，一些地区货币已不通行。不少军队因缺粮而不攻自破。建安时期，疾疫也十分可怕。建安二十二年（217年），大疫，无数人丧命，其状况惨烈空前。“家家有强尸之痛，室室有号泣之哀，或阖门而殪，或举族而丧者”（《后汉书·五行志》五注引魏陈思王《说疫气》）。生活在建安时期的士人们，目睹了这些惨状，内心极度沉痛，他们写出了许多实录性诗文，记下了这旷古罕见的社会大劫难。如王粲的《七哀诗》：“出门无所见，白骨蔽平原。路有饥妇人，抱子弃草间。”曹操征战路过家乡之时说：“旧土人民，死丧略尽。国中终日行，不见所识，使吾凄怆伤怀。”（《三国志·魏书·武帝纪》）他在《蒿里行》中写道：“铠甲生虮虱，万姓以死亡。白骨露于野，千里无鸡鸣。生民百遗一，念之断人肠！”陈琳在《饮马长城窟行》中则发出了“君独不见长城下，死人骸骨相撑拄”的惊叹。此外，建安士人还常常因涉足政治而受到迫害，这使他们的忧生意识比《古诗十九首》更为浓烈，思绪更为复杂。特别是其中的哀怨激忿之气更为《古诗十九首》中少见。

与《古诗十九首》一脉相承，建安诗文仍以忧生为主题。如曹操：“对酒当歌，人生几何。譬如朝露，去日苦多。”（《短歌行》）孔融：“人生自有命，但恨生日希。”（《杂诗》）曹植：“人生处一世，去若朝露晞。”（《赠白马王彪》）王粲：“南登霸陵岸，回首望长安。悟彼泉下人，喟然伤心肝。”（《七哀诗》）徐干：“人生一世间，忽若暮春草。”（《室思》）著名女诗人蔡琰则在长篇叙事诗《悲愤诗》中真切地描写了她个人的不幸遭遇，诗中充满了对天道错乱、无辜遭涂炭的悲惨命运的慨叹：“欲死不能得，欲生无一可。彼苍者何辜，乃遭此厄祸！”她哀叹命运不幸：“人生几何时，怀忧终年岁。”忧生是汉末以来的社会思潮，建安文人的忧生意识无疑直接受到了《古诗十九首》的影响，但是，与前人相比，他们接触到的现实更为惨痛，对死亡的印象更为深刻，这使他们忧生意识发展到一个新的高度。建安士人咏叹人生，不仅仅表达人的种种哀怨，而是能着眼于社会根本性的问题，从较为广阔的空间思考人生，其作品富有悲凉慷慨的情绪，体现出鲜明的时代特征和作者的性格特点。正如刘勰在《文心雕龙·时序》中评论建安文学时所说："观其时文，雅好慷慨，良由积世乱离，风衰俗怨，并志深而笔长，故梗概而多气也。”在忧生意识的驱动下，汉末魏晋士人普遍意识到个体生命的易逝，因而渴求在短暂的人生中过自由自在的生活。

汉末士人及时行乐的思想曾在相当长的时间内作为地主阶级的腐朽思想受到批判。当然，至今我们仍不能说这种思想是积极向上的，应该指出的是，把这种思想放到东汉后期特定的社会背景去考察，会发现“及时行乐”是士人在黑暗的现实社会面前，在理想破灭、前途无望的状态下所产生的一种逆反心理；是士人由对人生的强烈执着转为对生死达观的中介，强烈的忧生意识是促成魏晋士人觉醒的重要原因。

其次，从士人的思想追求看，魏晋时期，社会动荡，儒家宣扬的理想与现实形成了强烈的反差，儒家思想失去了神圣的光环，许多士人已不再对其顶礼膜拜；而这时以道家思想为特征的玄学思潮风行一时，士人几乎没有不受到玄风的熏染，他们或由儒入玄，或儒玄双修；加之这时政治斗争尖锐，生存环境恶化，士人政治参与热情减弱，并逐渐由关心社会转为关心自我，由讳言生死变为直面生死，他们意识到死亡的存在和临近，要求在短暂的人生中充分享受生活，这使“贵适意”的生活具有一定的思想基础。

综上所述，可以得出结论，“贵适意”的生活观在一定意义上是魏晋士人觉醒的标志。对魏晋士人觉醒的判断，起自鲁迅，中经王瑶、钱穆、李泽厚等人的充实和发展，已为学术界大多数人所认同。虽然目前一些学者对此说提出质疑，[①] 但只要对魏晋士人“贵适意”的生活观作客观的分析，就不难看出，没有魏晋士人的觉醒，就不会出现文学史上苍凉、悲壮的“建安风骨”；没有人的觉醒，魏晋士人就不可能如此大胆地挑战名教，蔑视世俗；没有人的觉醒，便不可能出现多姿多彩、个性化、多样化的生活方式。所有这些，几乎都与“贵适意”的生活观有直接的关系。当然，魏晋士人中鱼龙混杂，有些人迷

① 如张少康先生认为，“文学的独立和自觉是从战国后期《楚辞》的创作开始初露端倪，经过了一个较长的逐步发展过程，到西汉中期就已经很明确了”（张少康：《说文学的独立和自觉非自魏晋始》，《北京大学学报》1996年第二期）。也有的学者将我国“文学的自觉时代”往后推迟到宋齐时期。认为“南朝作家从刘宋初年开始，到南齐永明前后经过几代人数十年的不懈努力，终于将中国古代文学从封建政治的附庸地位中解放出来，并真正深入到文学内部，探索其发展规律，使之走上了独立发展的道路”（刘跃进：《门阀士族与永明文学》，三联书店1996年版）。对与魏晋“文的自觉”说有密切关系的“人的自觉”说也有人表示疑义。有人认为，所谓“文的自觉”并非由于“人的觉醒”，“而是由于士人阶层在这个特定的社会动荡时期所获得的某种程度的思想解放以及随之而来的尚通脱的风尚”。“魏晋六朝士大夫大多生活腐化，沉湎于声色犬马之中。……他们对生命的重视恰恰是贵族龌龊心理的表现，哪里谈得上‘人的觉醒’呢！到了南朝，士人便趋堕落，……这是古代士人最无耻的时期”（李春青：《乌托邦与诗——中国古代士人文化与文学价值观》，北京师范大学出版社1995年版）。

恋声色，腐化堕落，醉生梦死，人品低劣，其所谓“放达”、“适意”，纯属假冒，不能与真正觉醒的士人相提并论。

由魏晋士人觉醒决定了“贵适意”的生活观，“贵适意”的内涵非常丰富。所谓“贵适意”，即士人常常从是否符合自己的心愿考虑问题、处理问题，一旦不合己意，便毫不迟疑地另做打算。“贵适意”的人生态度使魏晋士人的生命价值体系的轴心明显的偏向了“自我”。“贵适意”的生活观主要表现在以下几方面：

第一，张扬个性的放达之风

在有关魏晋士人生活的论著中，几乎都注意到了士人生活作风上的“放达”。放达，即纵放旷达，不拘礼俗，我行我素。从表面上看，放达容易同消极颓废、玩世不恭、贪图享乐的腐朽意识混同起来，其实，魏晋士人的放达是有其丰富而深沉的内涵的。文人放达作为魏晋时期具有代表意义的社会风尚，是士人心态的外在表现，由于政治时局、传统观念、社会习俗等因素的制约，士人不能直抒其意，因而才有放荡不羁的举止言行。造成魏晋士人放达的文化背景当然是个体意识的觉醒，追求“贵适意”的生活方式。魏晋士人个体意识的觉醒是在社会动乱和精神自由的夹缝中成长起来的，因而具有鲜明的时代特色，其突出的表现是士人强烈意识到自我的存在，即个人价值的发现。

《世说新语·品藻》记载：

桓公（温）与殷侯（浩）齐名，常有竞心，桓问殷：“卿何如我？”殷云：“我与我周旋久，宁作我。”

殷浩与桓温的对话所表现的是强烈的自我意识和对个体人格的追求。殷浩坦然地对自我作了肯定。这种肯定摆脱了外在标准和规范而直接突出了自身的人格价值。正是具备了这种自我意识，人们珍视的是人与人的差异特征，而不是群体类同规范。如《世说新语・品藻》载：桓玄问刘瑾：“我何如谢太傅？”“何如贤舅子敬？”刘瑾回答说：“楂、梨、橘、柚，各有其美。”每个人都有自己的人格追求，而不必以他人来规范自己。《世说新语・方正》还记载了这样一则故事：庾敳称王衍为“卿”，王衍对庾敳说：“君不得为尔。”庾敳却说：“卿自君我，我自卿卿，我自用我法，卿自用卿法。”在庾敳看来，自己和王衍是两个互不相关的独立个体，我称你王衍为“卿”是我的自由，你称我为“君”也是你王衍的自由，你何必用你的标准来要求我呢？魏晋士人自我肯定，不仅注意到人与人的差异，也敢于大胆肯定自己的长处，不矫情作态，故作谦抑。《世说新语・品藻》：

桓大司马（温）下都，问（刘）真长（惔）曰：“闻会稽王语奇进，尔邪？”刘曰：“极进，然故是第二流中人耳！”桓曰：“第一流复是谁？”刘曰：“正是我辈耳！”

抚军（简文帝）问殷浩：“卿定何如裴逸民（頠）？”良久答曰：“故当胜尔。”

魏晋士人还喜欢夸耀自己的作品来表现自己。《世说新

语·文学》:

> 孙兴公(绰)作《天台赋》成,以示范荣期(启),云:"卿试掷地,要作金石声。"范曰:"恐子之金石,非宫商中声!"然每至佳句,辄云,"应是我辈语"。

魏晋士人自我肯定,自我张扬,不时流露出几分狂妄,有人故作惊人之举,以示不俗。《世说新语·任诞》载:

> 阮仲容(咸)、步兵居道南,诸阮居道北。北阮皆富,南阮贫。七月七日,北阮盛晒衣,皆纱罗锦绮。仲容以竿挂大布犊鼻裈于中庭。人或怪之,答曰:"未能免俗,聊复尔耳!"

东晋的郝隆更是别出心裁,七月七日别人晒书,他却"日中仰卧",在太阳底下晒肚子,当别人问他时,他一本正经地说:"我晒书!"(《世说新语·排调》)意为自己满肚子都是学问。魏晋士人堪称狂妄之最者当属刘伶,《世说新语·任诞》载:

> 刘伶恒纵酒放达,或脱衣裸形在屋中,人见讥之,伶曰:"我以天地为栋宇,屋室为裈衣,诸君何为入我裈中?"

古代士人的狂妄之举并非仅见于魏晋,此前亦不乏"狂士",不过他们多半是以狂态为进谏的手段,达到沟通道统与势统的目的。正如孔子所说："古之狂也肆。"(《论语·阳货》)就是他们的肆意直言。如商末箕子向纣王进谏不从，而披发佯狂，方降为奴，免于一死。汉武帝时的东方朔，也有"狂人"之称。(《史记·滑稽列传》)秦汉之际李左车引当时的成语，即有"狂夫之言，圣人择焉"(《史记·淮阴侯列传》)。说明"狂"是与直言密不可分的。然而，我们看魏晋时阮咸、郝隆、刘伶之狂就会发现，他们的狂完全是脱离了功利约束的自由之狂。他们是在对世俗的不屑一顾和抛弃社会责任感之后，以狂妄之举表示他们对现实的不满和自我解脱，同时也表明他们个体意识的觉醒，视"我"高于一切，而将功名、钱物等放在次要地位毫无顾忌地表现自己。殷浩说："官本是腐臭，所以将得而梦棺尸，财本是粪土，所以将得而梦秽污。"(《世说新语·文学》)

魏晋士人对自我的大胆肯定，有力地冲击了传统礼法制度对人性的束缚。按照儒家规定的伦理纲常，人没有独立的价值和地位，每个人不过是作为道德的工具而存在。从这个意义上讲，人不成其为人。在封建礼法的禁锢下，人的自由思考的权利被剥夺，主观能动性和创造性遭扼杀，只有安于现状，服从统治，逆来顺受，魏晋士人勇敢地冲破束缚人性的罗网，大胆地喊出"我就是我"的时代强音。应该说，这是历史的进步。

第二，生命意识的觉醒

魏晋士人在意识到自我存在和自我价值的同时，也加深了对生与死的思考。生命意识的觉醒是魏晋士人自我意识觉醒的重要表现。

死亡是对个体存在的否定，死亡意识是潜在于个体的生命意识的底层，从生命本身出发的对死亡的恐惧及由之引发的对生的焦虑。东汉以前，人们对死亡往往是模糊而神秘的。孔子虽曾发出“逝者如斯夫”的悲凉叹息，但一接触具体问题，就采取“未知生，焉知死”的回避态度。庄子不像儒家那样对生死抱着避而不谈的态度，他不讳言生死，认为，生存与死亡是生命发展的自然过程，生不过是生命的呈现状态，死则是生命的隐伏状态，生死乃道之循环，气之聚散，如同昼夜交替一样，是谁也抗拒不了的自然规律。人类就处于这样一种生生死死、死死生生运动不息的发展过程中。庄子这种极端自然主义的生死观直接导致了他“齐生死”的相对主义哲学。主张将个体的人完全返回到自然状态，让人在混沌世界中听天由命，取消生死差别，用虚幻的理想境界掩盖现实人生的苦难，也掩盖他对死亡的恐惧感。

汉末以来，政治黑暗、社会动荡、天灾人祸频繁出现、人口大量死亡，定于一尊的儒家思想也开始动摇，其鼓吹的价值观和道德观渐为人们怀疑，在生命的存在无时不受到威胁的情况下，士人对死亡产生了强烈的感悟，他们敢于直言死亡，并为生命短暂而感叹——生命意识开始觉醒。流行于东汉中后期的《太平经》有这样一段话：

> 凡天下人死亡，非小事也，壹死，终古不得复见天地日月也，脉骨成涂土。死命，重事也。人居天地之间，人人得壹生，不得重生也，重生者独得道人，死而复生，尸

> 解者耳，是者，天地所私，万万未有一人也。故凡人壹死，不复得生也。

在两汉盛世中，由于社会安定，人们的生命情绪是比较平稳的。这与人们对现实政治抱有信心有关系。像《太平经》中如此惧死恋生的心理，正反映了汉末社会动乱对人们生命情绪的震撼。观睹汉末以来士人的诗赋、文集，咏叹人生苦短的凄伤与悲凉之作不绝如缕。成书于晋代的《列子·杨朱篇》载杨朱语更盛言：

> 万物所异者生也，所同者死也。生则有贤愚、贵贱，是所异也；死则有臭腐、消灭，是所同也。……十年亦死，百年亦死。仁圣亦死，凶愚亦死。生则尧、舜，死则腐骨；生则桀、纣，死则腐骨，腐骨一矣，孰知其异？

魏晋士人不讳言死亡，说明这时死亡之事到处可见，已为人们司空见惯。魏晋人已经认识到个体生命在永恒的宇宙长河中实在是太短暂、太渺小了，这使他们常常产生对生命的焦虑心理。魏晋士人特别感伤人生——只要一接触到外物，总有说不尽的哀愁，总要想到生命的凋零，想到死亡。甚至在“天朗气清，惠风和畅”之时，朋友聚会，他们所感受到的不仅是优美的风景，浓浓的情谊，还感受到了生命之易逝，在欢情的情绪中，又隐含了难以割舍的生命情绪。著名的《兰亭序》便是代表作。

永和九年（公元353年）三月三日，王羲之、谢安、孙绰等一批东晋名士共42人，集于会稽兰亭，按照“修禊”的习惯，列坐在宛转的溪水旁，待酒杯顺水流到自己面前即作诗以为乐。王羲之的《兰亭序》记叙了这样一个充满诗情画意的活动。这篇序的前半部分描写了兰亭的优美环境和朋友聚会、饮酒、吟咏的欢悦心情。然而，作者并没有单纯描绘山川美景带给人们感官的愉悦，面对浩大无边的宇宙自然，他们深感自我生命之渺小短暂，由对人生的终极关怀所引发的至悲不禁油然而生。《兰亭序》的后半部分写道：

> 当其欣于所遇，暂得于己，快然自足，曾不知老之将至；及其所之既倦，情随事迁，感慨系之矣！向之所欣，俯仰之间，已为陈迹，犹不能不以之兴怀，况修短随化，终期于尽。古人云：“死生亦大矣。”岂不痛哉！

兰亭遗迹

作者由秀丽的自然山川美景想到生命和死亡，固然令人悲伤，但是他们没有沉溺于这种悲伤之中，而是力图将个体有限的生命融入宇宙自然中去，从天地辽阔、宇宙永恒中领悟人生的意义。

《兰亭序》从记述气氛轻松、欢快的文人聚会开始转而抒发对人生短暂的感叹，表现了作者对生命既含有深深的恋生情绪，又表现了对超越个人感伤的人类漫长历史的觉醒。生命意识的觉醒是自我意识觉醒的重要标志，唯有生命意识的觉醒才会追求真正的人格完善和独立。

魏晋时代，不期而至的死亡犹如巨大的阴影笼罩在士人心头，在士人生活中，常常流露出畏死与恋生交织在一起的复杂心态。他们喜欢唱挽歌，便是这种心态的表现。

挽歌，即哀悼死者的歌。挽歌最初是挽柩人用整齐步伐哼唱的简单曲调，后来配以歌词，形成固定的葬礼歌曲。魏晋时期，挽歌大为流行，一些文人以唱挽歌闻名。《世说新语·任诞》注引《续晋阳秋》曰："羊昙善唱乐，桓尹能《挽歌》，及（袁）山松以《行路难》继之，时人谓之三绝。"在梁萧统所编《文选》中，选诗专列"挽歌"一类，选录缪袭、陆机、陶渊明诸人之作，说明挽歌已成为魏晋流行一时的诗体。

唱挽歌是魏晋士人蔑视世俗礼法，喜欢标新立异的性格特征。但歌曲众多，为什么士人偏爱挽歌呢？这是因为魏晋士人认识到了人生苦短，生命无常，甚至触物伤情，内心常常处于悲痛之中，吟唱挽歌便成了宣泄痛苦，以保持心态平衡的一种方式。如陆机在《庶人挽歌辞》中，通过细致地描写出殡的场面，烘托出一种极其悲哀的感情气氛，辞中云："父母拊棺号，兄弟扶筵泣"，"挽歌夹毂唱，嘈嘈一何悲"（《先秦汉魏晋南北朝诗·晋诗》卷5）。挽歌既为送葬时所唱，故最宜表达人们对生死的咏叹，魏晋士人唱挽歌，不仅在出殡时，甚至在出游时也唱！《世说新语·任诞》载："袁山松出游，每好令左右作挽歌。时人谓：'……袁道上行殡。'""出游"本来是悠闲自在的事，可是袁山松却唱起了悲怆的挽歌，这不仅是标新立异，更重要的这是排愁遣忧的方式，挽歌越是凄惨感人，其忧苦的发泄也就越彻底。

随着魏晋士人个体意识的觉醒，他们的生死观也发生了变化。他们敢于面对死亡，大唱挽歌，然而，死不复生，还是应该从悲天怆地的哀痛中解脱出来，还是让故去者回归自然，与大自然融为一体吧。陶渊明的《挽歌诗三首》表现了在死亡面前由大悲大痛、情绪激烈归于坦然、恬静的心态。其三曰：

> 荒草何茫茫，白杨亦萧萧。严霜九月中，送我出远郊。四面无人居，高坟正嶕峣。马为仰天鸣，风为自萧条。幽室一已闭，千年不复朝。千年不复朝，贤达无奈何。向来相送人，各自还其家。亲戚或余悲，他人亦已歌。死去何所道，托体同山阿。

这是陶渊明生前写的自挽词。在这首挽词诗中，先描写在秋风萧瑟的严霜九月，一行人拖引柩车，向远郊送葬，这真是令人心痛的时刻，连马都仰天长鸣，是不是哀怨老天不公？然而，作者并没有一味沉浸在悲哀之中，他告诉人们，死亡乃自然规律，没什么可怕的，连续两句"千年不复朝"，并非简单的重复，它强调了死者已矣，终为土灰的自然之理。最能表现陶渊明坦然面对死亡的是最后几句："向来相送人，各自还其家。亲戚或余悲，他人亦已歌。死去何所道，托体同山阿。”这里已不见了送葬时的悲哀，人们（其实是陶渊明）对死亡渐渐淡化了，虽然有人尚存“余悲”，但有的人已唱起了歌，这是因为人们知道盛衰之理，生死之道。永远不能见到亲人，固然是一种悲哀，但亲人回归自然了，“托体同山阿”，也是人生必然的归宿，光悲痛有什么用呢？我们认为，“他人亦已歌”与庄子式的“鼓盆而歌”不完全一样。在庄子的死亡观中，有相对主义的味道，所谓“莫寿乎殇子，而彭祖为夭”（《庄子·齐物论》）。取消了寿与夭的差别，是一种虚诞荒唐之言。而魏晋士人生命意识的觉醒，则在于他们不仅珍视人的存在，珍视人的感情，有感情才会有喜怒哀乐，而且又能透彻、豁达地看待人生，于是，对亲人故去，他们能够将悲哀与坦然统一起来，保持了内心的平衡与冷静。应该说，这是魏晋士人品格中最为闪光的地方。

第三，服药纵酒之风

魏晋士人生命意识觉醒突出的表现是恋生，他们服药纵酒之目的也在于此。魏晋士人服药之风倡自何晏，《世说新语·言语》注引《寒食散论》：

> 寒食散之方虽出汉代，而用之者寡，靡有传焉。魏尚书何晏首获神效，由是大行于世，服者相寻也。

何晏所倡服的寒食散配料为十五味，以紫石英、白石英、赤石脂、钟乳石、硫黄为主。服用寒食散有祛病疗疾、益寿延年、美姿容、刺激性功能等作用。这对于魏晋畏死恋生的士人来说，寒食散实为不可多得的妙药。士人服药虽皆为贵生，但具体说来又可分为两类：一是疗疾健身，追求长生。如何晏因耽好声色，身体素质下降，服药后，心加开朗，体力转强。嵇康也“常修养性服食之事”(《晋书·嵇康传》)。王羲之为求长生，与道士许迈“共修服食，采药石不远千里”(《晋书·王羲之传》)。魏晋时期许多士人都卷入了服药者的行列。他们服药的主观愿望是求长生，但是，服药后由于产生强烈的药物反应，处理不当，会留下后遗症甚至丢掉性命。如皇甫谧，通博百家之言，“后得风痺疾，犹手不辍卷”。晋武帝下诏让他赴京任官，皇甫谧无心入仕，便恳切上疏，陈述理由，其中谈到他服药后散发不当，痛苦不堪，导致残废的情景。他说：“又服寒食药，违错节度，辛苦荼毒，于今七年。隆冬裸袒食冰，当暑烦闷，加以咳逆，或若温疟，或类伤寒，浮气流肿，四肢酸重。”皇甫谧不仅身体受到极大摧残；其精神也受到很大刺激，情绪坏到极点，欲自杀，被叔母劝止。(《晋书·皇甫谧传》)

尽管服药极其痛苦又危险，但散发得当也可以使人“神明开朗”，产生妙不可言的快感，所以服用者还是大有人在。二是一些人还以服药为掩护，自保于变幻莫测的政局中。西晋末八王之乱时，王戎因惧怕卷入诸王之争，使“伪药发堕厕，得不及祸”(《晋书·王戎传》)。东晋陈敏之乱时，诈称诏书，以贺循为丹阳内史，贺循恐惧万分，“辞以脚疾，手不制笔，又服寒食散，露发袒身，示不可用，敏竟不敢逼”(《晋书·贺循传》)。服药虽然有养生健体和避祸的作用，但士人为此付出的代价实在太高，他们几乎是冒着九死一生的危险去吃药，这从一个侧面反映了在乱世中士人对生命的渴求和心灵的扭曲。

至于饮酒，也是魏晋士人强烈的生命意识的体现。饮酒与魏晋士人生活密不可分，无论是日常饮食还是交友聚会都离不开酒，连服药也与酒有关，服用寒食散以后，要喝上等的热酒以散发药的毒力和热量，每天要饮酒数次，使身体一直处于微醉的状态。魏晋士人饮酒之盛行，对酒之狂热，有关酒之诗文之多，都是空前的，本书第四章已有所介绍。这里强调的是魏晋士人饮酒所体现的生命意识。汉末以来，社会动荡不安，士人生存环境恶化，使他们深感生命之短暂、易逝，人生之难得，恋生的愿望十分强烈。同时他们也意识到，无论怎样求仙、养生、服药，最终还是要走向死神，而饮酒则可以从对死的恐惧中获得暂时的解脱，这是因为酒所具有的麻醉性是其他物品所不具备的。酒对于生活在魏晋乱世中的文人来讲，如同空气和水一样重要。在许多人看来，只要有了酒，便可了此一生。如孔融："坐上客恒满，樽中酒不空，吾无忧矣。"(《后汉书·孔融传》)嵇康："浊酒一杯，弹琴一曲，志意毕矣！"(《晋书·嵇康传》)张翰："使我有身后名，不如即时一杯酒！"毕卓："一手持蟹螯，一手持酒杯，拍浮酒池中，便足了一生！"王忱："三日不饮酒，觉形神不复相亲。"王孝伯（恭）："名士不必须奇才。但使常得无事，痛饮酒，熟读《离骚》，便可称名士。"(《世说新语·任诞》)魏晋士人如此热衷于酒，是因为饮酒在他们生活中有不少妙用。

其一，标榜个性，以示不俗。魏晋士人个人意识很强，喜标新立异，许多人行为怪诞，举止放达，而置世俗礼法于不顾。饮酒既是名士风度，又可展示个性。于是有刘伶的“死便埋我”之饮，阮籍的“大醉六十日”之饮，毕卓月夜潜同僚家中偷饮，胡毋辅之等“八达”昼夜裸裎狂饮，甚至阮咸诸人“与猪共饮”。在这些怪诞的饮酒方式中，有的人是因内心苦闷，以酒消愁，如阮籍、刘伶，《世说新语·任诞》载：“王孝伯问王大，‘阮籍何如司马相如？’王大曰：‘阮籍胸中垒块，故须酒烧之。’”有的则放浪形骸，一味享乐，虽展示了个性，其品格却与阮、刘不可同日而语。

其二，充分享受人生，自由抒发情感。魏晋文人普遍意识到人生苦短，饮酒则可以忘却痛苦，产生快意，“增加生命的密度”(王瑶《中古文学史论》，北京大学出版社 1986 年版)。魏晋玄学流行，玄学的思维方式赋予饮酒新的含义。玄学讲究“贵无”，认为天地万物生成的母体是“无”或“道”，即混沌，它视之无形，触之无物，宇宙间的一切事物都由它派生或主宰，最终还要复归于道。这一神秘的本体存在于一切事物之中，却又无法用器官去感觉或证明它的存在，只靠内心的直觉去把握。而饮酒之后，便会产生一种朦朦胧胧、不可名状的感觉。这种感觉与他们所理解的玄学本体“无”即“自然”十分接近。在这种天地万物与我齐一的感受中，人可以暂时摆脱规范的束缚而激发复归本能的冲动，生活中的恩怨，政治上的是非，都可以忘却，天地宇宙，浑然一体，只有一个飘飘欲仙的自我存在，这时才感到了生命的珍贵。玄学的理性与酒后身心的感受相结合，不仅促进了饮酒风气的流行，还在一定程度上深化了人们对宇宙、社会、生命的理解，提高了思辨能力。正如东晋人王蕴所说："酒，正使人人自远。"自远，是说人的思想变得高远。王荟也说："酒，正自引人著胜地。"(《世说新语·任诞》)胜地，即美妙之地。人生的快乐自然也在其中了。

其三，躲避灾祸。魏晋时期，还有许多士人以饮酒为韬晦之计保全自己。汉末以来生存环境的恶化造成了士人内心的困惑与恐惧。而饮酒则不仅能解除心理上的紧张情绪还能掩护自己躲过政治是非的纠缠，以保全自身。《晋书·阮籍传》载："魏晋之际，天下多故，名士少有全者，籍由是不与世事，遂酣饮为常。"又载："钟会数以时事问之，欲因其可否而致之罪，皆以酣醉获免。"《晋书·阮裕传》记载，东晋初年，阮裕被大将军王敦聘用，阮裕看出王敦有"不臣之心"，于是"终日酣觞，以酒废职"。同书《顾荣传》载，顾荣为齐王司马冏主簿，"冏擅权骄恣，荣惧及祸，终日昏酣，不综府事"。后来，顾荣转为中书侍郎，"在职不复饮酒，人或问之曰：'何前醉而后醒邪？'荣惧罪，乃复更饮"。阮裕、顾荣皆为权臣下属，面对上司谋篡及擅权行径无力谏阻，又难摆脱其控驭，遂酣饮避祸，尤其是顾荣"前醉"、"后醒"、"复更饮"的反复过程更是典型地体现了这一点。

通观以上三点，酒对魏晋士人之妙用主要是寻找一个真正的"自我"，这正说明他们自我意识的觉醒。然而，酒的作用毕竟是暂时的、有限的。酒醒后，眼前依然是严酷的现实——这是他们无论如何也摆脱不掉的，所以当他们清醒之时，依然陷入困惑和恐惧之中。阮籍"终日酣饮"，一次次躲过了司马氏的纠缠，侥幸地生存下来，但事过之后，他不免心有余悸，身心俱悴。他在《咏怀诗》中写道“但恐须臾间，魂气随风飘。终身覆薄冰，谁知我心焦？”以饮酒为掩护，躲避灾祸只能造成人格的扭曲。

这里要谈谈陶渊明与酒。陶渊明是位与酒有着夙缘的高士，与他的“南山人格”相一致，他之饮酒，既不是麻木神经，昏醉不醒以躲灾避祸；更不是醉生梦死，一味享乐。他胸怀坦白，淡泊名利，将时代思潮玄学巧妙地融入自己的思想和生活中，打通了物与我的界限，以自然的气韵灌注自身的心灵，并以自身的感悟观察世界，他不仅获得了精神上的自由，人格的完善，其生命意识也真正觉醒了。他在《饮酒》其七中写道：“一觞虽独进，杯尽壶自倾。日入群动息，归鸟趋林鸣。啸傲东轩下，聊复得此生。”在这首诗中，我们看到他坦荡的胸襟，适意的情怀，还看到他生命意识的流动。人们常说，陶诗中“篇篇有酒”，这酒不是令人沉醉不醒以致行为怪诞之酒；而是醉后流露出的至纯至真的天性。《宋书》本传说他“不解音声，而畜素琴一张，无弦，每有酒适，辄抚弄寄其意。”还说：“贵贱造之者，有酒辄设，潜若先醉，便语客：‘我醉欲眠卿可去。’”谁说这不是陶渊明酒后坦诚，真率的性格！从魏晋士人纵酒不仅看到他们生命意识的觉醒，亦可领略他们品格的差异。

第四，我行我素的生活作风

随着魏晋士人个体意识的觉醒，其生活行为也发生了明显的变化。这突出表现在士人对儒家名教认同感的减弱，儒家设计的理想人格已不为人们所推崇。残酷的政治斗争和统治者的高压政治，使士人感到生存的艰难，“忠不可以卫己，祸不可以预度”(《晋书·束皙传》)。对前途的悲观和失望，成为士人们的主导思想。两汉以来事君报君思想和“志节”观渐为人们淡化。这时玄学思潮流行，于是士人的人生观明显向老庄自然无为、达生任性的轨道上倾斜，有的学者将魏晋士人的人生观归纳为无为论、寡欲论、从欲论、乐生论、安命论等数种。(张祥浩《魏晋士人人生观探讨》,《中国哲学史研究》1984 年第 4 期)其实,魏晋士人人生观的中心问题,是一个“欲”字，无论去欲或纵欲，其着眼点都是为了自身。在社会动乱，性命难保的环境中，把人生“为君”变成了人生“为已”，打破了两汉以来凝固了的人生理论，意味着人的觉醒，自然有一定的进步意义。其实这些不同的人生观都是魏晋士人在生活中追求“适意”的不同表现。那些山林隐士,“寡欲”是他们的“适意”;那些士族贵游子弟,“纵欲”又是他们的“适意”。

《世说新语·栖逸》载:“阮光禄（裕)在东山，萧然无事，常内足于怀。有人以问王右军（羲之)，右军曰:‘此君近不惊宠辱，虽古之沉冥，何以过此！’”同书《容止》注引梁祚《魏国统》言刘伶“肆意放荡,悠焉独畅,自得一时,常以宇宙为狭”。从这些人的“内足于怀”、“独畅”、“自得”之中，不难窥见其人生的自我满足意向。外在事功的追求让位于内在欲求的自足，生命价值取向偏向了自我。

魏晋士人崇尚任心适志的人格精神，他们在生活中的有些举动在常人看来不那么近情理，可他们却习以为常。就是因为适其意。如孙统喜欢游山玩水，每到一处，非玩痛快不可，有时在回来的路上突然感到游兴未尽，便折返回去再欣赏一番。(《世说新语 · 任诞》)他们交友也是如此,“嵇康与吕安善，每一相思，千里命驾”(《世说新语 · 简傲》)。《世说新语 · 任诞》记载了王子猷雪夜访友的故事:王子猷顶风冒雪,行程一夜去看朋友,至门前不入而返名曰“兴尽”，真是“适意”无比。子猷的举动虽有些不合乎常理，但却自然直率，无造作之感。生动地表现了魏晋士人注重内在的精神寄托，豪放不加掩饰的为人品格。

步屧寻幽

“贵适意”是以我为核心考虑问题和处理问题，我行我素，全然不顾外在的标准，这必然与名教礼法、世俗观念发生冲突，在男女两性关系的表现中尤其明显。在男女之大防的封建时代，有许多戒律、观念束缚男女之间的正常往来，而魏晋士人却大胆地冲破了设在男女之间的樊篱，为这一禁区注入了清新的空气，使人精神为之一振！如阮籍为不相识的邻家女送葬，并痛哭失声;与嫂道别，坦然真诚，有人讥讽他，阮籍说:“礼岂为我辈设也！”《世说新语 · 任诞》还记载:“阮公邻家妇，有美色，当垆酤酒。阮与王安丰常从妇饮酒，阮醉，便眠其妇侧。夫始殊疑之，伺察，终无他意。”

在魏晋"贵适意"的社会风气影响下，妇女也不甘寂寞，勇敢地冲决礼教的束缚，大胆坦率地表达自己的思想感情，展示自己的个性之美。她们"任情而动"，不介意男女之别。《世说新语·惑溺》载：

> 王安丰妇，常卿安丰。安丰曰："妇人卿婿，于礼为不敬，后勿复尔。"妇曰："亲卿爱卿，是以卿卿，我不卿卿，谁当卿卿？"遂恒听之。

王安丰的妻子全然不顾礼教的规范，坦然地用狎昵字眼"卿"称呼丈夫，是因为她觉得对丈夫的爱恋之情只有用"卿"字来表达，何必担心别人说三道四呢？王安丰妇称"卿"事表现了她对爱情的大胆追求，也反映了她和丈夫的生活是充满情趣的。

总之，透过魏晋士人"贵适意"的生活观，我们可以清楚地看到个体意识的觉醒；同时，"贵适意"的生活方式也使士人生活多样化、个性化，情趣盎然！

应该指出的是，魏晋士人的觉醒是有限度的，他们只是意识到在社会义务之外，还应当有个人"贵适意"的生活追求、生活情趣和爱好；在公共的社会生活之外还应有属于自己的精神家园和生存空间；而没有意识到个体的人应当成为社会的主体、社会的目的，应该按照大多数个体的人的需要改造社会。在人学理论中，有"人是目的"的命题，认为，文化是由人且为人创造的，人与文化之间虽然存在着互相创造、互相选择的关系，但从根本上说，不是文化创造人、选择人，而是人创造文化、选择文化。人是目的，文化是工具。工具必须适应目的，文化必须服从人。离开目的，无以判断工具的优劣，离开人，也无以判断文化的是非。(成复旺《中国古代的人学与美学》，中国人民大学出版社 1992 年版)“人是目的”的这个命题只有落实为大多数个体的人是目的才有意义。正因为魏晋时期人的觉醒是个体意识的觉醒，而不是个体主体意识的觉醒，所以这种觉醒不具备改造社会的意义。

从总的趋势看，魏晋士人社会参与意识越来越淡薄，不仅隐逸者增多，居官者也多不理政事，以朝隐为高尚，形成此种现象的原因很多，如门阀世族势力的膨胀，他们关心家族利益胜过关心朝政和国家利益;玄学的风行，士人多热衷不切实际的空谈等等，这也是人们常常指责魏晋士人操节有亏，品格不高的原因。但换一个角度看，魏晋士人拉大与政治的距离，与他们生存环境的恶化有直接关系。他们在无休止的政治仇杀和政治迫害中，看到了政治斗争的残酷和人生的短暂，感悟到了要珍视生命、充分享受人生的道理。对束缚人性的儒家的纲常名教产生厌恶心理，而崇尚老庄的自然人格。在价值取向和生活方式上，他们从重功利转向轻功利，从积极入仕转向渴望出仕，他们张扬自我，举止放达，生活情趣多样化，追求率真自然，潇洒脱俗的人生态度，这就是“魏晋风度”。如此看来，魏晋士人的政治参与意识和功名进取心是有所消退，但他们的个体意识却觉醒了。正基于此，我们认为，魏晋士人个体意识的觉醒，是时代的进步，而不是“人格的萎缩”。以往有些论著过分强调士人的政治参与意识，以为士人如果没有足够的政治热情就不够士人的资格，其实，封建时代许多所谓“政治斗争”，都不过是不同政治集团对权力、利益的争夺，并无多少意义可言，士人掺杂其中，自以“治国平天下”，实则充当牺牲品，魏晋时期那么多士人被杀，不是明证吗？与其被险恶的政治斗争的旋涡所吞噬，不如寻求自身的安全和生活的适意，并守住自己的精神家园——这就是魏晋士人的自我意识的觉醒。

这里，需提一下“五四”时期的社会新思潮。“五四”时期，人们在反对封建制度和封建家族束缚和压迫人性的同时，提出了“个体自由”的口号。李大钊在1919年7月1日写的《我与世界》，发出了这样的召唤：“我们现在所要求的，是个解放自由的我，和一个人人相爱的世界。介在我与世界中间的家园、阶级、族界，都是进化的阻碍，生活的烦累，应该逐渐废除。”李大钊还提出：“我们应该承认爱人的运动比爱国的运动更重。”(李大钊《“少年中国”的“少年运动”》,《李大钊文集》下，人民出版社1984年版)为了挣脱封建枷锁，人们喊出了“五四”时代的最强音，“我是我自己的，谁也没有干涉我的权利”(鲁迅《伤逝》中子君语)。这里所表现的，就是自我意识的觉醒。“五四”新文化运动的积极鼓吹者胡适也说过：“社会最大的罪恶莫过于摧折个人的天性，不使他自由发展。”“须使个人有自由意志”(《易卜生主义》)。

“五四”时期与魏晋社会尽管有很大不同，但都存在个体意识觉醒的问题。个体意识的觉醒也许没有改造社会的直接作用，但它是社会、民族、国家、家族存在与发展的前提与基础，所以，对魏晋时期人的觉醒，不宜拔高更不能抹杀，在表述上，应强调个体意识或自我意识的觉醒，尽管这种觉醒是有限的，但对中国古代士人的形象和人格建构起了重要作用，对中国士人的发展具有深远的影响。

二、魏晋隐士及其品格

仕与隐是中国古代士人生活的中心内容。仕与隐的思想根源来自儒道两家不同的人生哲学。入仕则“治国平天下”，实现儒家的理想人格；下野则隐居山林老泉，求得自身的解脱，实现道家的自然人格。魏晋时期隐逸之风大盛，由士人隐逸而形成的隐逸文化对中国古代士人的品格、社会生活以及文学、美学、艺术产生了深远影响。

（一）隐士与政治风云

隐逸与政治向来就有密切的关系。孔子说：“邦有道，则仕；邦无道，则可卷而怀之。”（《论语·卫灵公》）所谓“有道”、“无道”，是指政治状况而言，魏晋时期，隐逸之风盛行，究其原因，很重要的一点是由这时“无道”的政治状况造成的。

隐逸之风在东汉中后期就形成了。当时，政治腐败，社会黑暗，许多士人走上了隐逸之路。《后汉书·逸民列传序》称：“汉室中衰，王莽篡位，士之蕴藉义愤甚矣。是时裂冠毁冕，相携持而去之者，盖不可胜数。”尤其在党锢之祸中，无数因关心社会、热情参与政治的士人被残害，使人们对东汉政府失去信任。《后汉书·荀韩锺陈列传》记载：“汉自中世以下，阉竖擅恣，故俗遂以遁身矫洁放言为高。士有不谈此者，则芸夫牧竖已叫呼之矣。故时政弥昏，而其风愈往。”为躲避祸难，士人纷纷寻找保全自身的安全地带。

魏晋时期，政治斗争十分尖锐，卷入政治旋涡的士人稍有不慎便会丢掉性命。仅西晋，死于非命的士人就有张华、陆机、陆云、潘岳、欧阳建等多人。一批又一批的士人被杀，对士人阶层产生了严重的精神威胁，造成了一种人人自危的恐怖气氛，他们对现实不满，却又无力反抗，为了逃避祸患，只好隐居。《晋书·袁宏传》说：“时方颠沛，则显不如隐，万物思治，则默不如语。”可以说是士人的普遍心理。然而，封建政权的存在与发展，离不开士人的支持，在魏晋社会动荡之时，谋士的作用尤其重要。不少当政者为了招揽人才，对不愿入仕的士人往往采用强制手段，逼迫其就范。如建安七子之一阮瑀，不愿出仕，而曹操“雅闻瑀名，辟之不应，连见逼促，乃逃入山中，太祖使人焚山，得瑀”(《三国志·魏书·阮瑀传》注引《文士传》)。司马懿也是被曹操所逼，无奈入仕的。司马懿为躲避曹操的纠缠，保全自身，甚至不惜杀人灭口。《晋书·后妃传》载：“宣帝初辞魏武之命，托以风痹，尝暴书，遇暴雨，不觉自起收之。家惟有一婢见之，后乃恐事泄致祸，遂手杀之以灭口。”可以想见，当时有的士人虽然不想做官，也不能安生。魏晋易代之际，曹氏和司马氏的争权斗争十分尖锐，司马氏一面对持不同政见的士人进行残酷的杀戮，同时，也强行征召那些他们认为有用之人。《世说新语·言语》记载了司马氏辟李喜事。文曰：

> 司马景王东征，取上党李喜，以为从事中郎。因问喜曰："昔先公辟君不就，今孤召君，何以来？"喜对曰："先公以礼见待，故得以礼进退；明公以法见绳，喜畏法而至耳！"

至司马昭时期，司马氏代魏几成定局，名士大多投靠司马氏，有不服者，司马氏则采取高压政策。《晋书·刘毅传》载："文帝辟为相国掾，辞疾，积年不就。时人谓毅忠于魏氏，而帝怒其顾望，将加重辟。毅惧，应命，转主簿。"竹林七贤之一向秀在魏晋之际也隐居不仕，但他在好友嵇康被杀后，迫于司马氏的淫威，不得已而出仕。

从永嘉之乱、西晋覆亡到东晋偏安、刘裕代晋的百余年间，政治状况依然十分恶劣。东晋政权全凭门阀大族支撑，成为政治野心家角逐的舞台。此伏彼起的动乱和仇杀，使许多士人丧命，许多士人看透了这一切，他们对政治的态度，由忧患焦虑变为冷漠恬淡，由热心参政变为消极隐退。用鲁迅的话说，这时，人们"乱也看惯了，篡也看惯了"（《魏晋风度及文章与药及酒之关系》）。唯有到大自然中去寻求山林之趣、田园之乐，方能使自己的精神获得慰藉，心理找到平衡；唯有隐逸，才能保持人格的完整，实现和完善自我。魏晋士人隐逸的目的是保全自我。汤用彤先生认为:“得行其道，未必善终，老于沟壑，反为福果。”(《魏晋玄学论稿》,《汤用彤学术论文集》，中华书局1983年版)也就是说，进入仕途未必能保全自己，隐逸山林反而能获善终。从入仕到隐逸是政治热情的消退过程，对于充满儒家理想人格，意欲“治国平天下”的士人来讲，无疑是痛苦的选择，有的人对隐逸——在田园或山林中默默地度过一生并不那么甘心，于是再度出山，仕途不顺，复归园林。这种仕与隐的交替，反映了士人对政治难以割舍的情结，也反映了儒家理想人格与老庄自然人格在士人心灵中激烈的碰撞。

隐居图

陶渊明便经历了由入仕到归隐的痛苦选择。陶渊明先后入仕四次，第一次是太元十八年（公元 393 年），任江州祭酒，时年 29 岁。《宋书》本传说因为他“不堪吏职，少日，自解归”。可能陶渊明个性刚直坦率，不能忍受做小官的种种拘束，故辞职回家。第二次入仕在隆安二年（公元 398 年）前后，任桓玄军幕，大约三年后辞官。第三次入仕在元兴三年（公元 404 年），又投到建威将军刘敬宣的幕下，同年八月，陶渊明又任彭泽县令，这是他第四次，也是最后一次任职。但他仅做了 80 多天的县令，便辞职归隐，从此不再入仕，开始了长达二十多年的隐居生活。

陶渊明在短短的十余年中为何数仕数出？其原因主要是政局不稳。这十多年正是东晋政局动荡时期，当时权臣司马道子与其子司马元显把持朝政，腐败不堪；继而，司马元显又与其父争夺权力，野心家桓玄乘他们父子争斗之时，起兵击败之，并篡夺晋政权，自称楚帝。后来，武人出身的刘裕又将桓玄击败，晋政权逐渐落入刘裕之手。在这政治风云变幻莫测之时，陶渊明却频繁入仕，说明他是十分关注政治，并想在政治上有所作为的。可是，陶渊明的理想一再落空，他热情参政，到头来不过成为野心家们改朝换代的工具，他看透了政治的腐败，便毅然归隐了。陶渊明在东晋政治斗争最激烈之时，几度出仕，再次证明了中国古代士人是不甘心寂寞的，他们总怀有强烈的忧患意识和建功立业的壮志，希望实现自己的抱负。然而，理想与现实常常不能统一，陶渊明的高明之处就在于他以磊落的胸襟，释解了政治上的失落感，在宁静的田园生活中找到了人生的自我价值，从这个意义上讲，陶渊明实现了人格的自我完善。

东汉末年以来隐逸之风盛行，清楚地说明隐逸与政治息息相关。隐逸在一定意义上讲是政治斗争的副产品。有抱负、有理想的知识分子真正能摆脱政治的纠缠，是非常不容易的。陶渊明归隐后是否不再关心世事了呢？鲁迅认为："《陶集》里有《述酒》一篇，是说当时政治的，这样看来，可见他于世事也并没有遗忘和冷淡，不过他的态度比嵇康、阮籍自然得多，不至于招人注意罢了。"（《魏晋风度及文章与药及酒之关系》，《鲁迅选集》第2卷，人民文学出版社1983年版）

总之，中国古代士人从产生的那天起就与政治结下了不解之缘，他们视参政入仕如农夫之耕一样，但入仕的结果不是丧失了自己的独立人格，便被政治旋涡所吞噬，出于对现实的不满和保全自身的需要，他们自然要隐逸了。

（二）魏晋士人的隐逸方式之一：苦行僧式的山林之隐

范晔在《后汉书·逸民列传》中论及士人隐逸的原因：

> 或隐居以求其志，或回避以全其道，或静己以镇其躁，或去危以图其安，或垢俗以动其概，或疵物以激其清。然观其甘心畎亩之中，憔悴江海之上，岂必亲鱼鸟乐林草哉？亦云性分所至而已。

应该说，历史上士人隐逸的原因，大抵上不出以上几条。

士人归隐除客观的社会政治原因外，其个人主观的性分亦十分重要。所谓性分即天性，是指在生理素质的基础上和社会历史条件的作用下，人所形成的性格、爱好、兴趣。就古代隐士而言，其隐居所追求的主要是精神、思想的自由，以及实现人格的独立和完善。从《晋书·隐逸传》所载40余名隐士看，其性分颇有相同之处。他们大都信奉老庄自然无为的思想，追求清虚、恬淡的生活，注重修身养性，力图摆脱世俗生活的庸俗和烦琐。如伍朝："少有雅操，闲居乐道，不修世事。"任旭："立操清修，不染流俗。"孟陋："少而贞立，清操绝伦，布衣蔬食，以文籍自娱。"谯秀："少而静默，不交于世。"许多人都是朝廷、官府多次征辟而不至。为了求得安心的生活，不少人入深山，依岩

树底听秋

穴，作为自己的隐居之地。隐逸入山林，自古有之，东汉末年以来人数大增，其中有躲避战乱的原因，也有对大自然的向往之情。如颍川人胡昭，"养志不仕"，曹操任司空丞相，"频加礼辟，昭往应命，既至，自陈一介野生，无军国之用，归诚求去"。曹操曰："人各有志，出处异趣，勉卒雅尚，义不相屈。"(《三国志·魏书·管宁传》)于是胡昭隐居陆浑山中，躬耕乐道，以经籍自娱。

隐居山林，生活并非那么舒适，不少人过着常人难以忍受的艰苦生活。《三国志·魏书·管宁传》注引《魏略》所记焦先之隐就很典型。他隐居山中：

> 饥不苟食，寒不苟衣，结草以为裳，科头徒跣。每出，见妇人则隐翳，须去乃出。自作一瓜牛庐，净扫其中，营木为床，布草蓐其上，至天寒时，构火以自炙，呻吟独语。饥则出，为人客作，饮食而已，不取其直。又出于道中，邂逅与人相遇，辄下道藏匿。或问其故，常言"草茅之人，与狐兔同群"，不肯妄语。

魏晋之际的孙登也是有名的山林隐士。他于汲郡"北山为土窟居之，夏则编草为裳，冬则披发自覆。好读《易》，抚一弦琴，见者皆亲乐之"。《晋书·孙登传》载，嵇康向往隐逸，慕名跟随孙登三年，曾"问其所图，终不答"。

两晋时期隐逸山林之人很多。《晋书·隐逸传》记载：公孙凤"隐于昌黎之九城山谷，冬衣单布，寝处土床，夏则并食于器，停令臭败,然后食之。弹琴吟咏,陶然自得"。张忠隐于泰山,"恬静寡欲,清虚服气","居依崇岩幽谷,凿地为窟室"。郭瑀"隐于临松薤谷,凿石窟而居,服柏实以轻身"。山林之隐的生活十分艰辛,但对于这些性格恬淡,意在脱俗,要求人格独立的士人来讲,却以苦为乐。他们当中有人自己劳动,自给自足。如郭文,西晋末年隐居:"入吴兴余杭大辟山中穷谷无人之地,倚木于树,苫覆其上而居焉,亦无壁障……恒著鹿裘葛巾,不饮酒食肉,区种菽麦,采竹叶木实,贸盐以自供。"有的授徒讲学,弘扬文化。宋纤"隐居于酒泉南山,明究经纬,弟子受业三千余人"。郭瑀,"作《春秋墨说》、《孝经错纬》,弟子著录千余人"。这些山林之士在人格上也注重修炼,虽隐居,仍"不降其志,不辱其身"。其突出表现是重精神追求,轻物质享受。他们"食不求美,衣必粗弊"(《论语·微子》),对别人的馈赠也不接受。如翟汤:"笃行纯素,仁让廉洁,不屑世事,耕而后食,人有馈赠,虽釜庾一无所受。"郭文隐居余杭深山穷谷,余杭县令曾拜访他,送给他皮衣、韦袴褶,郭文不收,县令让人把礼品硬放在他家中,郭文一直不使用,直到皮衣烂掉为止。

回归自然,顺应自然,是山林隐士的人生理想。不过,能够在山林老泉隐居并不容易,他们常为生活所累,有时不得不屈志。《宋书·戴颙传》记戴勃、戴颙兄弟二人隐居于桐庐县深山中,"勃疾,患医药不给",戴颙无计可施,不想隐居,对戴勃说:"兄今疾笃,无可营疗,颙当干禄以自济耳。""乃告求海虞令,事垂行而勃卒,乃止"。后来戴颙不再隐居山林,"乃出居吴下，吴下士人共为筑室，聚石引水，植林开涧，少时繁密，有若自然”。显然，戴颙已从艰辛的山林之隐转为园林之隐，其生活条件一定会大有改观。

在物欲横流、拜金主义盛行的魏晋时代，山林隐士能坚守操节，忍受艰辛，淡漠名利，保全了独立人格，实属难能可贵。

柳荫渔艇

（三）魏晋士人的隐逸方式之二：“吏非吏，隐非隐”的朝隐

在魏晋隐逸之风中，有一批朝隐之士。朝隐指官吏在朝任职，而淡泊恬退与隐居无异。朝隐自古有之，扬雄《法言·渊骞》：“或问柳下惠非朝隐欤？”西汉时东方朔公开提出了朝隐。《史记·东方朔传》载：

> 朔曰：“如朔等，所谓避世于朝廷间也。古之人，乃避世于深山中。”时坐席中，酒酣，据地歌曰：“陆沉于俗，避世金马门。宫殿中可以避世全身，何必深山之中，蒿庐之下。”金马门者，宦[者]署门也，门傍有铜马，故谓之曰“金马门”。

东方朔喜欢调侃，有时让人感到不可捉摸，但对此番话若能结合他著名的“答客难”进行分析，可以断定是他真实思想的流露。在“答客难”中，东方朔感叹自己生不逢时，才干没有被皇帝赏识。这是因为，“方今以天下之大，士民之众，竭精驰说，并进辐凑者，不可胜数”。而君主的权力又非常之大。“动发举事，犹如运之掌中”。在这种局面下，“使张仪、苏秦与仆并生于今之世，曾不能得掌故，安敢望常侍、侍郎乎！”既然如此，为什么不做“崛然独立，块然独处”的隐士呢？不过，东方朔虽有归隐之心，却留恋禄利，只好“朝隐”了。

魏晋时期，朝隐之风盛行，玄学思潮无疑对朝隐起了推

波助澜的作用。玄学所主张的崇尚自然无为，标榜遗世独立，不为物累之说成为士人摆脱名教的规范和逃离现实社会的灵丹妙药。在自然与名教的选择上，隐士们理所当然地站在了自然的一边，“越名教而任自然”，不仅是对儒家伦理纲常的蔑视和挑战，也是隐逸者的归宿。对自然的追求和咏叹，构成了魏晋隐士最鲜明的形象。在向往自然的思想支配下，他们忧国忠君的使命意识逐渐淡化，渴望过“遗物弃鄙累，逍遥游太和”(逯钦立《先秦汉魏晋南北朝诗·魏诗》卷9，嵇康《答二郭》)的自由生活。隐逸之风对士人官僚也产生了影响。不过，焦先、孙登式的山林之隐未免太苦，那些拥有特权的官僚及士族子弟是不敢亲自实践的。不想归隐，却要有山林之雅；既要纵情享乐，又要显示清高飘逸，怎样调和入仕与出仕，做官与隐逸的矛盾呢？于是，朝隐便应运而生了。

竹林七贤之一向秀是典型的朝隐之士，他在嵇康被杀后“举郡计入洛”，文王（司马昭）问他：“闻君有箕山之志，何以在此？”向秀曰：“巢、许狷介之士，不足多慕。”向秀虽然为入仕找到了借口，却“在朝不任职，容迹而已”(《晋书·向秀传》)。“容迹”即朝隐。向秀还在《庄子注》中提出了“冥”的概念，为朝隐提供了理论根据。所谓“冥”，即物我两忘。在他看来，隐逸和入仕都有迹象，和冥是相对的。在常人眼中，隐与仕的差别显而易见，但对圣人来说，隐与仕并无轩轻，只要心存冥意，心神超然无累，并不一定要栖遁山林。晋代著名学者郭象为《庄子》作注，也为朝隐提供了理论依据。他认为，道家的“无为”并不主张“拱默山林”，他说：“所谓无为之业，非拱默而已；所谓尘垢之外，非伏于山林也。”照郭象的意思是说，如果“无为”就是“拱默山林”，那么当权的统治者就不能采取“无为”的学说了。但魏晋的官僚士人、门阀世族偏偏爱讲“无为”，因此只有给“无为”加上新的解释，才适合这一统治集团的需要。

此外，郭象还通过对理想人格的表述，将理想与现实统一起来，从理论上支持了朝隐。道家认为，最高人格的人是“离人群”、“超世间”的神人、至人，而郭象理想的“圣人”则是“合世俗”、“即世间”的帝王，他说：“游外者依内，离人者合俗。”郭象在《逍遥游注》中批评那种把“离人群”、“超世俗”看成是高超的观点，在郭象看来，“离人群”、“超世间”本身就是“俗中之一物”，故庄子所谓“神人”、“至人”等超现实的人和“圣人”、“圣王”等现实中的人是对立的说法是错误的。他认为，这两者是一回事，“夫神人，即今之所谓圣人”，而“无心而任乎自化者应为帝王”，“神人者，无心而顺物者也”，“无己而王矣”。这样就把超现实和现实之间沟通起来了，“即世间”就是“出世间”，而这两者之所以能够沟通就在于圣人能“无心而任物”；“圣人虽在庙堂之上，然其心无异于山林之中”。郭象认为，圣人什么都可以干，只要他“无心而顺物”就可以了，只要是“无心”，就不会因方内之事而对圣人的人格有什么损害；只要是“顺物”，圣人的所作所为就是“天理自然”。所以圣人越是“挥形”，越是享受世间的荣华富贵，就越能“超凡入圣”。这样，庄子的超现实的“神人”，一变而为现实生活的帝王、士族、官僚了。(汤一介《郭象与魏晋玄学》，湖北人

民出版社 1983 年版)

经过向秀、郭象的论证，在朝官吏隐逸有了正当的理由，他们可以堂而皇之地“朝隐”了。《世说新语·排调》记载了谢安既仕且隐的故事：

> 谢公始有东山之志，后严命屡臻，势不获已，始就桓公司马（桓温)。于时人有饷桓公药草，中有“远志”，公取以问谢：“此药又名小草，何一物而有二称？”谢未即答。时郝隆在座，应声答曰：“此甚易解，处则为远志，出则为小草。”谢甚为愧色。

这里，郝隆虽然对谢安有嘲讽之意，但他以药草暗指显与隐并不矛盾，隐完全不必到山林——这正是朝隐的实质。在朝隐的名义下，不少士人改变初衷，由隐而仕。在有识之士眼里，“朝隐”不过是那些利禄之徒和士族子弟以此掩饰对名利地位的追逐和留恋的幌子。朝隐者对自己的行为常常振振有词。周续之为晋宋之际的高士，曾与陶渊明一起隐居，后又出仕。《高贤传·周续之传》载，有人问：“身为处士，时践王廷，何也？”他答道：“心驰魏阙者，以江湖为桎梏，情致两忘者，市朝亦岩穴耳。”时号“通隐先生”。一些有识之士对朝隐并不以为然。东晋著名隐士孙绰“居于会稽，游放山水，十有余年，乃作《遂初赋》以致其意。尝鄙山涛，而谓人曰：‘山涛吾所不解，吏非吏，隐非隐。’”(《晋书·孙绰传》)朝隐之风的流行，使隐士不再是现实政治的批评者、不合作者，甚至有某种反抗的意义，反而成为政治升平的点缀，一些统治者为宣扬德政，故作姿态，喜欢与隐士交往，听隐士讲话。《晋书·孙惠传》载，孙惠在八王之乱时，对政局有自己的看法，便“诡称南岳隐士秦秘之，以书干（东海王）越”。司马越读信后，果然予以录用。也有的隐士成为装点朝政的摆设。《晋书·桓玄传》：“（桓）尝以历代咸有肥遁之士，而己世独无，乃征皇甫谧六世孙希之为著作，并给其资用，皆令让而不受，号曰高士，时人名为‘充隐’。”“充隐”，充数者也，这时的隐士已完全变成了花瓶式的人物，其特立独行的品格已荡然无存。

由朝隐而充隐，充隐者有的在朝廷，也有的在山林。刘宋时，雷次宗隐居庐山，他虽不入仕，但与朝廷关系密切，受到统治者的特别重视。元嘉二十五年（公元448年），宋文帝下诏以示表彰，并将雷次宗请到京城，在钟山脚下为他建筑房舍，谓之“招隐馆”，并请他为皇太子诸王讲《丧服经》。梁朝陶弘景，虽隐居茅山，却非常关心朝政。他不仅与梁武帝互赠礼物，交往密切，还参与朝政。“国家每有吉凶征讨大事，无不前以咨询，月中常有数信，时人谓为‘山中宰相’”（《南史·陶弘景传》）。陶弘景与那种潜心山林、不问时务的隐士相比可谓十足的假隐士，然而用朝隐的理论来分析，似乎又顺理成章了。魏晋时还有一些有闲好事者，花钱供养隐士。《晋书·郗超传》载：郗超“性好闻人栖遁，有能辞荣拂衣者，超为之起屋宇，做器服，畜仆竖，费百金而不吝”。这些人与其说是隐士，不如说是饱食终日的寓公。既有高官厚禄的物质享受，又有隐逸山林的高雅情致，这才是他们人生的理想境界。正如王康琚在《反招隐》

中所说:“小隐隐陵薮,大隐隐朝市。伯夷窜首阳,老聃伏柱史。”(《先秦汉魏晋南北朝诗·晋诗》卷15)然而,在现实生活中,在多变的政治时局中,其心态亦不同。有居官不理事,所谓“居官无官官之事,处事无事事之心”(《晋书·刘惔传》)。《南史·袁粲传》:“粲负才尚气,爱好虚远,虽位任隆重,不以事务经怀。独步园林,诗酒自适。家居负郭,每杖策逍遥,当其意得,悠然忘反。”也有一些人通过朝隐,尽量远离政治是非之地,达到避祸、保全自己的目的。《南齐书·王秀之传》:

(王)瓒之历官至五兵尚书,未尝诣一朝贵。江湛谓何偃曰:“王瓒之今便是朝隐。”及柳元景、颜师伯令仆贵要,瓒之竟不候之。

王瓒之身为朝臣而不与权贵显要交往,不仅避攀附权贵之嫌,还有保护自己的目的。柳元景、颜师伯后因谋废前废帝刘子业而被杀,与他们亲近的朝臣无一幸免,王瓒之却因与他们往来少而未罹此祸。这说明在政治形势复杂之时,朝隐尚有一定的作用。阮籍亦是企图以朝隐来保全自己的。他自正始三年(242年)至景元三年(262年)多次出仕,历任太尉蒋济掾属、曹爽参军、尚书郎,司马懿发动高平陵政变,把持朝政后,先后任太傅从事中郎、散骑常侍、东平相、大将军从事中郎、步兵校尉等职。阮籍虽然任职颇多,但几无政绩可言,人们知道最多的是他嗜酒弹琴,放荡不羁。这是因为阮籍的处境相当微妙,又相当危险。就他的政治倾向而言,属于曹魏一派,但是,曹氏集团的腐败无能，根本不是司马氏的对手。他不敢公开站在曹氏一边而招致杀身之祸，成为曹氏的殉葬品。司马氏集团也知道阮籍的名声很大，杀掉他会受到社会舆论的抨击，失去士人的支持。于是一方面让阮籍任职，一方面对他又听之任之，并不强求有何政绩，只是做出一种招贤纳士的姿态而已。阮籍深知司马氏的用意，他顺水推舟，充分利用司马氏给他的生存空间，任职不理事，"遂酣饮为常"，阮籍越礼惊俗，司马氏对此并不计较，甚至"礼法之士疾之若仇，而帝每保护之"(《晋书·阮籍传》)。阮籍朝隐，似乎很潇洒，毫无顾忌，但他十分清醒警觉。读阮籍的《咏怀诗》，方知他对政治高压的恐惧和对真正隐逸生活的向往。举以下二首为证：

嘉树下成蹊，东园桃与李。秋风吹飞藿，零落从此始。繁华有憔悴，堂上生荆杞。驱马舍之去，去上西山趾。一身不自保，何况恋妻子。凝霜被野草，岁暮亦云已。(其三)

一日复一夕，一夕复一朝。颜色改平常，精神自损消。胸中怀汤火，变化故相招。万事无穷极，知谋苦不饶。但恐须臾间，魂气随风飘。终身履薄冰，谁知我心焦。(其三十三)

透过这些弥漫着恐惧伤感的诗句，我们仿佛看到外表放达、而内心极其痛苦焦虑的阮籍。他虽然任职朝廷，但并非沽名钓誉之徒，实属不得已而为之。阮籍在恶劣的环境，竭尽全力保持自己的独立人格，然而在司马氏的政治高压下他最终没有守住最后的阵地。故对阮籍之“朝隐”应做具体分析，不宜与利禄之徒混为一谈。

（四）魏晋士人的隐逸方式之三：恬淡、自适的田园之隐

从以上所论魏晋士人隐逸的两种方式看，山林岩穴之隐是古老、传统的隐逸方式。其源头可追溯到周代的伯夷、叔齐，他们不食周粟，避居首阳山。此后，每逢乱世，总有人隐逸山林。至魏晋仍有不少人在山林中隐逸。但是，山林之隐的生活实在是常人难以想象的艰苦。汉武帝时，淮南王刘安的门客淮南小山作《招隐士》，意在招回淹留不归的山林之士。文中形象地描绘了山林中巉岩嵯峨，云气弥漫，枝叶纠结，杂草丛生，虎豹嗥叫，猿狖群啸的景象，使人感到十分恐怖。(《全汉文》卷20)

朝隐固然可不失利禄又可获山林之隐的清高，然朝隐充其量是精神的向往，是“心隐”，而非亲临自然环境，既不能享受自然之美，又不可能真正获得人格的完满和独立。既然山林岩穴之隐和朝隐均有所不足，于是人们开始要求更理想的隐逸环境。东汉中期的张衡在《归田赋》中所描绘的就是士人隐逸的理想之地：

> 游都邑以永久，无明略以佐时。……谅天道之微昧，追渔父以同嬉。超埃尘以遐逝，与世事乎长辞。于是仲

春令月，时和气清;原隰郁茂，百草滋荣。王雎鼓翼，鸧鹒哀鸣。交颈颉颃，关关嘤嘤。于焉逍遥，聊以娱情。尔乃龙吟方泽，虎啸山丘，仰飞纤缴，俯钓长流。(萧统《文选》卷15)

不过，张衡还只是约略提到其隐居之田园所具备的各种景观，并不具体。东汉末年，仲长统明确提出了隐居园林的诸景配置。《后汉书·仲长统传》载:“使居有良田广宅，背山临流，沟池环匝，竹林周布，场圃筑前，果园树后。”如果说，园林对于张衡、仲长统还仅仅是憧憬和理想，那么，建安时期，曹操在邺下已有了颇具规模的园林。曹氏兄弟与建安诸子常在此宴聚、游览和吟咏。曹植在《赠王粲》中说:“端坐苦愁思，揽衣起西游。树木发春华，清池激长流。”西游，乃西园之游，西园在邺城西，清池乃西园中之玄武池。刘渊林《魏都赋》注：“玄武池在邺城西苑中，有鱼梁、钓台、竹园，蒲桃诸果。”(赵幼文《曹植集校注》，人民文学出版社1984年版)在风景秀丽的园林中，建安文人们感受到了徜徉于山水之间的悠然逸志，在园林中，没有了山林岩穴的荒凉和危险，没有朝不保夕的生活之累。不过，曹氏的西园并非为文人自己拥有，文人在那里与曹氏父子“怜风月，狎池苑，述恩荣，叙酣宴”，表现的是一种例行公事的应酬，他们不过是曹氏的帮闲、点缀，其人格也没有独立。

能代表魏晋士人隐逸思想和隐逸人格的是他们的私人园林。只有在这样的园林里，士人远离政治、远离世俗，充分表现自己的生活情趣和爱好，获得精神的自由和身心的愉悦。魏晋时期，喜园林之隐的有两种人，一为在朝官员，他们“虽在庙堂之上，然其心无异于山林之中”。为了使“心隐”的愿望变为现实，他们纷纷营建园林，这实际是朝隐的表现方式。西晋最有名的私人园林是石崇的“金谷园”。金谷园在洛阳郊外，集山林、清泉、果木、药草为一体，并有“金田十顷，羊二百口，猪鸡鹅鸭之类”(《全晋文》卷 33)，是一座豪华园林。石崇是西晋的富豪，历任荆州刺史、太仆、征虏将军、卫尉等，他与王恺比富的故事古来有名，根本不是什么隐士。不过他任侠好交友,在文人中颇具个人魅力,成为当时文人团体“二十四友”的首领,“金谷园”便是这些人常常聚会、游乐的地方。

东晋时期，士人尚玄之风愈炽，并且“朝隐”又有了理论上的支持，营建园林更成为官僚士人体玄识远，脱俗不凡之举。谢安、王羲之、许询、孙绰、郗超、谢灵运等高门名宦几乎都热衷经营自己或大或小的园林，其中谢安颇具代表性。谢安素有东山之志,《晋书·谢安传》载:“初辟司徒府,除佐著作郎,并以疾辞。寓居会稽，与王羲之及高阳许询、桑门支遁游处，出则渔弋山水，入则言咏属文，无处世意。”后因其弟谢万遭废黜，谢安方有仕进之志，时年已四十余。谢安虽居高官，仍对园林一往情深,“于土山营墅，楼馆林竹甚盛，每携中外子侄往来游集”。官僚士人营造园林，具有明显的朝隐特点。

此时，喜作园林之隐的另一种人是在野士人。他们为了远离政治，追求精神自由和人格完善，选择了这一隐逸方式。如不愿与司马氏合作的嵇康,“家有盛柳树，乃激水以环之，夏

士人隐居图

天甚清凉，恒居其下傲戏”(《世说新语·简傲》注引《文士传》)。估计嵇康有一个规模不大的园子。江东陆氏世为吴臣，晋灭吴后，陆机陆云兄弟隐居华亭之园林十余年。

与上述自作园林的人不同，真正在隐逸中获得人生乐趣，并表现出独立人格的是陶渊明。前面已经提到，陶渊明数度入仕和出仕均与当时的政治状况有密切关系。但陶渊明选择隐逸还有以下几个因素：

从陶渊明的思想看，他自幼受到儒家思想的熏陶，他曾说：

“少年罕人事，游好在六经。”(《饮酒》之十六)儒家的“修、齐、治、平”的人生理想对陶渊明还是有影响的。他曾表示要“大济于苍生”。在陶渊明看来，入仕乃天经地义之事，他数度出山也属正当之举。不过，陶渊明青少年时代在接受儒家思想教养的同时，也受到道家思想的濡染，他说自己：“少无适俗韵，性本爱丘山”，“质性自然”、“性刚才拙”。这种“委运任化”的人生态度，颇具道家思想的特色。受道家思想影响，陶渊明不是一个充满功名心，欲在政治上大显身手之人，他“闲静少言，不慕荣利”(《晋书·陶潜传》)。因此，他常常调整自己的人生坐标，或入或出，均以是否合乎自己的心愿为准。

陶渊明出仕固然有实现“猛志逸四海，骞翮思远翥”(《杂诗十二首》其五)的志向，但在相当程度上也是为了生计。颜延之《陶征士诔》说他出仕是因为“母老子幼，就养勤匮”(《全宋文》卷38)，陶渊明自己也多次提到因家境贫穷而出仕。他在《与子俨等疏》中写道，“少而穷苦，每以家弊，东西游走”，“在昔曾远游，直到东南隅……此行谁使然？似为饥所驱”(《饮酒》之十)。在《归去来兮辞》中说：

> 余家贫，耕植不足以自给。幼稚盈室，瓶无储粟，生生所资，未见其术。亲故多劝余为长吏……家叔以余贫苦，遂见用于小邑……尝从人事，皆口腹自役。

从陶渊明的表白可以看出，他之所以入仕，并非仅是“对建功立业的执着追求”，更有生活的原因。看不到或不愿提及此点，或过分强调他的“政治抱负”，实际上是没有读懂陶渊明。其实陶渊明一生都在为过上宁静、适意、恬淡的生活而奔波。正如他所说：“人生归有道，衣食固其端。孰是都不营，而以求自安？”（《庚戌岁月中于西田获早稻》）衣食为生活之首端，不营衣食，何以自安？为了衣食，陶渊明数度出仕，但他不热衷功名，更不愿意为五斗米折腰，也看不惯官场的污浊和黑暗；还有，也可能因为他身体不好，“少而贫病”，有“脚疾”。（《晋书·陶潜传》）刚过而立之年“遂抱羸弱”，无法应付颠沛奔波、俯仰于人的仕宦生活。更由于对大自然、对田园生活的一片痴情，陶渊明终于归隐了。回到了田园，享受到了人生的真正乐趣。正如他在《归园田居》其一写道：

> 少无适俗韵，性本爱丘山。误落尘网中，一去三十年。羁鸟恋旧林，池鱼思故渊。开荒南野际，守拙归园田。……久在樊笼里，复得返自然。

观陶渊明之隐，确实能感到他的脱俗与高尚。就其人格而言，有三方面特色。

第一，顺自然求自由的自然人格。陶渊明在生活中没有多少慷慨激昂的豪言壮语，也没有表现出对政治的高度热情。他以一颗平常心对待生活，对待人生，没有沽名钓誉和矫揉造作。他对自己生活方式的选择，全凭性格和气质，而非世俗的标准。陶渊明的思想不是正统儒学，而是与老庄的“自然”及魏晋玄学有一定的关系。陈寅恪先生曾指出：“渊明之思想为承袭魏晋清谈演变之结果及依据其家世信仰道教之自然说而创改之新自然说。”所谓“新自然说”,“惟求融合精神于运化之中，即与大自然为一体”(《金明馆丛稿初编·陶渊明之思想与清谈之关系》)。我们认为，陶渊明的“自然”人格，并非道家消极无为的“任自然”，而是发自内心地对自然的热爱与亲近，如同他在《归去来兮辞》中所说:“质性自然，非矫厉所得。”他积极主动地投入到大自然中去，其精神是昂扬向上的。与“槁项黄馘”，穷困潦倒的庄子相比，陶渊明的田园生活幽静平淡而有滋有味。“其妻翟氏，志趣亦同，能安苦节，夫耕于前，妻锄于后”(《南史·陶潜传》)。

第二，返朴归真的现实人格。陶渊明的南山之隐使他真正感受到了人生的愉悦。是因为这里不仅有宁静、恬淡的田园风光和田园生活，还因为他看到并亲自体验到了这里有一种自然、真诚的人际关系。“久在樊笼中，复得返自然”。“误落尘网中，一去三十年”。“樊笼”、“尘网”，均指受束缚的不自由境地，陶渊明对此感受最深的恐怕就是官场了，那里不仅公务繁缛，而且到处是虚伪、污浊，只有置身于和平、宁静的田园，获得了精神的独立与自由，实现了自我人格的独立，才会对“樊笼”与“自然”、“尘网”与“自由”这两种截然不同的生存环境和人际关系产生不同的感受。割断了名缰利锁的陶渊明高于其他隐士之处，就在于他真正体验到了真实、自由的生活。

在陶渊明心目中，“真”、“朴”的含义是：一是幽静的自然环境，二是真诚的人际关系。那首脍炙人口的《饮酒》之五便是作者感受到了“真”之后欢快心情的表白：

结庐在人境，而无车马喧。问君何能尔？心远地自偏。采菊东篱下，悠然见南山。山气日夕佳，飞鸟相与还。此中有真意，欲辨已忘言。

在陶渊明看来，“真意”乃是人生妙不可言的感受，没有必要用语言来分辨。《庄子·齐物论》说：“辩也者，有不辩也。”又说：“大言不辩”，是说深刻的道理要靠自悟，不待语言来分辩。《庄子·外物》还说：“言者所以在意，得意而忘言。”意谓语言的目的在于分辨和求得真意，真意既已得到，就不必再考虑用语言表达了。同样的道理，陶渊明的“真意”，是通过亲身感悟得到的，不在人境结庐，又无心境是不会有这些感受的，因此，也就没有必要用语言表达了。

再看下面这首诗，不仅“真”，而且“朴”：

方宅十余亩，草屋八九间。榆柳荫后檐，桃李罗堂前。暧暧远人村，依依墟里烟。狗吠深巷中，鸡鸣桑树巅。户庭无尘杂，虚室有余闲。（《归园田居》其一）

在诗中，我们看到了方宅、草屋、榆柳、桃李、人村、墟里、深巷等景物组成的一幅恬静闲适而又生机盎然的农村风光图。这些景物真切、自然、朴实，是陶渊明追求的“返朴归真”的真实表现，他将素朴的情致寄寓素朴的景物之中，从平淡中见思想的深邃，质朴中见感情的丰腴，真正获得了隐逸园林之乐。

陶渊明热爱田园风光，还在于这里有一种自然真诚的人际关系。陶渊明隐居南山后,“闻多素心人”，他非常乐于与他们交往。“素心人”指心地纯朴、趣味不俗之人。村舍田园中“素心人”之间的交往，既无豪门大族们的矫情与造作，更无官场上的倾轧与欺诈，有的只是人间的真情、质朴、简洁与单纯。陶渊明在《移居二首》其一中写道:“邻曲时时来,抗言谈在昔。奇文共欣赏，疑义相与析。”陶渊明与这些“素心人”关系十分融洽，他们相互往来，无拘无束，或叙谈往事，或品评文章，或饮酒小聚，或登高赋诗。他们平等相待，没有多余的客套和礼节,“相见无杂言，但道桑麻长”(《归田园居五首》其二)。田园的清新素野，山中农人的纯朴随和，都与陶渊明的自然、“真率”的天性相契，使他“返自然”求真朴的夙愿在这里得到了实现。同时，陶渊明在躬耕的实践中，不仅饱尝了劳动的甘苦，而且也加深了他和劳动人民之间的感情。他在《归园田居》其三中写道：

种豆南山下，草盛豆苗稀。晨兴理荒秽，带月荷锄归。道狭草木长，夕露沾我衣。衣沾不足惜，但使愿无违。

陶渊明在这首诗中不仅描写了劳动的艰辛，也表达了自己的心愿。夕露沾衣，本使人不快，而他说“不足惜”，只要使“愿”无违。他的“愿”既有儒家洁身自好，安贫乐道的思想，亦有道家返朴归真，顺应自然的意念，二者融为一体，形成陶渊明特有的思想特征。总之,陶渊明在对“真”与“朴”的追求中，使自己的人生境界得到了升华，在田园生活中展示了他的朴实无华的现实人格。

第三，固穷守拙的坚贞人格。古代堪称真正的隐士者，无不固穷守拙。“固穷”即安守贫困。《论语·卫灵公》：“子曰：君子固穷。”“守拙”，即安于愚拙而不取巧，意为清高不仕。陶渊明诗曰：“开荒南野际，守拙归园田。”(《归园田居》其一)然而，隐士能够固穷守拙，保持坚贞人格，是相当困难的。寂寞与清苦常常使他们备受煎熬，而陶渊明却经受了意志和品质的考验，不愧为中国古代隐士的楷模。

陶渊明隐居后，生活并不富裕，天灾人祸，接踵而至，家境窘迫，生活每况愈下。他在《怨诗楚调示庞主簿邓治中》中写道：“风雨纵横至，收敛不盈廛。夏日抱长饥，寒夜无被眠。”“躬亲未曾替，寒馁常糟糠”(《杂诗》其八)。“弊庐交悲风，荒草没前庭”(《饮酒》十六)。在陶诗中，此类描写生活穷窘的诗句并不少见。尤其到他的晚年，生活几乎陷于困境，他无计可施，甚至向邻里们“乞食”。这真是让陶渊明极其难堪的场面：“饥来驱我去，不知竟何之！行行至斯里，叩门拙言辞。”热心善良的主人了解了陶渊明的来意：“主人解余意，遗赠岂虚来？谈谐终日夕，觞至辄倾杯。”(《乞食》)主人的热情招待，化解了陶渊明内心的困惑，他又像往常一样谈笑风生，开怀畅饮了。在以浮华相尚，富贵为荣，门阀森严的晋宋时代，人们尤其是士人对自身的穷困常常讳莫如深，生怕为人蔑视，而陶渊明却坦然相待，无怨无悔，实为古代士人所罕见。

还有一事能说明陶渊明人格的高洁。《南史·陶潜传》载，陶渊明“偃卧瘠馁有日矣”，江州刺史檀道济前去看望，对陶渊明说:“夫贤者处世，天下无道则隐，有道则至。今子生文明之世，奈何自苦如此？”陶渊明对曰:“潜也何敢望贤，志不及也。”陶渊明的回答非常机智，檀道济所说的当今乃“文明之世”，陶渊明并不以为然，但他不屑与之争辩，只说，天下既然如此文明，你们这些贤人“入仕”去吧！我可没有你们的志向远大！陶渊明没有怒斥，也没有悲观，而是略带含蓄的调侃，不仅其意自明，其固穷守拙的高洁的人格也屹然矗立!

士人隐逸是与士人入仕相并而生，同步发展的。中国古代士人中隐者可谓多矣，其隐逸原因、隐逸方式有多种多样，唯有陶渊明之隐，吸取了儒道两家思想的精华同时受到了玄学思想的影响,“固穷”是他隐逸的精神支柱，崇尚自然、追求“真”、“朴”是他隐逸生活的中心内容，藉此，陶渊明保持了人格的完善和独立。